教育と社会階層

ESSM全国調査からみた学歴・学校・格差

中村高康／平沢和司／荒牧草平／中澤　渉［編］

東京大学出版会

EDUCATION AND SOCIAL STRATIFICATION
Analysis based on the ESSM2013 Survey in Japan
Takayasu NAKAMURA, Kazushi HIRASAWA,
Sohei ARAMAKI, and Wataru NAKAZAWA, Editors
University of Tokyo Press, 2018
ISBN 978-4-13-050193-4

はしがき

　本書は,「教育と仕事に関する全国調査」の名称で実施された,教育・社会階層・社会移動全国調査（ESSM2013）のデータに基づく分析結果を集成した論文集である.

　現在の日本社会では,非正規雇用の増大,少子高齢化などにより,教育や子育て,働き方,ライフスタイルは大きく変化している.それにともない,価値観も多様化し,教育や子育てに対してもさまざまな考え方や意見が聞かれるようになるとともに,人びとの間での格差にも注目が集まるようになってきた.

　このように教育においても,また仕事や経済状況においても,格差の議論が活発になされるようにはなってきたが,これまで教育をテーマとする調査では仕事や経済状況についての情報が不足しており,逆に仕事や経済状況をテーマとする調査では教育については十分に調べられてこなかった.その結果,教育と仕事や経済状況との関係については,どのデータをみても実態を正確に把握できるだけの十分な情報がない状況となっている.

　こうした状況を受け,私たちの研究グループ（教育・社会階層・社会移動調査研究会）は,教育体験と職業および社会的格差との関連を両面から詳しく調べることとした.それにより,従来のデータではうまく解明できなかった教育と社会の関係を学術的に測定・分析することが可能となり,また,その分析結果を生かして今後の教育政策にも有効な提言を行うことができると考えている.

　本書のメインタイトルでもある『教育と社会階層』は,教育に関する社会学的検討を主眼としてきた教育社会学において,もっとも中心的な位置を占めるテーマである.しかしながら,あらためて「教育と社会階層」を図書検索にかけてみると,意外にもタイトルと完全に一致するものは一件もヒットしない.サブタイトルやタイトルの一部にはなっていても,そのものズバリの著作は容易には見当たらないのである.このことは,これまでの私たちの社会が,「教育と社会階層」という主題から微妙に視線をそらし続けてきたことの反映のよ

うにおもわれてならない．だからこそ，私たちは，決して目をそらしてはいけない対象であるとのメッセージを込めて，本書のタイトルをあえて『教育と社会階層』とすることにした．

この主題を追求するために行なった教育・社会階層・社会移動全国調査（ESSM2013）は，日本学術振興会科学研究費補助金（基盤研究(A)：研究課題番号23243083）の交付を受けて実施された．また，調査データを用いた研究のさらなる展開のために，日本学術振興会科学研究費補助金（基盤研究(B)：研究課題番号15H03482）の交付を受けた．

調査実施主体は，教育社会学・社会学を専門とする中堅・若手研究者の研究グループであり，以下の14名のメンバーからなっている．

中村高康　平沢和司　荒牧草平　中澤　渉　吉田　崇　古田和久
藤原　翔　多喜弘文　須藤康介　日下田岳史　小川和孝　野田鈴子
元濱奈穂子　胡中孟徳

本書にはすべてのメンバーの論文が収録されているわけではないが，本書の前段階としてとりまとめた報告書には全員の論文が収録されているので，興味のある方はそちらも参照していただければと思う[1]．またメンバーは今後もこのデータを用いた研究を続ける所存である．

調査の実施は，(株)日本リサーチセンターに委託した．本調査を担当してくださった高島美保氏および同社の調査員の方々にも謝意を表しておきたい．

そしてなによりも，かなり個人的なことに立ち入った質問の多い本調査に対して，真摯に回答してくださった匿名の全国の調査協力者の方々に感謝しなければならない．無作為に抽出された，それゆえ我々とは日常生活において直接的な関わり合いがまったくない多くの方々の善意とご協力がなければ，本書をこのような形で刊行することはできなかった．研究メンバーを代表し，この場を借りて厚く御礼を申し上げたい．

なお，本書の刊行企画は，東京大学出版会の宗司光治氏に相談したことが始まりである．その後，企画を積極的にサポートし，編集に尽力してくださった

同氏にも感謝申し上げる次第である．

1)　中村高康（研究代表）『全国無作為抽出調査による『教育体験と社会階層の関連性』に関する実証的研究』（科学研究費報告書）2015 年 3 月．
　　中村高康（研究代表）『全国無作為抽出調査による『教育体験と社会階層の関連性』に関する実証的研究【別冊】　コードブック・基礎集計表』2016 年 2 月．
　　なお，以下の中村高康研究室ホームページにも関連情報を掲載している．
　　http://www.p.u-tokyo.ac.jp/~tknaka/survey

2018 年 5 月 6 日

　　　　　　　　研究メンバーを代表して
　　　　　　　　中村高康・平沢和司・荒牧草平・中澤　渉

教育と社会階層──目　次

はしがき　i

序章　教育と社会階層の調査　────────中村高康・平沢和司　1
ESSM2013の概要

1　調査の目的　1
2　ESSM2013の概要　5

1章　就学前教育と社会階層　────────小川　和孝　13
幼稚園・保育所の選択と教育達成との関連

1　就学前教育と社会階層の関係に注目する意義　13
2　先行研究の検討　14
3　分析の戦略と記述統計　16
4　分析結果　17
5　就学前教育の経験の違いが意味するもの　24

2章　学校における「いじめ」体験と社会階層　────中村　高康　29

1　いじめと社会階層──問われることのなかった問題　29
2　「いじめと社会階層」研究の状況　30
3　具体的分析課題と方法　33
4　分析結果　36
5　おわりに　40

3章　戦後生まれコーホートの教育体験の潜在構造　───胡中　孟徳　45
その規定要因と教育達成・教育意識への影響

1　教育体験・学校体験の選抜・配分機能，社会化機能　45

2　戦後教育社会の時代区分と分析視角　　48
　　3　分析に使用する変数と方法　　51
　　4　教育体験類型の抽出と規定要因の分析　　53
　　5　教育体験が与える影響　　57
　　6　結　語　　61

4章　男女における専門学校進学の意味 ───── 多喜　弘文　67
「変容モデル」再考

　　1　専門学校の位置づけの変容と男女の違い　　67
　　2　本章の検討課題と方法　　69
　　3　専門学校進学者の特徴に関する基礎分析　　74
　　4　入口と出口に関する多変量解析　　79
　　5　結論と課題　　83

5章　大学進学率の上昇とメリトクラシー ───── 中澤　渉　87

　　1　少子化と大学進学　　87
　　2　国際競争の時代とメリトクラシー　　88
　　3　分析の手続き　　91
　　4　分析結果　　96
　　5　まとめと議論　　100

6章　世帯所得・親学歴と子どもの大学進学 ───── 平沢　和司　107

　　1　大学進学を制約している経済的背景　　107
　　2　進学時の世帯所得を把握する方法　　109
　　3　データと分析対象者　　113
　　4　分　析　　114
　　5　結論と議論　　123

7章　子どもの教育達成に対する家族・親族の影響 ──荒牧　草平　129
オジオバの学歴と男女差に着目して

1　家族・親族と教育期待　129
2　〈家族〉の影響をとらえる視点　130
3　オジオバ学歴の直接効果　134
4　オジオバ効果の背景　138
5　オジオバ効果と〈家族〉の磁場　142

8章　親の教育意識の類型と子どもに対する教育期待 ──藤原　翔　149
潜在クラスモデルによるアプローチ

1　教育の格差問題と学歴や教育に対する意識　149
2　教育意識の分析枠組み　150
3　方　法　152
4　分　析　156
5　教育意識を通してみた教育達成の社会経済的地位　163

9章　高学歴社会における「学校教育の意義」 ──古田　和久　169
学校経験に対する人々の認識をもとに

1　学校教育の意義を問う風潮　169
2　先行研究と本章の課題　170
3　データと変数　173
4　学校教育に対する評価構造の分析　173
5　まとめと課題　185

終章　教育と社会階層をめぐる諸問題 ──中村　高康　191
ESSM2013 から見えるもの

1　各章の内容とその研究上の意義　191

2　ESSM2013 の分析結果から見えてきた共通論点　197
3　ESSM2013 の今後の課題　202

付録：「教育と仕事に関する全国調査」調査票　205

索　引　229

序章
教育と社会階層の調査
ESSM2013の概要

中村高康・平沢和司

1 調査の目的

1.1 古くて新しいテーマ——教育と社会階層

　この20年ほどの間に，「格差」は様々な角度から，メディアや言論一般あるいは政治の世界を含めて，広範に議論されるようになった．もちろんそこには，バブル経済の崩壊やグローバリゼーション，市場主義的な思想や政策の台頭などの社会的変化の影響もあったであろう．

　しかし，「格差社会」をめぐる議論はかつての日本では一般的には大きな問題になるようなものではなかった．なぜなら，日本は高度経済成長を経験し，経済的なボトムアップもなされ，一億総中流という言葉が広がるほど，均質化した社会イメージが共有されていたからである．1970-80年代の空気を知る者にとっては，現在のように格差社会論が世間で広く一般化した状況は，まったく予想できない事態だったといえる．

　本書は，教育と社会階層に関する全国調査のデータを使った論文集であり，その中心テーマはまさに格差・不平等に密接にかかわるものである．したがって，先ほど述べた「格差社会」への社会的議論の高まりの時流に乗って，格差に関する調査を企てたと思われるかもしれない．しかし，初めに断っておきたいのだが，私たちがこの調査を企画したのは，そうした理由ではまったくない．

　「格差社会」の議論が流行になるずっと前から，社会学においては地道に社会的格差や不平等の現状を実証的に把握しようとする研究者が多数存在してい

た．そのような社会学者たちによって長年にわたり実施されてきた調査に，「社会階層と社会移動全国調査」（略称SSM調査）がある．おそらく，日本の社会学の中でもっとも有名な社会調査である．この調査は，1955年から10年おきに実施され，最近では2015年に第7回調査が行われたところである．実に60年にまたがって格差の実情を把握しうるデータを取り続けた，国際的に見ても希少な調査である．そして，この調査データを中心として，非常に多くの研究成果が生み出されてきた．だから，「一億総中流」が意識のうえでは一定の妥当性はあっても，職業や学歴から見た実態とは異なることは，社会学者にとって常識であった．その意味での格差は戦後長期間にわたって，好むと好まざるとにかかわらず安定的に存在していた．近年にその格差が拡大しているのかどうかについては様々な議論があるが，いずれにしても社会学において格差・不平等は，社会階層・社会移動研究を中心として相当に蓄積のある領域だったのである．

　私たちが研究の中心に据えている「教育」についても，これら社会階層・社会移動研究のなかで，きわめて重要な格差形成／媒介要因として，あるいはそれ自体が不平等を示すものとして注目され続けてきた．前近代社会においては容易に可能だった地位の世代間継承は，近代社会になって少なくとも理念的にはおおむね否定された．そのため地位達成の機会は別の原理によって配分される必要があった．その基準として幅広く受け入れられたのが「能力」なのであり，能力の暫定的指標として使われてきたのが教育履歴（学歴）だった．このため恵まれた社会階層にとっては，世代間の地位継承をかろうじて実現するルートとして「教育」は枢要な位置を占めることになった．その結果，多くの社会では，教育を媒介とした世代間の地位継承の傾向が見出されることになった．その傾向はかなり以前から安定しており，日本の場合もそうである．したがって，例えば日本で大学進学機会に社会階層による格差があるというようなことが指摘されたとしても，それ自体は専門研究者にとっては特段目新しいものではない．

　このように，「教育と社会階層」というテーマは，古典的なものであり，それ自体には研究上の新味はむしろないといってもいい．しかし，私たちは，従来の「教育と社会階層」研究では十分に答えられていない領域がかなりある，

という感触をもっていた．そして，その課題にこたえるためには，自前の調査を設計する必要があると考えた．つまり，私たちを調査に突き動かしたのは，現代の格差社会論の流行に乗るためではなく，研究上の理由に基づくものだったということである．もちろん，結果的に，本書を含めた研究成果が，格差社会論や格差に関わる政策形成に有効に働くことも期待しているが，そこに重点をおきすぎては，私たちの調査の意味を誤解される可能性があるため，冒頭であえてその点を強調した次第である．

1.2　教育調査と社会階層調査の間

では私たちの調査は具体的にどのような狙いをもって実施されたのか．先ほども触れたように，教育が社会的格差や不平等と関わっているという指摘は，これまでも再三にわたってなされてきた．しかしながら，日本の場合，「社会階層と社会移動全国調査」（SSM），「日本版総合的社会調査」（JGSS），「全国家族調査」（NFRJ）など従来の社会階層に関わる代表的な繰り返し調査研究においては，教育に関わる諸変数は十分に調査に組み込まれてきたとはいえない．このことは，学校生活の具体的な状況と社会階層との関連を分析することが，社会階層関連分野で実施された全国調査データでは十分にはできないことを意味している．

一方で，教育研究の文脈で非常に頻繁に実施されてきたのは，教育社会学者により伝統的に行われてきた，児童・生徒を対象とする学校調査である．そしてこのような学校調査になんらかの形で社会階層変数を組み込むことにより，社会階層と教育の関連性が分析されてきた（樋田ほか編，2000，尾嶋編，2001，苅谷・志水編，2004，尾嶋・荒牧編，2018 など多数）．しかしながら，これらの研究が依拠しているのは，通常の社会調査のように無作為抽出をしたわけではない学校調査のデータに基づくものであり，その分析結果の一般化に関しては議論のあるところである．そのうえ，学校調査であるために調査対象は児童・生徒が中心であり，彼らが学校体験を経た後でどのような位置（階層論でいえば到達階層）にたどり着くのかを確認することもできない設計となることがほとんどであった．また近年では，学校調査において社会階層に関わる指標を調査項目に組み込むこと自体が非常に困難になりつつあり，家庭における文化的

な態度や行動をもとに「文化階層」などが代替的な階層指標として用いられているものの，階層指標としては正確性を欠いたものとなる傾向がさらに強まっている．

　こうした研究状況において，豊富な学校・教育変数とオーソドックスな階層変数を同時に含んだ調査を実施することの学問的意義は，社会学的な階層研究においても，また教育社会学的な学校研究においても，非常に大きいということができる．言い換えれば，教育に関心の重点がある学校調査と，不平等や格差に重点がある社会階層調査の間の空隙を埋めようというのが，私たちの調査の真の狙いということになる．

　ただし，私たちの調査は，単に研究上の隙間を埋めるという消極的な意味だけを持って行われたわけではない．むしろこの空隙にこそ教育と社会階層の関連を解きほぐす仕組みがよく表現されているはずだ，というのが私たちの見立てである．例えば，親の社会階層が高い人々は，相対的に恵まれた教育機会を得る傾向にあることはこれまでも繰り返しデータで確認されてきた．しかし，どのようにして親の社会階層要因が子どもの教育機会に変換されるのだろうか．家庭環境や経済的状況，文化資本など様々な要因がこれまでも議論されてはきたが，具体的にそれは教育システムの中のどこに見られるのか，その点についてはかならずしも明らかではない．

　家庭の影響として通常取り上げられる経済状況についても，通塾や進学費用以外に，学童保育や奨学金受給など学校生活に直接影響が現れる部分はあるはずである．また家庭の文化伝達といっても，具体的にはどのような行動や意識が絡んでいるのか．学校逸脱的な行動は進学に関連するのではないか．あるいは一言で学歴といっても，近年は大学間の差異も大きく専門学校進学者も相当の数になる．そうした違いに敏感になるべきではないのか．

　このように私たちは，階層変数と教育変数の相関を遠目からみるだけではなく，少しでも学校教育の日常感覚に近いところで，なおかつこれまで取り上げられてこなかった諸現象にクローズアップすることを目指した．各章の内容は，こうした問題意識にたって，各章の担当者の関心に基づく研究成果をまとめたものである．

　以下では，こうした問題関心のもとで2013年に実施された私たちの調査の

概要と，調査データの妥当性に関する検討結果を報告する．

2 ESSM2013 の概要

2.1 調査名称・調査対象・抽出方法

調査の正式名称は，「教育・社会階層・社会移動全国調査」（Survey of Education, Social Stratification, and Social Mobility in Japan, 2013, 略称 ESSM2013）であるが，実際の調査は「教育と仕事に関する全国調査」の名称で実施した．略称の "ESSM" には，社会階層に関する代表的調査である SSM 調査の枠組みを受け継ぎつつ，教育（＝E）を重視している私たちの研究意図を反映させている．

調査対象は，2013 年 11 月 1 日時点で満 30-64 歳の男女計 4,800 名である．地域（7 ブロック）と都市規模（4 段階）によって全国を層化したうえで 240 地点を選び，各地点から 20 名を住民基本台帳に基づき系統抽出した（層化二段無作為抽出法）．なお，標本抽出手続きの詳細については，中村（研究代表）（2015）の報告書に記したので，関心のある方はそちらを参照してほしい．

年齢層は，2005 年までの SSM 調査の対象である 20-69 歳を基準として，予算規模・分析目的・各世代のサンプル数の確保といった観点から若干年齢幅を絞り込んで，30-64 歳と設定した．地位達成を考慮したとき，20 歳代にはまだ在学中のものがかなり含まれることや回収率も低くなりがちであることから，学歴や学校体験を主要変数としてとらえる本調査にとって必ずしも優先順位の高い層ではないと判断し，この層を対象から外すことにした．大きく 30 歳代，40 歳代，50 歳代を分析可能とする構成を当初は考えたが，最終的には 64 歳まで含めることにした．64 歳までとすることについては，研究会内部でも判断が分かれたが，調査対象者を親世代とみなしてその子どもの教育・地位達成情報を捉えようとしたときに，少しでも高齢の層が含まれたほうがそうした分析に必要な対象者数が増えるため，最終的に 60-64 歳を含めることにした．65 歳以上については，職業から離れていく世代であることや予算の関係でこれ以上年齢層の幅を拡げると各世代に必要なサンプル数を確保できない恐れがあるため，

断念した．通常の調査よりは若干，若年層と高年層が少なくなっているが，それでもおおむね成人世代・勤労者世代をとらえることができる構成にはなっている．

調査対象抽出の一連の作業は，調査実施機関である日本リサーチセンターにて行われた．こちらも詳細は中村（研究代表）（2015）を参照されたい．

2.2 実施方法

調査は，2013年11-12月に郵送配布・訪問回収による自記式調査（以下，郵送留置法と呼ぶ）として実施した．ただし，一部の対象者については郵送留置法で実施することができなかったため，郵送回収（郵送法）によって実施した．具体的には，①事前予告ハガキ発送時や回収訪問時に「郵送回収なら協力できる」との申し出があった対象者，②集合住宅が抽出されたケースで当該住宅管理人から度重なる訪問を拒否され，許可を得て郵送法にて実施した地点の対象者，③実査最終段階で調査員が接触できておらず郵送回収に切り替えた対象者，などのケースである．最終的に出来上がったデータセット上では郵送留置法と郵送法の対象者は分離できるようにフラグをたててあるが，本報告書では特に断りのない限り両者を区別せず1つのデータセットとして用いている．その意味ではミックスモードの調査ということができる．

このような調査方法を採用した理由は，近年の社会調査環境の悪化により調査回収率が低迷しているという状況がある．プライバシー意識の高まりや個人情報保護の趨勢から，かつてに比べて社会調査に対して人々の協力は得られにくくなっている．SSM調査や日本人の国民性調査（統計数理研究所）をはじめとする，実績のある代表的社会調査でさえ苦戦を強いられている状況である．こうしたなかで，分析に耐えうる範囲に収まる回収数・回収率を目指すには，従来以上に様々な工夫が必要だというのが，研究会メンバーの共通認識であった．

郵送留置法は，4つの点で回収状況の改善を図ることを可能にする調査モードである．

第1は，郵送で最初に配布することにより，訪問面接調査に比べて人件費を低減できるという点である．これにより，節約された予算をサンプル数の増大

や回収率向上対策に充てることが可能となる．私たちの調査の場合，当初は教科書通りの訪問面接調査を企画し，調査会社に見積もりを依頼したが，あわせて郵送留置法でも見積もりをとったところ，後者であれば同じ予算で対象サンプル数を2割増やせることが明らかとなった．

　第2に，自記式調査になるため，調査員および対象者の負担が軽減される点があげられる．訪問面接調査であれば，調査協力が得られた場合でも調査員が玄関先等で一定時間質問を続け，書き取る作業が必須となる．しかし，郵送留置法であれば，調査員は調査票を受け取りに行くだけであるので，回収の心理的・身体的負担は相当軽くなる．このことは回収率にも微妙に影響するだろう．同時に，調査対象者にとっても，記入できる時間に書いておいて調査員に渡すだけである．特に，職業や収入といった社会階層指標や学歴，在学時の様々な体験といった，人によってはプライバシーの観点から答えたがらない内容を尋ねようとする本調査の設計から考えても，面接では答えにくいが留置なら答えられるといったケースが十分にありうる．そうした対象者の協力を少しでも得られるようにするには，有効な方法であると考えられる．

　第3に，調査員が直接回収にいくため，通常の留置法と同等の回収率を期待できる点である．郵送調査法の回収率が相対的によくないということはしばしばいわれることであるが，その理由の1つに，調査対象者に封入・投函の負担を強いるという点がある．郵便ポストが必ずしも近くにない対象者もいるはずであり，そうした対象者にとっては投函そのものが負担になりうる．また，調査員が訪問することによって，協力依頼・説得の機会が与えられるということや，郵送された調査票を紛失した対象者に調査票を渡しなおすということも可能になる．

　第4に，基本的な調査票の形式が郵送調査と同じ形式で行える（自記式である）ため，郵送調査との併用が可能であるという点である．本調査でまさに行ったように，対象者の中には「郵送回収なら協力できる」という人たちが一定数存在している．そうした対象者に協力を得られるようにするためには，この性質は非常に好ましい．郵送調査を中心に議論されている Total Design Method の回収率向上策の知見を取り込むこともある程度可能となる．

　ただし，郵送法と留置法を併用した調査モードであるため，両者のデメリッ

トも引き継いでいる部分があることには自覚的である必要がある．調査票は通常の訪問面接調査よりも丁寧にわかりやすく作る必要がある．複雑な項目はおのずから外さざるを得ない．本人以外の家族が記入する可能性も排除できない，といった諸点である．しかし，今回の調査では，限られた予算の中で最大限の調査協力を取り付けることを最重要視して，郵送留置法を採用することにした．

なお，本調査では調査モードの選択以外にも様々な回収率向上対策も試みている（中村（研究代表），2015）．

2.3 調査内容

調査票作成の基本方針は，①階層調査では実現しにくい学校体験項目を可能な限り取り込むこと，②学歴・学校歴についても階層・移動研究の基本的な変数であるとの認識にたち，可能な限り広い範囲で項目化すること，の2点である．たとえば①に関しては，幼児教育経験・学童保育経験・中学受験・大学受験回数・浪人年数・登校回避感情・非行経験・被いじめ経験・学校出席状況・転校経験・高等教育入学形態・その他の学校生活など，②に関しては，本人学歴（高校や大学などの名称，課程名，留年・中退情報含む），父学歴，母学歴，きょうだい学歴，配偶者学歴，配偶者きょうだい学歴（簡略版），子ども学歴などを尋ねている．

もちろん，階層調査データとしての有用性を確保するために，以上のほかに可能な限り基本的な階層情報を項目化している．本人初職・本人現職・15歳時父職・15歳時母職・配偶者現職といった職業階層指標，本人収入・配偶者収入・全体収入といった経済階層指標はもとより，本人15歳時の父母の不在（離別か死別か，また再婚か）などである．これらによってひとり親のもとで育ったことが地位達成へどう影響するのかについても検討できるように設計されている．いずれも近年の研究動向をふまえ，これまで十分に解明されていない課題に迫れるよう工夫した．ただし，職業経歴に関しては，郵送留置法では正確な情報収集が難しいこと，調査票の分量にも気を配らねばならないことなどから，項目化していない．また，親職の「主職」も尋ねていない．その点に関しては，SSM調査とは異なる構成となっている．なお，具体的な調査票については，本書巻末に掲載するとともに，研究代表者のホームページでも公開して

いるのでそちらを参照されたい（http://www.p.u-tokyo.ac.jp/~tknaka/survey）.

2.4 回収率

本調査の回収状況は以下のとおりである.

　計画サンプル数　　4,800
　有効回答数　　　　2,893（男性：1,377, 女性：1,516）
　有効回収率　　　　60.3%

　上述の有効回収率は，当初計画サンプル数を分母とする純粋回収率である．また，本調査では予備票も一切用いていない．したがって，あらゆる回収率計算方法のなかでもっとも厳しい計算方法を用いた数値であることを強調しておく．参考までに，「日本版総合的社会調査」（JGSS）のように，転居，入院入所，長期不在，死亡，病気，住所不明，抽出ミスなどを分母から除いて計算する方式（有効抽出数ベース）を採用した場合には，64.6%となる.

　この回収率は，近年の大規模社会調査の回収率水準と比較するときわめて高い部類に属する．たとえば，2005年の「社会階層と社会移動全国調査」（SSM）では，有効抽出数をベースにした回収率が44.1%だとされている．日本家族社会学会が2008年に実施した「全国家族調査」（NFRJ2008）では，計画サンプルベースで55.4%である．また，2012年の「日本版総合的社会調査」（JGSS2012）の場合，有効抽出数ベースで59.1%である．統計数理研究所が2013年に本調査と同時期に実施した「日本人の国民性調査」は，計画サンプルベースで49.5%となっている．同じく2014年に内閣府によって実施されている「国民生活に関する世論調査」は，計画サンプルベースで62.5%を記録している．ただし，この内閣府の調査は政府による調査であり，なおかつ質問項目の分量もきわめて少ない調査である．こうした条件を加味して比較した場合，24ページにもわたり，なおかつ学歴や職業，収入のように人によっては拒否感情の強い項目が並ぶESSM2013調査が，内閣府の調査に比肩しうる60.3%の回収率を上げたということは，調査票回収に関しては，十分満足できる結果を得られたといってよい.

2.5　学歴分布の確認

次章以降の分析に入る前に，性別・年齢・学歴の分布に関して ESSM2013 データを母集団と比較しておきたい．すでに述べたとおり調査対象者は 2013 年に 30-64 歳の男女である．この年齢層で男性が占める比率は 2010 年国勢調査で 50.1％であるのに対して，ESSM では 46.8％であった．したがって ESSM は母集団に比べて女性がやや多いことになる．つぎに性別・年齢別に比率を比較すると，**表 0-1** に示したとおり，男女とも 30 歳代が少なく 50 歳代が多い傾向にある．

本書の中心テーマである教育についてはどうだろうか．通常こうした比較を行う際には全数調査である国勢調査の最終学歴を用いる．しかし，国勢調査では専門学校卒業者の比率が明示されていないこと，直近の 2010 年調査では学歴不詳者が卒業者の 10％を超えていて母集団分布として正しいかどうか判断が難しいことから，代わりに就業構造基本調査（以下，就調という）と比較することにした[1]．2012 年の同調査は専門学校の比率を知ることができる貴重な大規模調査である[2]．そこでは「最終卒業学校（中途退学した人はその前の卒業した学校）」（調査票の表記）を答えることになっている．ESSM でも中途退学した人をふくめてほぼ同じ基準で学歴を求めて比較したのが**表 0-2** である[3]．就調と ESSM が 10 ポイント以上乖離しているのは，60-64 歳男性の大卒・大学院卒，30 歳代と 40 歳代女性の高卒であった．全体として，男性では ESSM で専門学校卒や大卒・大学院卒が多く中卒や高卒が少ない傾向に，女性では専門学校卒が多く高卒が少ない傾向にある．ここには示していないが，（専門学校卒を高卒に含めて）2010 年国勢調査の分布と比較しても，ほぼ同じ傾向が確認される．したがって ESSM データには高学歴者がやや過剰に含まれていることは，分析結果を解釈するときに留意すべきである．ただし，就調も標本が大きいとはいえ標本調査であり，同じく標本調査である ESSM と比率が完全に一致することはまずない．また本書で行っている多変量解析は変数間の連関を吟味する作業なので，**表 0-2** の程度の差異であれば，学歴というひとつの変数の分布（の母集団からの乖離）にそれほど神経質になる必要はないと思われる．

表 0-1　性別・年齢別分布の比較

	男　性		女　性	
	国勢調査	ESSM	国勢調査	ESSM
30-39 歳	28.0	23.5	27.5	24.5
40-49 歳	30.2	28.9	29.9	30.3
50-59 歳	25.7	31.0	26.0	29.0
60-64 歳	16.0	16.6	16.6	16.2

注：数値は性別・調査ごとの年齢別比率（％）．
出所：国勢調査は，e-Stat＞平成 22 年国勢調査＞人口等基本集計＞表 1 から作成．

表 0-2　学歴分布の比較

		30-39 歳		40-49 歳		50-59 歳		60-64 歳	
		就調	ESSM	就調	ESSM	就調	ESSM	就調	ESSM
男性	中　学	6.7	6.8	6.8	4.3	9.4	5.6	19.3	10.3
	高　校	42.5	34.1	47.1	37.9	47.0	37.5	48.8	43.8
	専門学校	9.3	12.1	7.0	15.6	3.4	8.0	2.1	4.9
	短大・高専	3.2	2.2	3.4	3.5	3.1	2.3	2.7	2.7
	大学・大学院	38.3	44.9	35.7	38.7	37.1	46.6	27.1	38.4
女性	中　学	4.1	2.7	4.0	2.6	7.1	5.9	18.8	13.9
	高　校	38.0	25.6	49.0	38.5	54.2	49.2	58.0	55.1
	専門学校	12.0	19.9	10.0	18.7	7.2	15.0	4.7	9.0
	短大・高専	21.8	22.4	22.1	23.5	19.0	16.9	11.6	11.0
	大学・大学院	24.1	29.4	14.9	16.7	12.4	13.0	6.9	11.0

注：数値は性別・年齢層ごとの学歴別比率（％）．
出所：就業構造基本調査（就調）は，e-Stat＞平成 24 年就業構造基本調査＞全国編＞人口・就業に関する統計表＞15 歳人口以上人口に関する表＞第 8 表から作成．注 2) も参照．

1) 2010 年国勢調査では最後に卒業した学校種別（4 区分）を答える．ただし調査票に「専門学校」の選択肢はなく，「記入の方法」を読んで「短大」「大学」のいずれかを選ぶことになっているので，対象者が正しく回答しているかは疑問が残る．
2) 2012 年就業構造基本調査は，全国の約 47 万世帯の 15 歳以上の世帯員約 100 万人を対象に行われた．調査票で専門学校は修業年限に応じて 3 区分から選択して答える．修業年限が 1 年以上 2 年未満は高校，2 年以上 4 年未満は専門学校，4 年以上は大学に再区分されたうえで「中学」「高校」「専門学校」「短大・高専」「大学」「大学院」の 6 区分で集計されている．表 0-2 は大学と大学院を併合し，これらの合計人数を分母として比率を求めた．
3) ESSM データではごく一部のケースで（時期的に）最後に卒業した学校を特定できないため，中学＜（専修学校高等課程，高校）＜（専門学校，高専，短大）＜大学＜大学院の順序で最高学歴を確定し，表 0-2 の 5 つの学歴の合計に占める各学歴の比率を求めた．大学院修士課程中退者は大卒に，専門学校・高専・短大・大

学中退者は高卒に，専修学校高等課程・高校中退者は中卒とした．なお就職とESSM では調査年が 1 年ずれているが調整していない．

【文献】

樋田大二郎・岩木秀夫・耳塚寛明・苅谷剛彦編，2000，『高校生文化と進路形成の変容』学事出版．

苅谷剛彦・志水宏吉編，2004，『学力の社会学』岩波書店．

中村高康（研究代表），2015,『「教育体験と社会階層の関連性」に関する実証的研究』（平成 23-26 年度科学研究費補助金基盤研究（A）研究成果報告書）．

中村高康（研究代表），2016,『「教育体験と社会階層の関連性」に関する実証的研究』（平成 23-26 年度科学研究費補助金基盤研究（A）研究成果報告書【別冊】 基礎集計表・コードブック）．

尾嶋史章編，2001，『現代高校生の計量社会学』ミネルヴァ書房．

尾嶋史章・荒牧草平編，2018，『高校生たちのゆくえ』世界思想社．

1章
就学前教育と社会階層
幼稚園・保育所の選択と教育達成との関連

小川　和孝

1　就学前教育と社会階層の関係に注目する意義

　本章の目的は，就学前教育の経験と出身階層・教育達成の関連について，実証的に分析することである．この背景の1つとして，近年の先進諸国における社会政策としての就学前教育への関心の高まりが挙げられる．池本（2011）によれば，OECD諸国では，就学前教育を経済的効率性と関連づけた政策への変化がみられるという．その理由としては第1に，子どもの貧困は将来的に大きな社会的コストになりうるためである．また，第2に少子高齢化が進むなかで，経済成長を維持するには幼少期の子どもを抱える女性の就労を拡大させる制度の整備が必要となるためであるとされる．

　また，ヘックマンは人的資本投資をライフサイクルの観点から見た際に，幼少期における投資がより効率的であると指摘する（Heckman, 2000）．なぜなら，スキルの獲得はさらなるスキルへの投資を促進させるというメカニズムが存在するためだからだという．また幼少期における学習は非認知的スキルの発達を促し，将来のリターンに対して大きな影響を持つというのである．エスピン－アンデルセンも，質の高い就学前教育がある場合には，社会階級間の教育達成の格差は緩和され，母親の就労が子どもに与える負の影響も見られなくなることを指摘している（Esping-Andersen, 2007）．

　日本においても，子どもの貧困の問題は注目される政策課題の1つである（阿部，2008）．また，少子高齢化に関しては，もっとも問題となっている国の1つであるといって過言ではないだろう．さらに，ライフコース全体から不平

等を検討する視点もますます強調されるようになっており（DiPrete and Eirich, 2006），ライフコースの初期に位置づけられる就学前教育は重要なトピックになりうるだろう．

しかしながら日本のデータによって，社会階層という観点から，就学前教育を分析した研究はほとんど存在しない．このようななかで大竹（2009）は，日本においても就学前教育について，格差の固定化・再生産という観点からの研究の蓄積が今後必要であると述べている．

よって本章では，実証的な事実の把握という観点から，これまでの日本社会において就学前教育の選択が異なる社会階層によってどのように行われ，またそれが教育達成とどのように関連してきたのかについて検討を行う．

2　先行研究の検討

日本の就学前教育は，幼稚園と保育所の 2 つが，主なものとして制度化されている．幼稚園は，学校教育法による幼児教育施設であり，文部科学省が管轄している．また，3 歳未満の未就学児は対象とはしていないことも特徴である．

これに対して，保育所は児童福祉法による児童福祉施設であり，厚生労働省が管轄している．こちらは，3 歳未満の未就学児も対象としている．2012 年時点で，全利用児童の 36.7% が 3 歳未満（厚生労働省，2012）であるという[1]．

また，時代的な変化に注目すると，90 年代後半以降，保育所の在籍人員が幼稚園を上回ったことがわかる（図 1-1）．

就学前教育において，社会階層が重要であると考えられる理由は，次のようなものである．第 1 に池本（2011）によれば，子どもの年齢別に公的投資を見た場合，日本では 5 歳以下において，OECD 平均の支出額を大きく下回っている．第 2 に，濱名（2011）によると，幼稚園は私学が 8 割で私事性が強いとされている．すなわち就学前教育は家庭の経済力が担う役割が大きいと考えられる領域なのである．

次に，関連する実証研究における知見の確認を行ってゆく．大石（2003）によれば，平均すると保育所利用世帯にくらべて幼稚園利用世帯の所得が高くなっている（表 1-1）．くわえて父親・母親のそれぞれの所得の寄与程度を見ると，

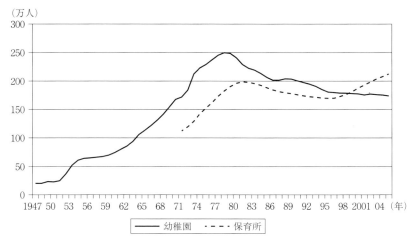

図1-1 幼稚園・保育所の在籍人員の変化
出所：総務省「日本の長期統計系列」．

表1-1 就学前教育の形態別の年間所得分布 （万円）

		世帯所得	父親の所得	母親の所得
総　数	中央値	590	480	0
	平均（標準偏差）	678（461.7）	496（324.3）	70（151.5）
認可保育所	中央値	600	410	80
	平均（標準偏差）	679（453.9）	407（304.4）	145（190.0）
認可外保育施設	中央値	657	446	63
	平均（標準偏差）	720（508.8）	488（373.5）	157（250.0）
幼稚園	中央値	642	573	0
	平均（標準偏差）	736（470.7）	605（430.9）	58（149.5）

注：大石（2003）より引用．データは平成10年国民生活基礎調査．

幼稚園利用世帯では父親の所得が占める割合が大きい．そして，保育所は認可か認可外かによる違いがあり，認可外ではより世帯所得の平均が高い．

堤（2014）は，未就学児を持つ男女への調査から，幼稚園・保育所の選択を行う家族に注目し，特に父母の収入，母親のライフコース，子育て環境といった要因に注目している．その結果，父母の年収はどちらも幼稚園利用と正の関連を持っていること，都市部では幼稚園の利用度合いが高くなっていること，出産以前の母親の就業形態や，母親の現在のライフコース希望が幼稚園／保育

所の選択と結びついていることなどが明らかになっている．

　赤林・敷島・山下（2013）は，小中学生をサンプルに含んだパネル調査をデータとして，幼稚園・保育所の選択と，子どもの学力・非認知的能力の関連を検討している．それによれば，親の学歴や所得などの社会経済的地位に関わる変数を統制しても，保育所よりも幼稚園出身の子どもにおいて学力が高くなっている．また，非認知的能力という側面においては，自尊感情や主観的な健康については幼稚園出身者の方が高かったものの，問題行動については差が見られなかったという．

　堤の分析は，社会経済的変数と保育所・幼稚園選択の関連を詳細に検討しており，これまでの研究にない知見を描き出している．ただし，使用されているデータは，対象がインターネット上のモニターに基づき，かつ近年の一時点において未就学児を持つ人々という限定がついている．また，赤林・敷島・山下の研究は，子どもの学力・非認知的能力というアウトカムに対する就学前教育の選択の影響を指摘しているが，最終的な教育達成という長期的な面での検討は行われていない．

　これに対して本章で用いるデータは，確率抽出であり，かつすでに学校教育を終えた幅広い世代が含まれている．よって，本章が新たに貢献する点としては，就学前教育の選択がこれまでどのように異なる社会階層の人々によって行われ，かつそれが最終的な教育達成と関連を持っているのかというトレンドに関する問いに対して，より説得力を持った検討ができることが挙げられる．

　さらに先行研究は，平均して子どもが幼稚園に就学した世帯の方が有利な社会階層であることを明らかにしているものの，それはあくまで平均である．幼稚園・保育所それぞれのグループ内での異質性が大きいことが予想されるため，この点を考慮した分析も行う．

3　分析の戦略と記述統計

　分析には，ESSM2013 データに含まれる利用可能なすべてのサンプルを使用する．**表 1-2** に後の多変量解析に使用する変数ごとの就学前教育経験の分布を示す．

表 1-2　就学前教育の経験の分布　　(%)

	保育所のみ	幼稚園のみ	両方あり	両方なし	n
全体	26.8	52.3	8.5	12.5	2,887
男性	26.5	52.6	8.5	12.5	1,372
女性	27.1	52.0	8.5	12.5	1,515
30-39歳	31.4	54.9	11.2	2.5	694
40-49歳	28.2	59.6	10.1	2.1	858
50-64歳	23.5	46.2	6.0	24.3	1,335
父大卒	14.9	71.8	8.6	4.8	478
父非大卒	29.2	48.7	8.4	13.8	2,340
母短大卒以上	20.1	65.5	8.1	6.3	333
母短大卒未満	27.9	50.5	8.5	13.2	2,495

　各変数との関連を見た場合に，男女による就学前教育の経験の違いはほとんどない．これに対して，世代による違いは明瞭であり，50代以上では幼稚園・保育所のどちらも経験していない人々が4分の1程度存在する．30代では保育所のみという人々が他の世代に比べて多くなっている．また，父親学歴によって保育所か幼稚園かは大きく分かれており，父大卒のグループでは幼稚園のみという人々が7割を超えている．他方で，母親学歴については父親ほど明確な差が見られない．

4　分析結果

4.1　出身階層と就学前教育の選択の関連

　本項では，出身階層と就学前教育の選択の関連について検討する．従属変数は，どのような就学前教育の選択を行うかであり，「保育所のみ」，「幼稚園のみ」，「どちらもあり」，「どちらもなし」の4つの類型を設定する．これらの類型に対して，多項ロジットモデルを当てはめる．

　以下では3つのモデルを設定している．モデル1は，性別，本人調査時年齢，本人3歳児の父親年齢，両親学歴を独立変数として投入したモデルである．モデル2では，さらに本人15歳時の父職を，またモデル3では本人15歳時の暮らし向き・本の冊数を独立変数に追加している．

表 1-3 就学前教育の経験の有無についての多項ロジットモデル（モデル1）

基準：保育所のみ	幼稚園のみ		どちらもあり		どちらもなし	
	Coef.	S.E.	Coef.	S.E.	Coef.	S.E.
男　性	.031	.101	.019	.164	−.092	.154
本人調査時年齢（基準：30代）						
40代	.336*	.135	.143	.205	−.279	.385
50代	.258*	.129	−.310	.208	2.381***	.283
本人3歳時の父親年齢（基準：10, 20代）						
30代前半	.125	.145	.068	.234	−.313	.221
30代後半以上	.174	.150	.040	.243	.003	.219
父親大卒	1.070***	.172	.556*	.264	.189	.295
母親大卒	−.197	.312	.093	.457	.110	.613
母親短大・高専卒	.254	.204	.118	.324	−.240	.354
n	2,356					

†$p<.1$, *$p<.05$, **$p<.01$, ***$p<.001$.

　表1-3で示されるモデル1においては，世代と父親学歴による差が大きく表れている．これは一変数との関連を見た**表1-2**と同じ傾向であり，40代以上では幼稚園のみというサンプルが30代に比べて多くなっている．また，父親学歴は幼稚園の利用と結びついている大きな要因である．一方で，母親学歴による違いは確認されなかった．

　表1-4で示したモデル2においては，本人15歳時の父職を新たに加えたものである．分類としては，EGP階級分類（Erikson *et al.*, 1979）の4分類版を用いた．結果として，父親の職業による違いも見られ，専門管理層が幼稚園をより利用しやすいということが見て取れる．また，父親学歴の係数は，**表1-3**よりも減少したものの，まだ大きく有意な効果を持っている．

　表1-5は，さらに本人15歳時暮らし向きと，本の所蔵数という，家庭の経済的・文化的要因を新たに入れた．これらも独立した影響を持っており，保育所のみの場合と比べて，経済的・文化的に有利な層ほど，幼稚園を選択する傾向があることがわかる．また，父親学歴については，引き続き有意な関連が確認された．

　表1-6は，モデル1と比較した際の，モデル2，3の父親学歴の係数の大きさがどのように変化したかを表したものである．これをみると，モデル2で父職，モデル3で暮らし向き，本の所蔵数を入れた場合に，保育所のみと比べた

表 1-4　就学前教育の経験の有無についての多項ロジットモデル（モデル 2）

基準：保育所のみ	幼稚園のみ		どちらもあり		どちらもなし	
	Coef.	S.E.	Coef.	S.E.	Coef.	S.E.
男　性	.026	.101	.016	.164	−.094	.154
本人調査時年齢（30 代）						
40 代	.347*	.135	.150	.205	−.278	.385
50 代	.278*	.129	−.317	.210	2.346***	.284
本人 3 歳時の父親年齢（20 代以下）						
30 代前半	.085	.146	.034	.234	−.311	.221
30 代後半以上	.151	.150	.020	.243	.006	.219
父親大卒	.791***	.180	.316	.279	.163	.310
母親大卒	−.267	.313	.020	.458	.081	.614
母親短大・高専卒	.180	.205	.060	.325	−.232	.355
本人 15 歳時父職（基準：専門管理）						
一般ノンマニュアル	−.180	.209	−.241	.335	−.402	.367
自　営	−.586***	.144	−.376†	.226	.141	.221
マニュアル	−.594***	.141	−.594**	.228	−.178	.231
n			2,356			

†p<.1，*p<.05，**p<.01，***p<.001．

表 1-5　就学前教育の経験の有無についての多項ロジットモデル（モデル 3）

基準：保育所のみ	幼稚園のみ		どちらもあり		どちらもなし	
	Coef.	S.E.	Coef.	S.E.	Coef.	S.E.
男　性	.047	.101	.043	.164	−.133	.154
本人調査時年齢（30 代）						
40 代	.305*	.135	.097	.206	−.234	.385
50 代	.307*	.130	−.277	.210	2.277***	.284
本人 3 歳時の父親年齢（20 代以下）						
30 代前半	.035	.146	−.029	.235	−.253	.222
30 代後半以上	.105	.151	−.038	.244	.053	.220
父親大卒	.646***	.183	.131	.283	.338	.314
母親大卒	−.365	.313	−.109	.459	.242	.616
母親短大・高専卒	.072	.206	−.081	.327	−.072	.358
本人 15 歳時父職（基準：専門管理）						
一般ノンマニュアル	−.095	.209	−.129	.336	−.534	.368
自　営	−.386**	.148	−.117	.232	−.141	.230
マニュアル	−.398**	.146	−.338	.234	−.485*	.239
本人 15 歳時暮らし向き	.172*	.069	.240*	.111	−.419***	.103
本人 15 歳時本の所蔵数	.180***	.048	.225**	.075	−.179*	.081
n			2,356			

†p<.1，*p<.05，**p<.01，***p<.001．

表 1-6 父親大卒学歴ダミーの係数の変化

基準：保育所のみ	幼稚園のみ		どちらもあり		どちらもなし	
	係数	減少率	係数	減少率	係数	減少率
モデル 1	1.070***		.556*		.189	
モデル 2（父職あり）	.791***	26.06%	.316	43.15%	.163	13.37%
モデル 3（暮らし向き，本の所蔵数あり）	.646***	39.64%	.131	76.37%	.338	−79.22%

注：減少率はモデル 1 と比較した際のモデル 2, 3 の係数の大きさの変化を示す．
ネストされたモデル間の係数を比較するため，Karlson *et al.* (2012) による方法を用いた．

時の幼稚園のみの係数の減少率は 26.06% と，39.64% である．これより，父親の職業，家庭の暮らし向き，本の所蔵数は，就学前教育の選択とそれぞれ独自の関連をもっているものの，父親学歴の関連もなお強いということが確認される．

以上の分析の結果，次のようなことが明らかになった．第 1 に，より若い世代ほど幼稚園よりも保育所を利用する傾向がある．第 2 に，母親よりも父親の学歴がどのような選択をするかに強い影響をもっている．父親が大卒の場合には，保育所よりも幼稚園を利用しやすい．第 3 に，父職では，専門管理・一般ノンマニュアル職に対して，自営・マニュアル職では保育所を利用しやすいという傾向が見られる．第 4 に，暮らし向きと所蔵している本の冊数など，経済的・文化的環境の変数も強く影響している．第 5 に，保育所のみの経験に対して幼稚園のみの経験をくらべた場合に，父職・暮らし向き・本の冊数などの他の出身階層に関する要因を入れると，父親学歴の影響は 40% 程度減少する．

4.2 就学前教育と教育達成の関連

次に，保育所・幼稚園の経験が教育達成とどのように関連しているかを検討する．他の社会階層の変数とは独立に，就学前教育の経験は教育達成に影響しているのだろうか．

従属変数は四年制大学以上への進学とし，二項ロジットモデルを用いる．統制変数としては，前項で用いたものと同じく，性別，本人の世代，父親の世代，両親の学歴，本人 15 歳時の父親職業，本人 15 歳時の家庭の暮らし向き，本人 15 歳時の本の所蔵数を用いた．

表 1-7 は，利用可能なすべてのサンプルに対する推定結果を示したものであ

表1-7　大学進学に対する就学前教育の影響（二項ロジットモデル）

	Coef.	S.E.
就学前教育（基準：保育所のみ）		
幼稚園のみ	.238 †	.126
どちらもあり	.114	.200
どちらもなし	−.206	.198
男　性	1.684 ***	.109
本人調査時年齢（30代）		
40代	−.390 **	.141
50代	−.013	.134
本人3歳時の父親年齢（20代以下）		
30代前半	.225	.153
30代後半以上	.108	.157
父親大卒	.663 ***	.154
母親大卒	1.055 **	.312
母親短大・高専卒	.183	.186
本人15歳時父職（基準：専門管理）		
一般ノンマニュアル	−.336 †	.195
自　営	−.771 ***	.142
マニュアル	−.742 ***	.141
本人15歳時暮らし向き	.079	.070
本人15歳時本の所蔵数	.439 ***	.049
定　数	−2.823 ***	.323
n	2,356	

† $p<.1$,　* $p<.05$,　** $p<.01$,　*** $p<.001$.

る．保育所のみを経験したグループを基準とした場合に，幼稚園のみを経験したグループで，0.238の係数が得られた．オッズ比にすると，幼稚園のみの経験者は1.27倍（$e^{0.238}$）だけ，より大学に進学しやすいことを意味する．ただし，統計的には10%水準で有意な結果であった．また父親大卒の係数（0.663）や，母親大卒の係数（1.055）の大きさと比べると，就学前教育の違いが将来的な教育達成にもたらす差異はそこまで明確に存在するとはいえないかもしれない．

表1-7では頑健な結果とは必ずしもいえないまでも，保育所経験者に対して幼稚園経験者がより大学進学をしやすい傾向が見られた．しかし，このような関係はどの世代にも共通して見られるようなものなのだろうか．すでに見たように，就学前教育の経験は世代によって大きく異なっていた．よって，就学前教育と教育達成の関係も世代によって異なっているかもしれない．

この点に関して分析をしたのが，表1-8である．サンプルを「30-39歳」，

表 1-8　世代別の大学進学に対する就学前教育の影響（二項ロジットモデル）

	30-39歳		40-49歳		50-64歳	
	Coef.	S.E.	Coef.	S.E.	Coef.	S.E.
就学前教育（基準：保育所のみ）						
幼稚園のみ	.264	.226	.521 *	.240	.139	.202
どちらもあり	.174	.337	.236	.354	.249	.365
どちらもなし	.238	.598	.316	.769	−.304	.247
男　性	.958 ***	.196	1.723 ***	.205	2.184 ***	.182
本人3歳時の父親年齢（20代以下）						
30代前半	−.062	.274	.209	.298	.509 *	.249
30代後半以上	−.235	.287	.361	.304	.253	.254
父親大卒	.731 **	.256	.354	.292	.934 **	.274
母親大卒	1.079 **	.408	1.477 *	.610	1.046	.860
母親短大・高専卒	.331	.284	.135	.414	.094	.317
本人15歳時父職（基準：専門管理）						
一般ノンマニュアル	.117	.374	−.251	.354	−.796 *	.317
自　営	−.310	.282	−.511 †	.277	−1.193 ***	.216
マニュアル	−.291	.259	−.571 *	.260	−1.163 ***	.230
本人15歳時暮らし向き	.081	.145	.229 †	.126	−.060	.107
本人15歳時本の所蔵数	.296 **	.087	.472 ***	.093	.544 ***	.079
定　数	−2.165 ***	.599	−4.166 ***	.625	−2.857 ***	.484
n	558		703		1,095	

† $p<.1$, * $p<.05$, ** $p<.01$, *** $p<.001$.

「40-49歳」，「50-64歳」の3つの世代に分け，大学進学を従属変数とした二項ロジットモデルによる推定を行った．

分析の結果，40-49歳においてのみ，保育所経験者に対する幼稚園経験者の係数が有意になった．オッズ比で示せば，保育所経験者に対する幼稚園経験者は1.68倍（$e^{0.521}$）だけ，大学に進学しやすいことを意味する．30-39歳と50-64歳では統計的に有意な差は見られず，これらの世代では就学前教育と教育達成の間に関連があるとは結論づけられない．

サンプル中で40-49歳であるのは，西暦で示せば1964年から1973年の間に生まれた人々である．この時代は図1-1で見ると幼稚園の在籍人員が大きく増加し，また保育所の在籍人員を上回っていた時代である．また，日本社会の中で専業主婦世帯がもっとも多かった時期でもあり，保育所に対する幼稚園の社会階層上の差異が大きかった時期であるのかもしれない．

4.3　就学前教育の異質性を考慮したモデル

前項で行った分析では，様々な社会階層の変数を統制したものであった．しかし，それでも保育所経験者と幼稚園経験者の間には，観察されないばらつきが残っていることが考えられる．例えば，保育所に関しては認可か認可外であるかの区別ができていないし，母親の職業の変数を考慮できていないために，母親が高度な仕事をしている場合も，そうでない場合も，両方が保育所経験者の中に入っていることが考えられる．すなわち保育所経験者のグループは観察されない要因によってばらつきが大きく，このことが保育所経験と大学進学の関連を弱める影響をもたらしているということがありうるかもしれない．

ロジットモデルなどの非線形モデルにおいて，誤差項の分散に異質性が存在する場合には，独立変数のパラメータにバイアスがかかることが知られている（Winship and Mare, 1984）．本項では，こうした誤差項のグループ間の異質性によって，就学前教育と教育達成の間の関連が影響されないかどうかの確認を行う．また本項では，比較をわかりやすくするために「保育所のみ」と「幼稚園のみ」のサンプルを分析対象とする．具体的には，下記のような想定に基づいたモデルを分析する[2]．

$$P(y_i=1) = \text{invlogit}\left\{\left(\beta_0 + \sum_k x_{ik}\beta_k\right) \times (1+\delta G_i)\right\}$$
$$= \text{invlogit}\left\{\frac{\beta_0 + \Sigma_k x_{ik}\beta_k}{1/(1+\delta G_i)}\right\} = \text{invlogit}\left\{\frac{\beta_0 + \Sigma_k x_{ik}\beta_k}{\sigma_i}\right\}$$

ここで invlogit はロジット関数の逆関数を意味する．y_i は個人が四年制大学に進学するかどうかの二値変数であり，x_{ik} は統制変数のベクトルである．G_i は個人が保育所を経験したか（$G_i=0$），あるいは幼稚園を経験したか（$G_i=1$）を表す変数である．そして G_i の値によって誤差項の標準偏差 σ_i にばらつきが存在すると想定する．仮に両グループ間で誤差項のばらつきに違いが存在しない場合には $\delta=0$ となり，通常の二項ロジットモデルに帰着する．

このモデルに基づいた推定結果が**表 1-9** である．**表 1-8** と同様に世代別に分析した．結果としてどの世代においても，保育所・幼稚園経験者の間で誤差項の異質性は確認されなかった．例えば，30-39 歳の間では，$\ln(\sigma)$ の値が−0.196 と推定された．これは，保育所経験者に比べて幼稚園経験者では，誤差項のば

表 1-9　世代別の大学進学に対する就学前教育の影響（誤差項の異質性を考慮）

	30-39歳		40-49歳		50-64歳	
	Coef.	S.E.	Coef.	S.E.	Coef.	S.E.
就学前教育（基準：保育所のみ）						
幼稚園のみ	.336	.234	.513 †	.277	.105	.231
男　性	.860 **	.260	1.891 ***	.393	2.470 ***	.363
本人3歳時の父親年齢（20代以下）						
30代前半	−.146	.261	.101	.335	.617 †	.325
30代後半以上	−.262	.273	.282	.344	.512	.325
父親大卒	.531 *	.263	.336	.327	.905 *	.360
母親大卒	.895 *	.424	1.584 *	.710	2.296	1.468
母親短大・高専卒	.458	.297	.139	.461	.164	.374
本人15歳時父職（基準：専門管理）						
一般ノンマニュアル	.101	.340	−.311	.410	−.943 *	.387
自　営	−.295	.273	−.450	.330	−1.351 ***	.333
マニュアル	−.267	.253	−.576 †	.308	−1.181 ***	.300
本人15歳時暮らし向き	.077	.137	.346 *	.156	−.001	.139
本人15歳時本の所蔵数	.297 **	.098	.472 ***	.131	.581 ***	.130
定　数	2.037 **	.616	4.583 ***	.923	3.408 ***	.672
lnSigma	−.196	.286	.074	.225	.076	.181
n	479		614		777	

† $p<.1$.　* $p<.05$.　** $p<.01$.　*** $p<.001$.

らつきの大きさが 0.82 倍（$e^{-0.196}$）であることを示している．すなわち保育所経験者の方が幼稚園経験者に比べて，観察されない要因によるばらつきの大きい集団であることを意味しているものの，これは統計的に有意な差ではない．これは，40-49歳と，50-64歳のサンプルにおいても同様である．

　そして誤差項の異質性を統制した場合においても，40-49歳のサンプルでは保育所経験者よりも幼稚園経験者は，より四年制大学に進学しやすい傾向が見られる（10％水準で有意）．すなわち，この世代においては観察されないものも含めて他の変数とは独立した，就学前教育と教育達成の関連があることが示唆される．

5　就学前教育の経験の違いが意味するもの

　本章における分析結果をまとめ，そこから得られる意義について述べたい．第1に，就学前教育の選択は，世代および出身階層によって大きく異なってい

る．そして両親の学歴，父親の職業，家庭の経済的・文化的資源は，就学前教育の選択とそれぞれ独立した関連を持っている．

第 2 に，就学前教育の選択は，母親の階層の直接の影響は小さく，父親の階層によって大部分が説明された．これは，父親の学歴・職業によって世帯の社会階層を代表させるという，伝統的なモデルのあてはまりのよさ（白波瀬，2000）を示しているといえるかもしれない[3]．

第 3 に，就学前教育の選択は教育達成と部分的な関連が見られた．具体的には，40-49 歳（1964-1973 年生まれ）のグループにおいて，保育所経験者よりも幼稚園経験者ではより四年制大学へ進学しやすい傾向が見られた．この傾向は，観察されない要因による両グループのばらつきの違いを考慮した上でも維持された．ただし，両親の学歴など伝統的な社会階層の変数に比べると，就学前教育の経験はそれほど大きな差異をもたらしているとはいえなかった．

赤林・敷島・山下（2013）においては，就学前教育の選択は，学力および非認知的能力と結びついているという知見が得られているものの，本章の分析では教育達成への影響は部分的にしか観察されなかった．この違いは何によるものなのだろうか．可能性を 3 つ指摘しておきたい．第 1 に，注目したアウトカムが，赤林・敷島・山下（2013）においては子どもの小学生・中学生時点の学力・非認知的能力であるのに対して，本章では四年制大学への進学であるということが異なっている．学力や非認知的能力は，大学進学に影響を持つ重要な経路ではあるが，それがすべてを説明するわけではない．よって，就学前教育が学力や非認知的能力には影響を持つ一方で，最終的な教育達成にはあまり影響をもたないということは可能性としてありうる．

第 2 に，赤林・敷島・山下（2013）よりも，本章で分析に用いられているサンプルの年代が異なっているということである．彼らの用いているデータは，2010 年時点の小中学生が分析対象となっている．もし，早期における家庭の教育戦略や，あるいは就学前教育の重要性が近年ほど強まっているのだとすれば，本章に含まれるような上の世代のサンプルとは，就学前教育と教育達成の関連の仕方は異なっているのかもしれない．

第 3 に，異なった統制変数による可能性である．赤林・敷島・山下（2013）においては，家庭の経済的変数については，世帯所得という本章よりも正確な

指標を用いているが，父親の職業や家庭の文化的な側面に関する変数は用いられていない．しかし，本章の分析で明らかになったように，就学前教育の選択には，親の学歴・職業，家庭の経済的・文化的要因がそれぞれ独立した影響を持っている．よって，赤林・敷島・山下 (2013) の分析は，先行する親の職業や家庭の文化的要因を十分に考慮できていないため，就学前教育の影響が過大に見積もられたのかもしれない．ただし，上記のいずれの理由も，推測に留まるものであり，今後の研究でより正確な検証が必要である．

続いて，本章の課題や展望について確認をしたい．第1に，本章では教育達成は四年制大学への進学しか扱わなかったが，他の教育段階も考慮して，教育の移行モデルの中に組み込んでゆくことが考えられる．この際に，ルーカスの「EMI仮説」は，重要な理論的な参照点となりうるだろう (Lucas, 2001)．彼は社会階層がそれぞれの教育段階に与える影響は，普遍化していない教育段階でもっとも大きいとは限らないことを主張した．仮に普遍化している教育段階においても，質的な差異が利用可能であれば，社会階層間の不平等を生み出す要因になるというのである．本章の用いたデータでは幼稚園か保育所かという粗い区分しか含まれていないものの，保育所が認可か認可外かや，あるいは設備や保育内容などの質的な違いに関する情報が含まれるようなデータが今後蓄積されれば，教育の移行モデルの枠組みによる拡張が可能になるかもしれない．

第2に，出身階層についての質問は，これまでの社会調査と同様に本人15歳時のものをいくつか使用した．しかし，本人が15歳時の社会階層の変数は，就学前教育の経験に時間的には後続しているため，統制した場合には，因果効果の解釈としてはバイアスが生じる (Rosenbaum, 1984)．本章では本人15歳時の情報が，幼少期の情報として代替して使えるという仮定の下で分析を行っている．しかし，この仮定が妥当であるとは限らない．小針 (2004) は小学校受験の分析に関連して，子どもが幼少期の場合には，親も地位達成の過程にあると指摘しており，本人15歳時の父親の職業的地位の格差は，本人が就学前教育を経験している段階よりも大きくなっていることが考えられる．そのため，本人15歳時の情報を幼少期の情報として代替して用いた分析では，父親の職業が就学前教育の選択に与える効果は過大に推定されているかもしれない．

以上のように不十分な点は残るものの，本章では就学前教育と社会階層とい

う日本の実証研究では蓄積の少ない分野において，一定の貢献ができたのではないかと思われる．特に新たなデータを活かして，世代ごとの差異についての知見を示すことができた点を強調したい．

1) こうした二元的なシステムを問題視して，90年代の後半から幼保一元化に向けた改革が進んできている（五十嵐，2007）．2006年には教育・保育を一体的に行う施設として，「認定こども園」が制度化された．
2) 詳細については，Williams（2010）を参照されたい．また，以下の分析もWilliams（2010）が提供しているStataのコマンドoglmを用いている．
3) ただし，本データにおけるサンプルは，30-64歳であり，女性の世帯内での経済的な寄与度が増加していると考えられるより若年の世代においては，こうした関連の仕方は異なっているかもしれない．

【文献】
阿部彩，2008，『子どもの貧困――日本の不公平を考える』岩波書店．
赤林英夫・敷島千鶴・山下絢，2013，「就学前教育・保育形態と学力・非認知能力――JCPS2010-2012に基づく分析」樋口美雄・赤林英夫・大野由香子編『パネルデータによる政策評価分析4　働き方と幸福感のダイナミズム――家族とライフサイクルの影響』慶應義塾大学出版会, pp. 55-70.
DiPrete, Thomas A. and Gregory M. Eirich, 2006, "Cumulative Advantage as a Mechanism for Inequality: A Review of Theoretical and Empirical Developments," *Annual Review of Sociology*, 32: 271-297.
Erikson, Robert, John H. Goldthorpe and Lucienne Portocarero, 1979, "Intergenerational Class Mobility in Three Western European Societies: England, France and Sweden," *British Journal of Sociology*, 30(4): 415-441.
Esping-Andersen, Gøsta, 2007, "Sociological Explanations of Changing Income Distributions," *American Behavioral Scientist*, 50(5): 639-658.
濱名陽子，2011，「幼児教育の変化と幼児教育の社会学」『教育社会学研究』88: 87-102．
Heckman, James J., 2000, "Policies to Foster Human Capital," *Research in Economics*, 54: 3-56.
五十嵐敦子，2007，「幼保一元化への動きをめぐる問題」『白鷗大学教育学部論集』1(1): 87-100．
池本美香，2011，「経済成長戦略として注目される幼児教育・保育政策――諸外国の動向を中心に」『教育社会学研究』88: 27-45．
Karlson, Kristian Bernt, Anders Holm, and Richard Breen, 2012, "Comparing Regression Coefficients between Same-sample Nested Models Using Logit and Probit: A New Method," *Sociological Methodology*, 42(1): 286-313.

小針誠,2004,「階層問題としての小学校受験志向——家族の経済的・人口的・文化的背景に着目して」『教育學研究』71(4): 422-434.

厚生労働省,2012,「保育所関連状況取りまとめ(平成24年4月1日)」(http://www.mhlw.go.jp/stf/houdou/2r9852000002khid-att/2r9852000002khju.pdf 2015年3月7日閲覧).

Lucas, Samuel R., 2001, "Effectively Maintained Inequality: Education Transitions, Track Mobility, and Social Background Effects," *American Journal of Sociology*, 106(6): 1642-1690.

大石亜希子,2003,「母親の就業に及ぼす保育費用の影響」『季刊社会保障研究』39(1): 55-69.

大竹文雄,2009,「就学前教育の投資効果から見た幼児教育の意義——就学前教育が貧困の連鎖を断つ鍵となる」『Benesse 教育開発研究センター BERD』16: 30-32.

Rosenbaum, Paul R., 1984, "The Consequences of Adjustment for a Concomitant Variable That Has Been Affected by the Treatment," *Journal of the Royal Statistical Society Series A*, 147(5): 656-666.

白波瀬佐和子,2000,「女性の就業と階級構造」盛山和夫編『日本の階層システム4 ジェンダー・市場・家族』東京大学出版会,pp. 133-155.

堤孝晃,2014,「どのような家族が保育所／幼稚園を利用するのか——父母の収入・母親のライフコース・子育て環境に着目した二次分析」『実践女子大学人間社会科学部紀要』10: 153-173.

Williams, Richard, 2010, "Fitting Heterogeneous Choice Models with oglm," *Stata Journal*, 10(4): 540-567.

Winship, Christopher and Robert D. Mare, 1984, "Regression Models with Ordinal Variables," *American Sociological Review*, 49(4): 512-525.

2章
学校における「いじめ」体験と社会階層

中村　高康

1　いじめと社会階層——問われることのなかった問題

　本章では，日本の教育研究においてこれまでほとんど扱われることがなかった，「いじめと社会階層の関連」を取り上げる．

　これまでいじめをはじめとする学校問題の社会学的研究においては，主に学校の中を調査する伝統的な学校社会学的アプローチ，あるいはある現象が学校問題化するプロセスに着目する社会問題の構築主義的アプローチが主流であったためか，個別の学校体験が学校の外側に広がっている社会的格差に関わるか否かをめぐる諸問題——具体的には，どのような出身階層的な要素の影響を受けるのか，あるいは将来の教育達成や地位達成にどのように影響しているのか——について，必ずしも全国レベルのデータが蓄積されていない状況がある．もちろん，これまで学校で頻繁に行われてきた生徒に対する意識や行動についての学校調査研究においては，こうした学校問題は頻繁に取り上げられてきた．しかし，調査倫理上の問題から，十分な社会階層変数やいじめに関わる諸変数を調査に組み込むことが容易にはできない状況があり，また将来的な地位達成についても，未来の出来事となるためデータをとりようがないという，調査対象の特性に関わる限界があった．

　一方で，従来の社会階層研究もまた別の限界を抱えてきた．社会階層の分析を主眼とする調査では，職業や収入，家族といった社会階層に直接関わる多様な項目を調査の中に同時に組み込まざるをえず，教育関係者や教育研究者にとっては重大な関心事である学校問題に関わる諸変数を調査項目として組み込ん

でいくことにはかなりのスペース上の制約があり，困難な状況があった[1]．SSM 調査に代表されるように，多くの社会階層調査では，学歴や教育意識はある程度尋ねられることが多いが，詳細な学校体験の有無について聞かれることは非常に少ないという現実があったのである．

　しかしながら，学校におけるポジティブな体験はその後の教育達成にプラスの影響を及ぼす可能性があるし，逆にネガティブな体験はマイナスに作用する可能性がある，ということは，少し考えれば誰でも思いつきそうな単純な仮説である．そして，それらがひいては社会的地位達成にも影響が及んでいる可能性がある．また，その社会的出自が学校における様々な体験を生みやすくしたり経験しにくくしたりする環境を作り出している可能性もある．例えば，恵まれない社会階層の子どもたちは，学校でも何らかの苦労を様々な側面で負わされている可能性もある．そうであるならば，これらの学校体験変数と社会階層変数の関連を探っておくことは，従来の研究で見落とされてきた重要な視点を付加するものとなるだろう．

　そうした観点から，我々は，通常の全国的なサンプリングによる社会調査では組み込まれていない登校回避感情・非行経験・いじめ経験・学校出席状況など，様々な学校時代の体験を回顧してもらう項目を調査票に組み込んだ．そこで，以下では１つの典型的な分析ケースとして，特に「いじめ」（被いじめ体験）に焦点を絞って考えてみたい．

2　「いじめと社会階層」研究の状況

　いじめの研究領域では，学校内部の分析や言説の検討などは頻繁に行われているが，出身階層が被いじめ体験に及ぼす影響や，いじめを受けた経験が将来の社会的地位に及ぼす影響については，学校社会学的文脈では国内の先行研究例はほとんどみられない．伊藤（伊藤編著，2007）のいじめ・不登校研究のレビューでも，白松・久保田・間山（2014）の逸脱・教育問題のレビューでも，社会階層といじめの関係を検討した研究には触れられていない．樋田（2013）の学校病理研究のレビュー論文に「いじめ」という節があるが，そこでいじめ研究の３つの流れとして指摘されているのは，第１にいじめを学校病理として

とらえる方向，第2にいじめを脱教育問題化して（例えば刑事問題として）とらえる研究，第3にインターネットいじめの研究を挙げている．こうした動向をみると，現在においてもいじめ研究には，社会の階層構造に対する関心はまったくなさそうにさえ見えてしまう．そうした観点を持つ研究自体がないわけではないが[2]，計量的に全国的動向をとらえる研究は，文献調査をしても見出すことがとても難しい状況である．少なくとも，いじめ研究のレビュー論文で言及されるような，重要な先行研究の蓄積はまったくないといってよいだろう[3]．

　日本における全国調査で被いじめ体験について尋ねている近年の希少な例としては，東京大学社会科学研究所が実施している「働き方とライフスタイルの変化に関する全国調査2007」（JLPS2007）がある．ここでは問11において様々な過去の経験を多重回答で尋ねているが，その選択肢の1つに「自分が学校でいじめを受けた」という項目がある．このデータの分析を行った石田と三輪（Ishida and Miwa, 2012）は，いじめを受けた経験は，高校タイプや高校成績，大学進学といった教育達成指標に対して有意な効果をもっていない，と報告している．また，この論文ではTIMSS2003（2003年 IEA 国際数学・理科教育動向調査）を用いた分析も行っており，そこでは家庭にある本の量が多い生徒ほどいじめを受けやすい傾向があると指摘している．須藤もまた，TIMSS2011のデータから，複数の被いじめ体験およびそれらを合成したいじめ被害偏差値と学力の関係を中心に検討しており，このなかで文化資本スコアがいじめ被害偏差値に対して有意な効果を持っていることなどを見出している（須藤，2014）．これらは，「社会階層といじめ」に直接かかわる全国データの分析報告を行っている貴重な研究である．ただし，ここでも教育達成以外の地位達成については言及がなされていない．

　地位達成指標そのものを使ったものではないが，その隣接領域にある将来変数と過去の被いじめ体験との関連を検討した量的研究は，多少ある．例えば，小塩らの研究は，いじめをはじめとする子ども時代の逆境的な体験が将来の主観的幸福感や健康に影響するとし，それを社会経済的地位の上昇が一定程度緩和する効果を持つものの，かなりの直接効果が残るとしている（Oshio *et al.*, 2013）．そこでは，成人（25-50歳）を対象に小・中学校時代の被いじめ体験を

回顧的に尋ねており，社会経済的地位指標も同時に測定しているという点で，我々の調査設定に非常に近く，興味深い先行研究となっている．ただし，ここでは社会階層の問題が主題とはなっていない．

以上のように，国内においては「いじめと社会階層」に関する全国レベルの計量的分析はきわめて限定されている状況であり，またそのなかで「いじめと社会階層」そのものを正面からとらえているものもほとんどない．

しかし，国際的な文脈で見れば，そうではない．それは，いじめが問題視されるノルウェーやイギリスなどではいじめは差別とリンクして理解されうる（森田，2010），ということと関わっている．国際的ないじめ研究全体を包括的にレビューすることは筆者の力量を超えるが，海外の「いじめと社会階層」の研究に限定すれば，ティペットとウォルケの研究に端的に示されるように（Tippet and Wolke, 2014），相当量の研究が蓄積されている．「社会経済的地位といじめ」と題するこの研究によれば，"bullying"，"socioeconomic" など複数の単語を使って5つのデータベースで検索された論文・著書は3,294に及び，このなかから英語でないものや扱っている年齢層が学齢期でないもの，いじめや社会経済的地位を測定できていないものなど様々な基準によってケースを除いていった結果，最終的に28の論文をメタ分析の対象とした．言い換えれば，厳しい限定条件のなかでも，きちんといじめと社会経済的地位の関係をテーマにして実証分析している論文が少なくとも28はあるということである．これを使ってメタ分析を行った結果，彼らは出身の社会経済的地位といじめ体験の関連はあるが必ずしも強いものではない，という結論を導いている．さらにこの研究では，被いじめ体験と同時にいじめる側の体験についての研究にも言及されており，英語圏ではそうしたデータの豊富な蓄積があることも示されている．また，いじめと将来的な地位達成の関連に関しても，比較的容易に文献を見出すことが可能である．例えば，ブラウンとテイラーは，被いじめ体験が教育達成や成人期の賃金に影響しているという分析結果を発表している（Brown and Taylor, 2008）．滝沢らもまた，イギリスの長期パネルデータの分析から，子ども期の被いじめ体験が成人後の精神的健康状態に関わるとの知見とともに，それが社会経済的地位にも関連しているとの結果を示している（Takizawa *et al.*, 2014）．

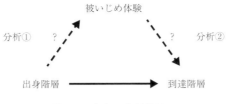

図 2-1　本章の分析枠組み

　こうした国際的研究動向を見ると,「いじめと社会階層」の研究は, 国内においてはほとんど取り組まれていないけれども, 海外ではかなり研究がなされており, 国際的にも十分読まれる土壌のある国内未開拓の研究テーマだといえるだろう. 本章の狙いはまさにここにある.

3　具体的分析課題と方法

3.1　分析課題と「被いじめ経験」項目

　以上のような問題関心から, 本章で取り扱う具体的な分析課題を設定したい. もっとも, それはこれまで述べてきたことから推察できるように, きわめてシンプルな課題設定となる. すなわち, 出身階層・被いじめ体験・到達階層の3者の関連構造を明らかにするということであり, もう少し具体的にいえば, ①出身階層の違いが学校における被いじめ体験に影響を及ぼすのか否か, ②被いじめ体験の有無が到達階層に影響を及ぼすのか否か, の2点に集約される（図2-1）.

　ESSM2013 では,「あなたが中学生のとき, あなたのまわりでは以下のようないじめがありましたか」という設問に対して,「同じクラスの生徒に対するいじめ」「同じクラスではないが同じ学校の生徒に対するいじめ」「あなた自身に対するいじめ」「その他のいじめ（具体的に　　　）」「まわりにいじめはなかった」「わからない」という選択肢を用意している（複数回答）. そのうちの「あなた自身に対するいじめ」に○を付したケースを「被いじめ体験あり」と見て, 出身階層を説明変数とした分析, および到達階層を被説明変数とした分析を試

みてみたい．なお，諸外国の研究で見られるような，あるいは日本の学校社会学的研究で見られるような「いじめる側」のデータは ESSM2013 では取られていないため，今回の検討対象から外しているが，この点は今後の重要な研究課題となるだろう．

もちろん，いじめの有無を判断するデータとしては，本調査で導入した項目が非常に簡便な尺度であることは，本章の弱点ではあるがここであえて強調して注意を喚起しておきたい．回顧的項目であることや主観的な体験申告であること[4]によるバイアスの混入も当然あるだろう．しかし，被いじめ体験が当事者にとって，たとえ回顧的にではあっても思い出したくない出来事である可能性が高いことを重視し，質問項目については禁欲的に設定しており，ESSM2013 ではいじめに関する設問はこの項目だけである．したがって，この項目への反応の有無のみが本研究では「被いじめ体験」のよりどころとなる．こうしたデータ上の限界を踏まえた上で分析結果を受け止める必要があるが，それでも，これまでにいじめと社会階層の関連を正面から扱う実証的データが日本でほとんど見られない現状では，試験的分析としての役割は十分に果たし得ると考えている．

3.2　変数と方法

分析課題①の「出身階層が被いじめ体験に与える影響の分析」については，「被いじめ体験」の有無を被説明変数とする 2 項ロジスティック回帰分析を行う．各変数の詳細については，**表 2-1** に示してあるが，出身階層については複数の指標を用い，これに基本変数である性別と年齢を加えたものを基本モデルとしている．なお，「15 歳時の暮らし向き」変数については，過去の主観的な階層の指標として組み入れるモデルを検討するものである．

分析課題②の「被いじめ体験が到達階層に与える影響の分析」については，「被いじめ体験」の有無を主要説明変数とする多項ロジスティック回帰分析を行う．投入する説明変数は，上述の分析課題①に用いた変数をすべて統制変数として用い，それに「被いじめ体験」を加えたモデルが基本形となる．被説明変数である「到達階層」も複数の指標があるが，学歴，初職，現職，世帯収入，階層帰属意識をそれぞれ検討した．

表 2-1 本章の分析で用いる変数

いじめ変数	被いじめ体験	「あり」＝ 1，「なし」＝ 0
基本変数	女子ダミー	「女性」＝ 1，「男性」＝ 0
	年齢層	「40 代」を参照カテゴリーとして「30 代」「50 代」「60 代」をそれぞれダミー変数化
出身階層変数	父学歴	「後期中等教育卒」を参照カテゴリーとして，「前期中等教育卒」「高等教育卒」をそれぞれダミー変数化
	母学歴	「後期中等教育卒」を参照カテゴリーとして，「前期中等教育卒」「高等教育卒」をそれぞれダミー変数化
	父　職	「事務・販売」を参照カテゴリーとして，「専門・管理」，「熟練 - 農業」をそれぞれダミー変数化
	暮らし向き（中学 3 年時）	「ふつう」を参照カテゴリーとして，「豊か」「貧しい」をそれぞれダミー変数化
到達階層変数	学　歴	「短期高等教育卒」を参照カテゴリーとして，「高等教育卒」「中等教育卒」をそれぞれダミー変数化
	初　職	「事務・販売」を参照カテゴリーとして，「専門・管理」「熟練 - 農業」をそれぞれダミー変数化
	現　職	「事務・販売」を参照カテゴリーとして，「専門・管理」「熟練 - 農業」をそれぞれダミー変数化
	世帯収入	「500-700 万円」を参照カテゴリーとして，「800 万円以上」「400 万円以下」をそれぞれダミー変数化
	階層帰属意識	「中の下」を参照カテゴリーとして，「上・中の上」「下の上・下の下」をそれぞれダミー変数化

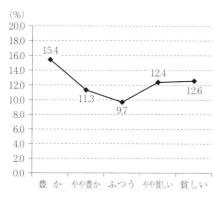

図 2-2　15 歳時暮らし向き別・被いじめ体験率

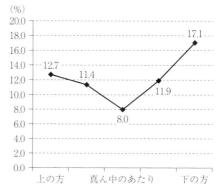

図 2-3　中 3 時成績別・被いじめ体験率

なお，表 2-1 において，各カテゴリーをダミー変数として用いる際の参照基準としては，できるかぎり真ん中のカテゴリーをあてている．そのような操作をした理由は，本章の分析における最重要変数である「被いじめ体験」のデータの分布が，社会階層をはじめとする順序的な変数に対して，非線形な形状を示していることがあらかじめ確認されているためである．例えば，図 2-2 は 15 歳時の暮らし向き別の「被いじめ体験」比率を表わしたものだが，これを見てもらえればわかるように，被いじめ体験が相対的に多いのは，豊かな層と貧しい層である．また，図 2-3 は中学 3 年時の成績（主観的評価）別にみた「被いじめ体験」比率であるが，これも同様に成績上と成績下のほうで体験率が高くなっている[5]．これは，集団内の平均や標準から外れた生徒がターゲットとなりやすい「いじめ」の性質を反映しているのではないかと思われるが，こうした傾向を敏感にすくい取るためには，数量的尺度に一元化して直線的効果を見るよりも，両端のカテゴリーの効果を検討できるように操作化することが適切だと判断した．「到達階層と被いじめ体験」の分析において，被説明変数が比較的順序性をもった変数であるにもかかわらず，順序ロジットではなく多項ロジットを分析方法として選択しているのも同様の理由である．説明変数の変化に対して一律に同じ回帰式を推定してしまう順序ロジスティック回帰分析は，いじめのように特定の層に集中的に何らかの効果が生じるかもしれない現象では不適であると判断した．

4 分析結果

4.1 被いじめ体験データの基礎的分布

ESSM2013 データにおける「自分自身に対するいじめ」（中学生時）の体験率は，全有効調査対象者数 2,893 名の 10.8％，ケース数にして 311 名が「あり」と回答している．回顧的でもあり，また主観的な判断によるデータではあるが，十分に量的分析に耐えうる数の回答があったといえる．郵送留置法による調査であったことが回答をしやすくしている面もあるだろう．一方で，クラスメイトに殴られたとか，一時的に仲間外れにされた，クラスの中で孤立していた，

といったケースまで含めると，もっと割合は高く出てもよいかもしれない．その意味では，ある程度限定された被いじめ体験者だと考えることもできる．この調査の対象者はもっとも若い人でも30歳であるから，少なくとも15年以上前の自分自身に対するいじめを憶えている人たちだという意味では，われわれが通常イメージするところの，一定期間継続され心理的ダメージを多少なりとも負わされた「いじめ」の被害者の人たちがある程度まとまって取り出されているデータだと，さしあたりは見なして検討してもよいと思われる．

この約1割の「被いじめ体験」が出身階層および到達階層とどのように関わるのかを検討するのが，本章の課題である．ではさっそく見てみよう．

4.2 出身階層と被いじめ体験

まずは出身階層と被いじめ体験の関連をロジスティック回帰分析で検討した．結果は表 2-2 に示してある．性別・年齢はコントロール変数として投入しているが，全体的な傾向として，年齢が若くなるほど「被いじめ体験」率は高くなる．これは単純なクロス表レベルでみても確認できる傾向である．いじめそのものが全体的に増えているという解釈も不可能ではないが，1980 年代以降いじめが社会問題化するなかで，40 代以降の若い世代が自らの経験を「いじめ」だと同定しやすい環境を生きてきたという解釈も考えておくべきであろう．なお，図 2-3 で示した学校成績も，被いじめ体験との関連が予想される変数であるが，学校成績は学校入学後に付与されるものであり，それより先行し，なおかつ学校成績との相関関係がある出身階層の効果を見やすくするために，あえて説明変数には加えていない．

では，ここでの主眼である出身階層変数の効果はどうか．表 2-2 の分析結果を見る限り，海外の傾向と同様，出身階層の影響はまったくないわけではなさそうだが，さほど強いとは言い切れない．具体的には，他の条件が同じであれば，母親の学歴が高いほうがいじめを受けやすい傾向がみられる．地域特性が母親の学歴に反映している可能性などもありうるが，そのメカニズムの解釈は容易ではない．また，主観的階層指標である 15 歳時の暮らし向き変数を見ると，貧しいほど被いじめ体験が増える傾向を示している．これは不遇な層ほどいじめの危険にさらされやすい傾向があるとも解釈可能である．なお，母学歴

表 2-2 被いじめ体験を被説明変数とする 2 項ロジスティック回帰分析

	モデル 1 回帰係数	モデル 2 回帰係数
女子ダミー	.022	.006
年齢層（ref.＝40 代）		
30 代	.003	.035
50 代	−1.120***	−1.137***
60 代	−1.571***	−1.643***
父学歴（ref.＝後期中等）		
前期中等	.209	.191
高　等	−.007	−.014
母学歴（ref.＝後期中等）		
前期中等	−.428*	−.500*
高　等	.017	.018
父職（ref.＝事務・販売）		
専門・管理	−.081	−.088
熟練−農業	−.063	−.135
暮らし向き（ref.＝ふつう）		
豊　か		.184
貧しい		.718***
切　片	−1.555***	−1.661***
model χ^2	85.798***	98.226***
疑似 R^2（McFadden）	.056	.064
n	2,195	2,191

*$p<.05$, **$p<.01$, ***$p<.001$.

と暮らし向きの多重共線性によって両者が逆目で有意になっている可能性もあるという推測もありうるが，暮らし向き変数を外したモデル 1 でも母学歴は同じ程度の回帰係数で有意となっており，その可能性は高くないと判断される．総じて，主観的階層指標が明確な傾向を与えているということはいえるであろう．

4.3　被いじめ体験と到達階層

次に到達階層との関係について検討しよう．もちろん到達階層といっても，調査対象者の年齢幅は大きいので，現職や収入だけではなく，学歴や初職，主観的階層についても検討しておく．

投入する変数は，表 2-1 の基本変数，出身階層変数にいじめ変数（被いじめ体験）である．これらの変数によって各到達階層変数を説明する多項ロジステ

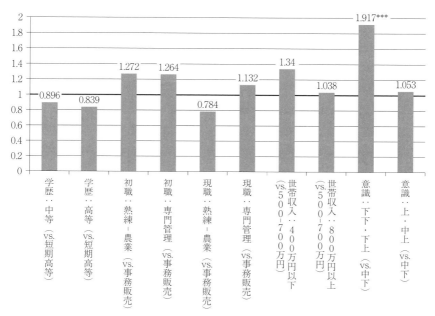

図 2-4 到達階層に対する被いじめ体験の効果

注:多項ロジスティック回帰分析. 数値は Exp (B). ***$p<.001$.

ィック回帰モデルを考える．そのなかで，各変数をコントロールしたうえでのいじめ変数の独自効果が検出されるかどうかが，ここでの注目点となる．

　分析結果は表の数が多くなるため，ここではさしあたり簡便に，注目変数である被いじめ体験の効果（オッズ比）のみを表示した図 2-4 を示した．オッズ比であるので関連がない場合は 1 となる（強調線を付した）．この図をみると，ほとんどは 1 周辺の値であり，実際問題として統計的にも有意ではない．したがって，基本的には被いじめ体験は到達階層にはあまり効果を持たない[6]．ただし，例外は主観的階層変数である階層帰属意識への効果である．これについては，回帰係数は 0.1 ％水準で統計的に有意である．すなわち，被いじめ体験は大人になってからの階層帰属意識に影響を与える傾向がある．具体的には，被いじめ体験者ほど自らを社会の中で「下」と位置づける傾向があるということである．これは，主観的幸福感への被いじめ体験の影響を指摘した小塩らの研究結果とも整合的とみることができよう．

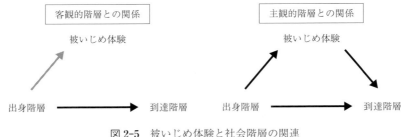

図 2-5 被いじめ体験と社会階層の関連

5 おわりに

　以上の分析結果を総括するならば，まず出身階層が被いじめ体験に及ぼす影響は，強くはないものの観察される．ただし，母学歴の効果の出方にみられるようにその関係はやや複雑であり，さらなる分析が求められよう．主観的な変数ともいえる「15歳時の暮らし向き」の効果を見ると，恵まれない層での被いじめ体験率がやや高くなる傾向がみられる．一方，到達階層との関連では，ほとんどの到達階層指標に対して被いじめ変数の平均的効果は認められない．唯一，階層帰属意識に対してだけは，被いじめ体験は有意な影響がある．

　以上の分析結果が示唆しているのは，被いじめ体験は，客観的に測定できる階層（客観的階層）についてはあまり明瞭な関係を観察できないが，主観的に測定される階層（主観的階層）に関しては関連が認められるということである．このことは，被いじめ体験がどちらかというと主観的な世界に結びつきやすい傾向を示しているようにも思われる（図 2-5）．

　この結果は，実践的にポジティブな意味も持ちうる．すなわち，たとえ中学生の時にいじめられる経験を持っていたとしても，本章の分析にしたがえば，客観的な将来の社会的地位や階層にはあまり関係がないともいえる可能性が出てきたからである．長い人生をトータルに見た場合，少なくとも社会移動の観点から見る限り，若年時の被いじめ体験に悲観的になりすぎてはいけないということもいえる可能性がある．より確定的なことをいうためには，さらに様々な角度からデータで検証を重ねていく必要があるものの，少なくともそのことは，その過去の体験がトラウマのようになってしまっているかもしれない大人

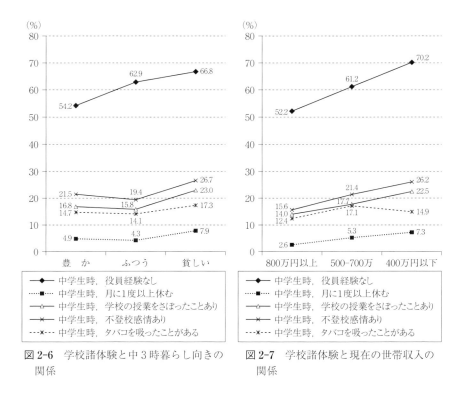

図 2-6 学校諸体験と中3時暮らし向きの関係

図 2-7 学校諸体験と現在の世帯収入の関係

世代だけでなく，今まさにいじめ被害にあっている子どもたちにとっても，ささやかながらレジリエンスを高める一助となりうるかもしれない結果だということなのである．

【補論】その他の学校体験と社会階層との関連性について

本章では，調査された学校体験項目のうち，特に「被いじめ体験」に焦点化して検討してきた．しかし，さきほども述べたように，ESSM2013 では「被いじめ体験」以外にも様々な学校体験変数を組み込んで調査を実施している．紙幅の都合ですべてを紹介することはできないが，ここでは，どちらかというと学校に対して必ずしも適応的でないことを示す学校体験変数をいくつか取り上げ，簡単に紹介しておきたい．

図 2-6・図 2-7 は，そうした学校体験変数と社会階層変数との単純なクロス

集計の結果をグラフとして示したものである．経済的な指標がわかりやすいと判断したため，出身階層指標として中学3年生時の暮らし向きを，到達階層指標として現在の世帯収入を，それぞれ3カテゴリーに集約して表示している．
　これらの学校体験変数は，いずれも学校適応と密接な関係があり，当然ながら中学校時の成績とも関連がある．したがって，このグラフだけから，個々の学校体験が社会階層に因果的に関連を持つとはいえない．しかしながら，中学校での役員経験のない層や中学校での不登校感情があった層が相対的に貧しかったと認識している層に若干多い傾向にあること，そして現在の低所得層に若干多い傾向にあることまではいえる．学校生活の様々な要素が「社会階層」とまったく無関係に成り立っているわけではないということがあらためて確認できる．このことは，「子どもの貧困」が注目されている現代においてはとりわけ十分に認識しておくべき傾向であろう．一方で，ここで提示したような学校での諸経験がどの程度，因果的に将来に影響を及ぼすものであるのかということは，今後さらに分析を進めていく必要がある課題である．

1) 全国調査に基づき，社会階層と学校問題の関連を扱った希少な例として，岩井（2008）がある．ここでは，体罰に対する意識と社会学的諸変数の関連が分析されており，そのなかで「教師による体罰」への意識に対する学歴や職業威信スコアの影響などを読み取れる分析結果が示されている．ここで扱われているのは意識であり，実際の「教師による体罰」経験ではない．しかし，「子どもの時に暴行を受けた経験」についても分析されており，貴重な研究例といえる．
2) 例えば，伊藤ほか（1998）の事例研究など．
3) 社会階層に関わる変数といじめ体験の関連についての分析結果を示している研究例としては，秦（1986）がある．ここでは「親の高学歴期待」という変数といじめ・被いじめ体験の関連が表で示されている．しかし，この研究は7つの学校の調査データに基づく事例的研究であり，社会階層はまったく分析の焦点になっていないため，本文においてもその点についての十分な言及がなされていない．
4) 主観的体験申告であることから「実際にいじめがあったかどうかはわからない」という立場に立つこともちろん可能である．しかし，文部科学省のいじめの定義は「当該児童生徒が，一定の人間関係のある者から，心理的，物理的な攻撃を受けたことにより，精神的な苦痛を感じているもの」（文部科学省ホームページより）となっている．この定義に典型的であるように，いじめはしばしば被害を受けた生徒の主観的体験申告が「いじめ」と見なされる．それは，いじめによる被害者のダメージが，客観的状況がいじめといえるようなものであったかどうかとは相対的に独立して発生することがある，と想定されているからであろう．こう

したことも踏まえ，本章は，主観的体験申告であることの限界は踏まえつつ，そうした主観的いじめ体験認知もまたいじめ現象を構成する重要な要素である，との立場に立っている．
5) なお，成績については，TIMSS のデータを用いた須藤（2014）の研究では，被いじめ体験との関連はあまり明確ではないという．ただし，被いじめ体験の内容によっては学力の低さが被いじめ体験につながるという分析結果も提示されている．
6) 被いじめ体験の効果については，すべての集団で同じように現れるとは限らない．恵まれた階層であれば，教育熱心な親の働きかけによって将来への影響がリカバーされるかもしれないが，恵まれない階層では負の連鎖のような形で影響が現れるかもしれない．そして，諸集団を合算した効果は相殺されて全体としては回帰係数が有意にならない，といった可能性も考えられる．こうした交互作用の有無についての検討の必要性については，伊藤茂樹氏から示唆を得た．そこで，交互作用項を投入したモデルを検討してみた．その結果，父親が専門管理の場合，あるいは父親が高等教育学歴の場合に，被いじめ体験のネガティブな効果が相殺される傾向が若干認められる場合があるが，ほとんどの交互作用項は有意ではない．ただし，この点についてはさらに詳細な検討が必要であり，今後の課題としたい．

【文献】

Brown, S. and K. Taylor, 2008, "Bullying, education and earnings: Evidence from the National Child Development Study," *Economics of Education Review*, No. 27: 387-401.
秦政春，1986，「いじめの構造と学校教育病理」日本犯罪社会学会編『犯罪社会学研究』第 11 号：175-198.
樋田大二郎，2013，「学校病理研究の動向――非行，いじめ，不登校の研究の学校化と多様化」日本犯罪社会学会編『犯罪社会学研究』第 38 号：199-204.
Ishida, H. and S. Miwa, 2012, "School Discipline and Academic Achievement," in R. Arum and M. Velez, eds., *Improving Learning Environments: School Discipline and Student Achievement in Comparative Perspective*, Stanford University Press, pp. 163-195.
伊藤則博・相原育恵・山形積治・横濱拓哉，1998，「いじめ問題の背景――2．住民の階級意識と学歴志向のはざまで」北海道教育大学教育学部附属教育実践研究指導センター編『教育実践研究指導センター紀要』第 17 号：11-14.
伊藤茂樹編著，2007，『リーディングス日本の教育と社会 8　いじめ・不登校』日本図書センター．
岩井八郎，2008，「儀礼としての体罰――『体罰』に対する意識の分析」谷岡一郎・仁田道夫・岩井紀子編『日本人の意識と行動――日本版総合的社会調査 JGSS による分析』東京大学出版会，pp. 313-328.
森田洋司，2010，『いじめとは何か――教室の問題，社会の問題』中公新書．
Oshio, T., M. Umeda and N. Kawakami, 2013, "Childhood Adversity and Adulthood

Subjective Well-Being: Evidence from Japan," *Journal of Happiness Studies*, No. 14: 843-860.

白松賢・久保田真功・間山広朗，2014，「逸脱から教育問題へ——実証主義・当事者・社会的構成論」日本教育社会学会編『教育社会学研究』第 95 集：207-249.

須藤康介，2014，「いじめと学力—— TIMSS2011 中学生データの計量分析から」『江戸川大学紀要』24：121-129.

Takizawa, R., B. Maughan and L. Arseneault, 2014, "Adult Health Outcomes of Childhood Bullying Victimization: Evidence From a Five-Decade Longitudinal British Birth Cohort", *The American Journal of Psychiatry*, Vol. 171, Issue 7: 777-784.

Tippett, N. and D. Wolke, 2014, "Socioeconomic Status and Bullying: A Meta-Analysis," *American Journal of Public Health*, Vol. 104, No. 6: 48-59.

3章
戦後生まれコーホートの教育体験の潜在構造
その規定要因と教育達成・教育意識への影響

胡中　孟徳

1　教育体験・学校体験の選抜・配分機能,社会化機能

　本章の目的は,戦後日本社会において,中学生の教育体験・学校体験が時代によって,また社会階層的要因によってどのように異なっているのか,また,教育体験の違いがその後の教育達成や成人後の意識に対してどのように継続的に影響を及ぼしているのかを実証的に明らかにすることである.

　教育体験・学校体験の変化という研究上の視点は,主に,時点間比較を意図して設計された学校を通した調査とそれを用いた分析によって採用されてきた(樋田ほか編,2000,尾嶋編,2001).こうした研究の目的は,ある時点間に生じた社会的変化が,高校生にどのような影響を与えているのかを明らかにすることにある.尾嶋(2001:1)が指摘するように,教育社会学的関心から実施される調査は,「消耗品的な性格を持ち,ある時期の,ある地点の,ある状況を捉える一描写的なもの」である場合が多く,統一的な視点から複数の時代を比較することに耐えうる調査は少ない.

　尾嶋らの調査は,そうした問題を克服することを意図して,複数時点間の比較研究に耐えうるようなデザインとなっている(尾嶋,2001:10-13).ただし,この調査においても,「ある地点」の高校生を捉えたものであるという限界を克服できているわけではなく,全国的な変化を把握できているわけではない.樋田ほか編(2000)においても同様の課題が残されている.つまり,これらの研究では,地域的に限定されているという点で,日本社会の教育経験の全体像を把握することはできない[1].

本章では，ESSM2013のデータを用いることで，地域を限定したうえで描かれてきた教育体験・学校体験が全国的規模で見た場合に，どのようにコーホート間で異なっているのかを検討する．全国規模での時代的変化を把握できるような社会調査は，従来，社会階層と社会移動調査（SSM調査）などのような，幅広い世代を対象とする大規模な調査に限られていた．しかしながら，こうした調査においては，教育体験や学校で経験したことに関する詳細な質問項目がないために，教育体験や学校体験の変化が直接的に捉えられてきたわけではない．たとえば，SSM調査では，中3時点の通塾経験や，成績，進学希望段階の情報は得られているものの，当時の意識・行動についての変数は得られていない．

　しかしながら，教育体験は，階層研究にとって，いくつかの点で重要であると考えられる．本章で着目したいのは，第1には，教育達成の階層間格差生成のメカニズムの一部分となりうる点であり，第2に，教育体験が学校卒業後も持続的に本人の社会意識に影響を及ぼしているか否かという点である．

　第1の点は，社会階層と教育における検討課題の1つとされている（平沢ほか，2013: 159-161）．これまでSSM調査を使用して教育にかかわる時代的趨勢を分析した研究では，教育達成の階層間格差が社会全体の進学率が上昇してもなお維持されることが指摘されてきた（荒牧，2000，近藤・古田，2009など）．そして，その階層間格差がなぜ維持されるのかを検討するうえで，教育達成のメカニズムの検討が必要と考えられる．教育体験を検討することは，教育達成の過程をとり上げることになり，メカニズム解明のために検討すべき課題である．

　第2の点に関連させて，まず着目したいのが，成人後に抱く教育にかかわる意識に対して，過去の教育体験がどの程度の影響を及ぼすかという点である．

　中村（2000）は，子どもに対する高学歴志向を日本の学歴社会の特質を表わす変数としたうえで，全体としてみると若いコーホートほど高学歴志向が弱いことを確認している．中村の議論では，高学歴志向の変化は，本人の教育体験が教育の大衆化の進展によって，世代間で異なっていることで生じたものと解釈されている（中村，2000: 170）．

　中村の議論を参照すれば，現在人々が持っている意識，ことに教育にかかわ

る意識は，本人の教育体験との関係から把握することが有効だろう．しかしながら，中村の議論においても教育体験は直接的に把握されているわけではなく，教育環境の全体的な変化をもとに議論がすすめられており，教育体験と意識の関連は仮説的に提示されているにすぎない．

　過去の教育体験が将来の教育意識に及ぼす影響を検討する場合に，取り上げておきたいのが，苅谷（2001）に対する佐藤俊樹の書評（佐藤，2002）である．

　苅谷は，在学中の高校生の調査を分析した結果，高校生の意識や行動に階層間格差が見られることを，社会化の結果とみなしているが，佐藤が批判的な論点を提出するのはこの点についてである．すなわち，「社会化」という言葉を用いるとき，本来，その効果は長期にわたるものと想定されているはずであるが，在学中の高校生を分析しているために「社会化」の効果が過大に見積もられている可能性がある（佐藤，2002: 70）ということである．

　佐藤の議論を踏まえるなら，本章のように，分析対象が学校から卒業して時間を経ているにもかかわらず，教育体験と教育にかかわる意識の間に関連が認められれば，教育体験による社会化効果を想定することもより説得的になる．こうした，在学中に見られる意識・行動が卒業後も継続的に維持されるという想定は，教育社会学の生徒文化研究でも前提とされてきたと考えられるが，本章はその想定の妥当性自体を検討の対象としている．結論を先取りすれば，そうした前提が誤りであるとはいえないまでも，先行研究で想定されてきたほど堅固な前提とは言い難いことが示される．

　本節の最後に，中学校時代の体験を分析対象とする理由について若干付言しておきたい．第1に，高校生を対象とする研究は一定の蓄積がある一方で，中学生を対象とした研究は多くないため，その点を補うという意図がある．第2に，高校での教育体験は，高校ランクや学科などの高校階層構造によって強く規定されることが予想される．全国データを使用する場合に，地域によって異なる高校階層構造（香川ほか，2014）を適切に考慮することが難しいと考えられるため，中学校時代を分析の対象とする．

2 戦後教育社会の時代区分と分析視角

2.1 教育社会の時代区分

　時代とともに生じる教育体験の変化を捉えるには，何らかの時期区分ないし世代の区分を設定することが有効だろう．そこでは，まず教育社会学の先行研究において，戦後日本の教育がどのように変遷を遂げてきたとされているのかを確認しよう．

　時代的変化を想定する先行研究は，教育の大衆化の進行と受験競争の激しさに注目するかたちで設定されている．久冨（1993）は，入試における競争の性質の変化という視角から，戦後から1990年頃までの時期を3期に分けている．最初の時期は，1959年までの高校進学率が50％程度・大学進学率が10％程度に抑えられていた「抑制された競争」の時期で，新学制の定着期とされる．つづく時期は，1960-74年までの高校進学率・大学進学率ともに急上昇していく「開かれた競争」の時期であり，高度経済成長期に重なって能力主義が定着していく．最後に，1975-90年までの高校進学率が90％半ば・大学進学率が40％の手前で停滞する「閉じられた競争」の時期であり，この時期，教育問題が噴出したとされる．

　階層研究の視座からSSM調査の動向を振り返り，戦後日本の教育社会の位相の変遷を確認した近藤（2000）の整理も教育の大衆化に注目している．近藤の議論では，3つの位相が想定されている．第1の位相は，戦後から1950年代の半ば頃とされ，戦後教育改革による学校制度の単線化が次世代の教育の開放感をもたらしている時期である．第2の位相は，経済の高度成長期と一致する．この時期は，高校進学率と大学進学率の急上昇が特徴であり，教育を地位達成の手段とみなす見方が大衆にまで広まったとされる．第3の位相は，1970年代半ば以降の，高等教育の抑制期に大学進学率が30％台で維持され，加熱された受験競争をはじめとする教育事象への懐疑的な見方が広まる時期とされる．

　久冨（1993）と近藤（2000）の時期区分は，おおよそ重なるものであり[2]，戦後教育の定着期，高度経済成長期における業績主義の定着期，受験競争の激化

に伴う教育問題の噴出期に分けられる．1990年代以降についての時期区分は定かではないものの，進学率の変化に注目すれば，1990年代以降の大学進学率の再上昇期に対しては新たな時期区分を設けるべきだろう．

したがって，本章では，調査対象のコーホートにあわせ，高校進学率・大学進学率ともに上昇する高度経済成長期，1975年から1990年頃の大学進学率の停滞期，1990年代以降の再上昇という時期区分を設定し，これらの時期にそれぞれ中学生であった3つの世代に分析対象を分けることとする．

2.2　分析視角の設定

本研究では，まず，中学生時代の教育体験を探索的に探っていくこととする．これは，第1には，教育体験は時代によって異なると想定されるものの経験的に確認された定説に至っているとは言いがたいためである．そのため時代的変容については，先行研究によって異なる想定がされることもある．たとえば，久冨（1993）では，教育問題が目立ちはじめるのは70年代半ば以降であるという理解が示されている．しかし，永井（1957）は彦根市の中学校を事例にしながら，高校受験をめぐる激しい受験競争と，その帰結としての学校に対する不信感や遅刻の増加といった学校への不適応状態を描き出している．このように研究によって時代状況の把握が異なることを踏まえると，まずは探索的に教育体験を取り出すべきだろう．

第2に，教育体験・学校体験の分析は主に高校生調査によって取り組まれてきたため，中学生時代の状況は十分に把握されてきたとはいいがたい．従来の研究視角は，高校階層構造を所与としており，学校での経験も高校タイプと関連して論じられる傾向にある．この点からも，まず探索的に中学生時代の教育体験を分析して，その様相を把握することが必要であると考えることができる．

すでに確認したように，教育体験の影響の検討が重要と考えられるのは，次の2つの点においてであった．第1に，教育体験が教育達成に影響すると想定できる点であり，第2に，学校卒業後の社会意識にも持続的に影響するような「社会化」効果を有するかを検討すべきであるという点である．

第1の点について，教育体験の指標の1つとみなせる学校適応と，教育達成を同時に検討する分析は古田（2015）で行われており，「学校不適応」で進学理

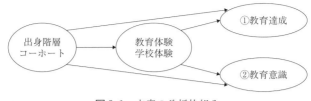

図 3-1　本章の分析枠組み

由が曖昧であるといった特徴を持つ大学進学希望者層が存在することが明らかにされている．古田（2012）も PISA の分析によって，学校適応が出身階層と教育達成の関連を媒介している可能性を示唆している．こうした先行研究は，出身階層による教育達成の格差のメカニズム解明の試み（荒牧，2016）の 1 つと考えることができる．学校適応の階層差の説明要因として家庭の文化的背景を想定する議論に，文化的再生産論がある（小内，1995）．本章では，学校適応の階層差の背景に文化的要因があるとことさらに想定するわけではないが，教育体験は出身階層が教育達成に与える影響を媒介する要因となりうると考え，その影響力を検討する．

　第 2 の社会化の側面については，堀（2000）は，苅谷（2001）と同じデータを用いて，高校生の勉強への構えが否定的になったことをもって，業績主義的トラックからの離脱が生じていると指摘している．堀や苅谷の論点は，高校生において見られた階層差がその後も継続することを前提としたうえで，業績主義的な価値からの離脱が，出身階層に沿って生じていることを問題とするものである．本章においては，業績主義的な価値へのコミットメントを直接的に測定する変数はないものの，教育にかかわる意識に対して教育体験が与える影響を分析することで，堀らが前提とした社会化効果について検討したい．

　以上の問題設定から，本章の分析枠組みを示したものが図 3-1 である．以下，教育体験・学校体験の類型を抽出し，それが出身階層やコーホートによってどのように規定されているかを確認する．さらに，教育体験・学校体験が，①教育達成や，②教育にかかわる意識に与える影響を有しているか否か，また，それが出身階層によって生じる差を媒介する要因とみなせるか否かについても検討する．

3 分析に使用する変数と方法

3.1 変数の説明

　本章の問いに計量分析によって答えるためには，①戦後世代の幅広いコーホートを網羅的に調査対象としている全国調査であり，②社会階層に関する項目を十分に備え，③学校体験などについての質問項目が豊富である，という条件を満たすデータが必要となる．①②の条件を満たすデータは，SSMデータなどがあるものの，いずれも教育経験についての項目は具体的な内容にまで踏み込んではいない．学校体験についての項目は回顧的に得られた情報であるという点に注意する必要はあるが，ESSM2013は3つの条件を満たす現時点で唯一のデータだと考えられる．

　本章で用いる変数の設定について確認する．まず，時代的変化を検討するために3つのコーホートに分類した．その際，もっとも古いコーホートを1948-60年生とし，順に1961-74年生，1975-83年生で区分した．3つのコーホートは，それぞれ，高校進学率・大学進学率ともに上昇する高度経済成長期，その後の1975年から1990年頃にかけての大学進学率の停滞期，90年代以降の再上昇期に中学生であったことになる．

　独立変数は，コーホートに加え，父職，親学歴，所有財スコア，女性を用いる．

　父職は，SSM職業分類をもとに「専門管理」，「販売事務」，「マニュアル・農業」の3カテゴリを設定した．親学歴は，父学歴と母学歴のうち高い方を採用し「前期中等教育」，「後期中等教育」，「高等教育」の3カテゴリに，「わからない・無回答（DK・NA）」を加えた4カテゴリを設定した．所有財スコアは，15歳時点の財所有についての質問項目から多重対応分析によって作成した[3]．

　教育体験を検討するための従属変数は，中学生時代の教育体験を表わす複数の変数を用いるが，次のように変数化した．各質問への回答を，あてはまる，どちらかといえばあてはまるを「あてはまる」に，どちらかといえばあてはまらない，あてはまらない，という回答を「あてはまらない」と2値化した．ま

表 3-1　分析に使用した変数の記述統計量 ($n=2,029$)

変数	平均 (SD)	変数	平均 (SD)
コーホート		教育体験	
1948-60生コーホート	0.38	学校の勉強に熱心に取り組んでいた	0.41
1961-74生コーホート	0.42	部活動に熱心に取り組んでいた	0.59
1975-83生コーホート	0.20	学校生活全般に満足していた	0.68
		学校に行くのが嫌だと思うことがあった	0.20
親学歴		親の金をだまって持ち出したことがある	0.18
前期中等教育	0.30	学校の授業をさぼったことがある	0.16
後期中等教育	0.37	友達と深夜まで遊び回ったことがある	0.15
高等教育	0.28	タバコを吸ったことがある	0.14
DK・NA	0.05	教育にかかわる意識変数	
父　職		学校で勉強する内容は人生で重要なものだ	1.72 (0.45)
専門管理	0.27	やりたいことがないのに大学に進学するべきではない	1.56 (0.50)
事務販売	0.20		
マニュアル・農業	0.53	安定した生活を送るには高校卒業後も学校に行った方がよい	1.63 (0.48)
女　性	0.53		
国私立	0.07	一般に学校の授業で得た知識は仕事をする上で役立つ	1.79 (0.41)
所有財スコア	0.00 (1.00)		
中3時成績	3.31 (1.12)	日本は学歴がものをいう社会だ	1.66 (0.47)
教育年数	13.86 (1.94)	受験競争の経験は人生にとってプラスになる	1.73 (0.44)

注：ダミー変数は平均のみを，連続変数は平均と標準偏差（括弧内）を示している．

た，「部活動に熱心に取り組んでいた」という質問項目は，やっていない，という回答も「あてはまらない」に含めた．また，「親の金をだまって持ち出したことがある」「学校の授業をさぼったことがある」「友達と深夜まで遊び回ったことがある」「タバコを吸ったことがある」という4つの行動の経験については，ときどきあった，1-2度あった，と回答している場合，「経験あり」とし，それ以外は「経験なし」とした[4]．これらの変数は，それぞれ学校に親和的な態度と反学校的な態度を測定したと考えられる変数であるが，これらの変数は，生徒文化研究においても，学校への親和性と都市的な消費文化への親近性を測定する指標とされてきており（大多和，2000など），本章が「教育体験」として抽出を試みるものは，生徒文化研究において取り出される生徒類型に近しいものと考えられる．

　なお，公立中学校と国立・私立では学校体験が異なることが想定されるため，統制変数として，国立・私立の中学校に通っていたことを示す国私立を投入した．

教育体験を独立変数とした分析も行うが，その際に従属変数とするのは，教育年数と教育にかかわる意識変数である．教育年数は，本人の最高学歴をもとに，その学校段階を終了するのに必要な年数を割り当てている．教育にかかわる6つの意識変数は，肯定的な回答をしているほど得点が高くなるように，4-1点を割り当てている．

分析にあたっては，使用した変数のすべてに欠損がない2,029ケースのみを分析に用いた．表3-1に分析に使用した変数の記述統計量をまとめている．

3.2 方　法

以上で設定した課題を達成するため，本章では，まず潜在クラス分析[5]によって教育体験・学校体験の類型化を行う．潜在クラス分析の詳細な解説については，三輪（2009）や藤原ほか（2012）を参照してほしいが，その特徴および利点は，潜在変数を想定することで，複数のカテゴリカル変数の連関構造をシンプルなパターンによって表現できることとされる．潜在クラス分析では，複数のモデルの中からモデルの適合度などの統計的基準によってモデルを選択する場合が多く，本章でもそうした立場を採用する．

潜在クラス分析によって，複数の変数を用いて多次元的な教育体験の類型を抽出した後は，個人がもっとも所属しやすいとされたクラスへの割り当てを行って顕在変数として扱い，多項ロジット分析によって各類型への分化を規定する要因を分析する[6]．

ここまでで得られた潜在クラスを独立変数として，先行研究が，教育体験に対して想定してきた，選抜・配分と社会化という2つの機能が実際にどの程度存在するかを検討する分析も行う．具体的には，それぞれ，教育達成に与える影響の分析と，教育にかかわる意識に与える影響の分析を行う．

4　教育体験類型の抽出と規定要因の分析

4.1　クラスの抽出

教育体験類型の潜在クラスは，適合度指標をもとに決定することとした．表

3-2に，各クラス数に対しての適合度指標を示した．BICを基準としてクラス数を選択すると，4クラスモデルが最適であると判断することができる．したがって，以下では，4クラスモデルを採用して分析を続けることとする．

表3-3は，4クラスモデルを採用したときの各クラスの特徴をまとめたものである．ここから各クラスの特徴について確認していく．まず，全体の53.2%と過半数を占めているクラス1は，学校の勉強，部活動，学校生活のいずれについても他のクラスと比較して肯定的な回答が得られている．その一方で，学校に行くのが嫌だと思った経験や，逸脱的な行動の経験があるものはほとんどいない．これらから，クラス1は，学校に親和的な傾向を顕著に有している類型であると言えるだろう．

次に多いクラスであるクラス2は，全体の3割近くに及んでおり，比較的数が多い類型となっている．クラス1と比べると，勉強にはさほど熱心に取り組んでいない点や，部活動に熱心でなく，学校に対して満足していない点が特徴的である．こうした点では学校に親和的でない傾向が見られるものの，逸脱的な行動の経験はさほど多いわけではない．これらの点から，クラス2は学校に親和的とは言えないものの，逸脱行動をとるようにはならない類型であると見ることができる．この特徴は，逸脱行動の経験の多さを特徴とするクラス3，クラス4と比較するとより顕著である．

クラス3は，10%程度でかなり少数の類型となっているが，このクラスは，勉強には熱心に取り組んでいないものの，部活動には積極的に取り組んでおり，学校への満足度も高く，学校に対しては親和的な態度を持っていると見るべきだろう．こうした向学校的な傾向を持つ一方で，逸脱的な行動の経験も多い傾向も併せ持っている点がクラス3の大きな特徴と言えるだろう．クラス3は，勉強熱心でない点や逸脱行動の経験という点からは反学校的な特徴を持っていると言えるかもしれないが，部活動を含めた日常的な学校生活に対しては満足しているという点では，学校に親和的である．

最後に，クラス4は，勉強熱心さ，部活動を含めた学校生活満足，逸脱的な行動の経験などいずれの変数から見ても，反学校的な傾向が顕著である類型となっている．条件付き応答確率の値の大小から見ても，他のクラスと比べて学校に対して反抗的な様子を看取することができる．全体に占める割合は1割に

表 3-2 潜在クラスモデルの適合度 (n=2,029)

クラス数	G^2 値	自由パラメータ数	AIC	BIC
1	1923.3	8	17198.4	17243.3
2	847.8	17	16141.0	16236.4
3	389.4	26	15700.5	15846.5
4	260.0	35	15589.1	15785.6
5	231.7	44	15578.9	15825.9
6	209.3	53	15574.5	15872.1

表 3-3 潜在クラス (4クラスモデル) の結果

	クラス1	クラス2	クラス3	クラス4
クラスの構成割合	53.2	28.8	11.3	6.6
〈各変数の条件付き応答確率〉				
学校の勉強に熱心に取り組んでいた	57.3	26.7	19.8	5.6
部活動に熱心に取り組んでいた	70.7	38.3	75.0	21.2
学校生活全般に満足していた	97.0	15.8	99.7	11.6
学校に行くのが嫌だと思うことがあった	4.4	43.1	14.0	60.1
親の金をだまって持ち出したことがある	9.1	13.8	48.5	49.1
学校の授業をさぼったことがある	3.7	14.6	50.6	68.1
友達と深夜まで遊び回ったことがある	4.3	5.9	58.2	70.8
タバコを吸ったことがある	1.6	3.4	62.8	81.5

注:n=2,029. 値はすべて%. 条件付き応答確率は，回答を2値化したうえで「あてはまる」に回答した割合を示している．

も満たない程度であり，数としては多くないが，最も学校に適応的でない傾向があるのがクラス4と言える．

 ここまでの分析によって，教育体験・学校体験の4類型を得ることができた．もっとも多いクラス1は，すべての面で学校に親和的とみなせるのに対して，他のクラスは学校に親和的ではない点が見られた．クラス2は，逸脱的な行動は見られないものの学校生活に積極的にコミットしているわけでもなく，学校に対して一定の距離を保ちながら関わっている類型といえる．クラス3とクラス4はともに逸脱的な行動が見られる点は共通しているが，クラス3では勉強には熱心でないものの，その他の学校生活全体には満足している類型であり，クラス4はいずれの項目でも反学校的な傾向が見られた．

 以上の4類型を用いながら，時代によって類型の構成比率が変化してきたのかをはじめとして，どのような要因によって類型への分化が規定されているか

を続けて検討していく．

4.2　時代の影響とクラス分化の要因

　まず，時代とともに教育体験がどのように変化しているのかを確認する．**表3-4**は，コーホートと潜在クラスの比率の関連をまとめた結果である．結果を確認すると，統計的に有意な結果となっており，コーホートと教育体験には関連があることが分かる．調整済み残差を参照すると，1948-60生コーホートではクラス1が多く，クラス3とクラス4は少ない．1961-74生コーホートではクラス4が多い，1975-83生コーホートにおいてはクラス3が多いという関連を看取できる．

　もっとも古いコーホートでは，クラス1のような学校に親和的な中学生時代を過ごした人が多く，クラス3・4のような逸脱的な行動経験を持っている人が少ない．それに対して，次のコーホートでは，クラス1が減少するとともに，クラス3・4がともに増加しており，とくにクラス4の増加は顕著であり，反学校的な態度の教育体験・学校体験の人が相対的に多い傾向にある．最後の1975-83生コーホートでは，クラス3が多い点が特徴であると言える．クラス4は前のコーホートから少し減っており，学校に対して満足しているという点では学校に親和的な面もあるクラス3が多い．

　クラスの分化がどのような要因によって規定されているのかを，各独立変数と潜在クラスの関連から確認すると，いずれの変数も潜在クラスとの有意な関連が認められた（表は省略）．それぞれの変数における関連を確認すると，次のような結果が得られた．父職については，父職が専門管理であるとクラス1になりやすく，マニュアル・農業だとなりにくい．父職が事務販売だとクラス4に，マニュアル・農業だとクラス3になりやすいという結果も得られた．親学歴は，高等学歴であると，クラス1になりやすく，クラス3・クラス4になりにくいのに対して，後期中等教育であるとクラス3に，前期中等教育であるとクラス2にそれぞれなりやすい．所有財スコア（3分位のカテゴリカル変数）では，スコアが高いとクラス1になりやすく，クラス2になりにくい．スコアが低いとクラス1になりにくく，クラス2になりやすい傾向が見られた．また，性別は，男性の方がクラス3・4になりやすいという関連が見られた．

表 3-4　コーホートと潜在クラスの関連

	クラス1	クラス2	クラス3	クラス4	合計
1948-60生コーホート	**61.2**	29.0	[7.2]	[2.6]	100.0
1961-74生コーホート	52.5	27.2	11.7	8.6	100.0
1975-83生コーホート	51.7	28.4	**14.0**	5.9	100.0
全体	55.6	28.1	10.5	5.8	100.0

注：$n=2,029$. $\chi^2=46.7$, $p<0.001$. Cramer's V=0.107. 値は%. 太字は調整済み残差が1.96以上，括弧は調整済み残差が-1.96以下．

　以上のクロス表での分析に対応する多変量解析によって，それぞれの変数の影響を統制した分析結果をまとめたものが**表3-5**である．

　コーホートの効果は，1948-60生コーホートだと，クラス3やクラス4になりにくく，1975-83生コーホートであると，クラス3になりやすいという形で見られており，**表3-4**とほぼ同様の結果が多変量解析においても確認できる．つづいて，出身階層の効果を確認すると，父職は，専門管理と比べて，マニュアル・農業である場合にクラス3になりやすく，事務販売であるとクラス4になりやすい傾向がある．親学歴の効果は，親が高等教育学歴を有している場合に，クラス4になりにくい．所有財スコアについては，スコアが高いほどクラス1に対して，クラス2やクラス4になりにくい．また，性別の影響については，女性である場合に，クラス3やクラス4になりにくいことが分かる．

　煩雑を避けるために結果を表として示すことはしないが，ロジットモデルにおけるモデル比較の方法として知られるKHB法（Karlson *et al.*, 2012）を用いて，**表3-5**に本人の中3時成績を投入したモデルの推定も行った．その結果，成績が高いほど，他のクラスと比べてクラス1になりやすい傾向は見られたものの，係数の変化はさして目立ったものではなかった．すなわち，成績が高いことでクラス1になりやすい傾向はあるが，それは出身階層などの要因を媒介しているわけではないと言える．

5　教育体験が与える影響

　第1節で確認したように，教育体験が重要とみなせるのは，教育達成に影響を与えるという点と教育意識に影響を与えるという2点からであった．本節で

表 3-5 潜在クラスを従属変数とした多項ロジットモデル

基準：クラス 1	クラス 2		クラス 3		クラス 4	
	Coef.	S.E.	Coef.	S.E.	Coef.	S.E.
切 片	-.727	.159 ***	-1.026	.222 ***	-1.455	.284 **
コーホート						
ref. 1961-74 生コーホート						
1948-60 生コーホート	-.198	.121	-.773	.192 ***	-1.609	.274 ***
1975-83 生コーホート	-.032	.146	.330	.200 †	-.244	.264
父職 ref. 専門管理						
事務販売	.072	.159	-.004	.247	.578	.298 †
マニュアル・農業	.086	.145	.377	.217 †	.027	.293
親学歴 ref. 後期中等教育						
前期中等教育	.068	.140	-.026	.209	.405	.254
高等教育	.027	.141	-.351	.216	-.648	.296 *
DK・NA	.256	.243	.432	.334	.210	.444
所有財スコア	-.286	.057 ***	.082	.088	-.203	.105 †
女　性	.062	.106	-1.408	.171 ***	-1.038	.210 ***
国私立	-.249	.212	-.253	.328	.237	.362
AIC			4236.168			
Log-Likelihood			-2085.084			
n			2,029			

*** $p<.001$. ** $p<.01$. * $p<.05$. † $p<.10$.

は，この 2 点について分析を行う．

5.1　教育年数への影響

表 3-6 のモデル 1 は，前節でも使用した社会階層的変数を独立変数に投入して，教育年数を従属変数とした重回帰分析を行った結果をまとめたものである．ここでの結果は，教育達成の階層間格差を分析する先行研究とおおむね整合的なものとなっていると言えるだろう．コーホートの効果は，1975-83 生コーホートが，1961-74 生コーホートよりも教育年数が長いというかたちで表れており，90 年代以降の大学進学率の再上昇を反映していると理解できる．父職は，専門管理とマニュアル・農業の間に有意な差が見られている．親学歴の効果は，後期中等教育に対して，前期中等教育と DK・NA が負，高等教育が正に有意となっており，親学歴によって生じる教育達成の差異が顕著に表れている．所有財スコアは，高いほど教育年数が長くなっている．また，女性のほうが，教育年数が短いという結果も得られている．

表 3-6　教育年数を従属変数とした重回帰分析

	Model 1		Model 2		Model 3	
	Coef.	S.E.	Coef.	S.E.	Coef.	S.E.
切　片	14.641	.109 ***	14.986	.114 ***	12.276	.166 ***
コーホート						
ref. 1961-74生コーホート						
1948-60生コーホート	.047	.085	-.079	.084	-.157	.077 *
1975-83生コーホート	.330	.103 **	.332	.101 ***	.369	.091 ***
父職 ref. 専門管理						
事務販売	-.143	.111	-.107	.109	-.009	.099
マニュアル・農業	-.751	.102 ***	-.724	.100 ***	-.491	.091 ***
親学歴 ref. 後期中等教育						
前期中等教育	-.550	.099 ***	-.534	.097 ***	-.436	.088 ***
高等教育	.707	.100 ***	.655	.098 ***	.552	.089 ***
DK・NA	-.911	.173 ***	-.868	.170 ***	-.530	.155 ***
所有財スコア	.344	.040 ***	.336	.040 ***	.247	.036 ***
女　性	-.837	.074 ***	-.979	.074 ***	-.794	.068 ***
国私立	.236	.142 †	.231	.139 †	.508	.127 ***
教育体験類型 ref. クラス1						
クラス2			-.260	.084 **	.055	.078
クラス3			-.881	.125 ***	-.401	.115 ***
クラス4			-1.231	.160 ***	-.398	.151 **
中3時成績					.683	.033 ***
Adjusted R²	.275		.306		.430	
n	2,029		2,029		2,029	

*** p<.001.　** p<.01.　* p<.05.　† p<.10.

　モデル2は，モデル1に教育体験を投入したものである．結果を確認すると，クラス1を基準としたときに，他のクラスは有意に負の係数を示している．つまり，クラス1と比べて，他の3つのクラスであることによって教育年数が短いという結果となっており，教育体験は，教育年数に影響を与えているとみなすことができる．ただし，教育体験を投入した際のモデル1からモデル2にかけての係数の変化に着目しても，顕著な変化は見られないため，教育体験が教育達成に与える影響は，社会階層的な背景要因を媒介して影響を与えているという関係であるとみなすことはできないだろう．

　モデル3では，中3時成績をモデル2に追加して投入している．モデル3においては，教育体験の係数が縮減していることがわかる．このことは，教育体験が教育年数に与える影響のうちの一定部分が，中3時の成績によって説明さ

れるということを意味する[7]．クラス2については係数が有意でなくなり，クラス3，4についても係数の絶対値は半分以下になっている．クラス1とそれ以外のクラスでは，中学生時点の教育体験が異なると同時に，中3時成績にも差異が見られ，それが教育年数という教育達成の違いとして現われており，中3時成績をコントロールしたモデル3においては，教育体験の係数に減少が見られると理解できる．

以上の分析からは，社会階層的な要因が教育達成に与える影響を媒介しておらず，中学生時代の教育体験が，教育達成の階層間格差に寄与しているとはみなせないという結果が得られている．ただし，教育体験の係数自体は統計的に有意であり，学校に適応できるか否かがその後の教育達成に影響することは指摘できる．考えてみれば当然かもしれないが，学校に適応できていた生徒ほどその後も学校に長くとどまり，高い教育達成を得ていることが確認された．

5.2 教育意識への影響

過去の教育体験が，現在の教育にかかわる意識に与える影響を検討する場合には，まず，影響の有無自体を検討することから始める必要がある．そこで，教育意識を質問した6つの変数を従属変数とし，教育体験類型間で教育意識に差が見られるかを確認するため分散分析を行い，F検定を行った結果をまとめたものが表3-7である．

表3-7を見ると，F検定が5％水準で有意になるのは6つの変数のうち1つであり，10％水準に基準を緩めても3つのみであった．教育体験と教育にかかわる意識との関連は，皆無とはいえないものの，総じて弱い関連となっている．

表3-7においてF検定で有意になった「安定した生活を送るには高校卒業後も学校に行った方がよい」，「日本は学歴がものをいう社会だ」，「受験競争の経験は人生にとってプラスになる」の3つについて，教育体験の影響が，表3-6で用いた変数と教育年数を統制してもなお残存するかを重回帰分析によって検討した結果を示したのが表3-8である．結果を確認すると，まず，3つの分析はいずれも決定係数が小さく，投入した変数によって説明される従属変数の分散はきわめて小さいことが分かる．それぞれの分析結果を確認すると，「安定した生活を送るには高校卒業後も学校に行った方がよい」を従属変数とした場

表 3-7　教育意識を従属変数とする分散分析（F 検定）

従属変数	F 値
学校で勉強する内容は人生で重要なものだ	1.81
やりたいことがないのに大学に進学するべきではない	1.07
安定した生活を送るには高校卒業後も学校に行った方がよい	2.38 †
一般に学校の授業で得た知識は仕事をする上で役立つ	1.44
日本は学歴がものをいう社会だ	5.23 **
受験競争の経験は人生にとってプラスになる	2.31 †

*** $p<.001$, ** $p<.01$, * $p<.05$, † $p<.10$. 自由度はいずれも 3.

合，クラス 4 が負で有意となっており，もっとも学校への適応が低かった類型において，高校卒業後の進学に価値を見いだしていないことが分かる．つぎに「日本は学歴がものをいう社会だ」の分析では，クラス 2 とクラス 4 が負で有意になっている．逸脱的な行動はとらないものの学校満足度などが低いクラス 2 と，クラス 4 は，日本を学歴社会であるとはみなしていない．「受験競争の経験は人生にとってプラスになる」の分析では，その他の変数を統制したうえでは教育体験は直接の効果を持たないという結果が示された．

6　結　語

本章では，戦後日本社会における教育経験の時代的変化を分析してきた．分析によって明らかになったことをまとめると以下のようになる．

第 1 に，潜在クラス分析によって，教育体験・学校体験の 4 つの類型が得られた．過半数を占めるクラス 1 は，学校に親和的であるのに対して，他のクラスは何らかの点で学校に親和的とは言えない面が見られた．3 割程度を占めるクラス 2 は，学校の外での逸脱的な行動は見られないものの，学校満足などが低く学校適応度は高くなかった．クラス 3 は逸脱的な行動が見られるとともに，勉強には熱心でないものの，部活動を含めた学校生活全体には満足している類型であり，クラス 4 はいずれの項目においても反学校的な傾向があるクラスであった．

第 2 に，こうした教育体験の規定要因を分析した結果，もっとも古い 1948-60 生コーホートは，クラス 3 やクラス 4 になりにくく，もっとも若い 1975-83

表 3-8 教育にかかわる意識を従属変数とした重回帰分析

		安定した生活を送るには高校卒業後も学校に行った方がよい		日本は学歴がものをいう社会だ		受験競争の経験は人生にとってプラスになる	
		Coef.	S.E.	Coef.	S.E.	Coef.	S.E.
切　片		1.548	.105 ***	1.484	.103 ***	1.747	.096 ***
教育体験 ref. クラス 1	クラス 2	-.038	.025	-.067	.025 **	.020	.023
	クラス 3	-.029	.038	-.017	.037	-.021	.034
	クラス 4	-.110	.049 *	-.121	.048 *	-.066	.044
父職 ref. 専門管理							
事務販売		.041	.033	.033	.032	.033	.030
マニュアル・農業		.002	.030	-.003	.030	.021	.028
親学歴 ref. 後期中等教育							
前期中等教育		.001	.029	-.051	.029 †	-.060	.027 *
高等教育		-.037	.029	-.017	.029	.037	.027
DK・NA		.010	.051	-.051	.050	.022	.046
所有財スコア		-.006	.012	-.013	.012	-.016	.011
女　性		.018	.023	.034	.023	.063	.021 **
国私立		-.043	.042	-.057	.041	-.054	.038
コーホート ref. 1961-74 生コーホート							
1948-60 生コーホート		-.006	.025	-.000	.025	-.018	.023
1975-83 生コーホート		-.029	.030	-.035	.029	-.084	.027 **
教育年数		.008	.007	.015	.007 *	-.002	.006
Adjusted R^2		.000		.010		.011	

注：$n=2,029$. *** $p<.001$, ** $p<.01$, * $p<.05$, † $p<.10$.

生コーホートでは，クラス3になりやすい．出身階層の影響は，父職がマニュアル・農業であるとクラス3になりやすく，事務販売だとクラス4になりやすい，親学歴が，高等教育学歴である場合に，クラス3とクラス4になりにくい，所有財スコアが高いほどクラス2やクラス4になりにくいことが明らかになった．また，女性であると，クラス3やクラス4になりにくい．

第3に，教育体験が，教育達成と現在の教育にかかわる意識に与える影響も検討した結果，クラス1が他の3つのクラスよりも教育年数が長いという結果が得られた．ただし，この影響は社会階層的な要因を媒介しているわけではないと判断でき，今回の分析からは中学生時代の教育体験が，教育達成の階層間格差の生成メカニズムとみなせないことが示唆される．とはいえ，教育体験自体は教育達成に影響を与えており，中学生時代の教育体験への評価と教育達成には関連が存在することも同時に見いだされた．また，中3時成績を統制する

と教育体験の係数が減少したことから,教育体験が異なることと中3時成績の高低は関連しており,その結果,教育達成の差が見られる面もあると言える.教育にかかわる意識は,全体としては教育体験と明瞭な関連が見られはしなかったが,クラス2は,「日本は学歴がものをいう社会だ」とは思いにくく,クラス4は,「安定した生活を送るには高校卒業後も学校に行った方がよい」,「日本は学歴がものをいう社会だ」と思いにくいという影響が見られた.

　以上の結果をもとに,本章の結論として議論したい点は2つある.第1に,コーホートによる教育体験の変化が確認できた点である.コーホート間の変化は,1948-60生コーホートから1961-74生コーホートにかけて,もっとも向学校的なクラス1が減るとともに,クラス4が増えるという「学校の荒れ」に対応するような変化が今回の分析からも確認された.1961-74生コーホートから1975-83生コーホートにかけての変化は,大多和 (2000) が明らかにした,学校に対する不満の減少と,逸脱文化が遍在性を強めた傾向と合致するものと考えてよいだろう.これらの分析で見られたクラスの増減からは,学校不適応層のなかでの多様性への着目が必要であることが示唆される.本章の分析結果からすれば,学校のなかでも勉強にかかわる部分と,部活動などを含めた人間関係などにかかわる部分を双方とも考慮することや,青年文化など学校外の文化の影響 (伊藤, 2002) も考慮できるような分析が必要であると考えられる.

　第2に,教育体験による社会化効果は,教育体験が現時点の意識変数との関連がほとんど見られず,今回の従属変数を用いた分析では社会化効果は概して希薄であるという結果が得られた.従来,高校生調査を用いた研究においては,高校生時点でみられた高校生の意識がその後も持続することを前提とした議論が多かったが,そのような見方が不十分であることを示すことができたと考えられる.

　ただし,いくつかの変数については教育体験との関連が見られてもいたことにも注意すべきだろう.高卒後の進学とその後の生活の関連についての意識や,日本社会を学歴社会とみなすかに影響を与えていることから示唆されるのは,教育体験がその後の人生で経験する職業キャリアなどと相互作用することで現在の意識にまで持続的に影響している可能性である.この点は,どのようなライフコースを辿ってきたのかを考慮することによって実証的に検討しうるはず

である．

　最後に，本章の課題を指摘しておきたい．1点目は，コーホートの区分において時代的変化に合わせて区分を設定することを重視したために，最後のコーホートのサンプルサイズが他のコーホートよりも少ない点である．そのため，今後も同様の枠組みの調査によって追加的な検証が必要と考えられる．第2に，本章では，潜在クラス分析によって複数の従属変数を同時に扱い，全体的な傾向を捉えることを意図した分析を行った．個別の変数についての詳細な検討はできていないが，そうした分析を行うことは今後の課題としたい．第3に，教育体験と教育にかかわる意識の分析から社会化の効果の有無を検討したが，生徒文化研究が想定する学校の社会化効果を測定するのにより適切な変数を検討する作業も行われるべきだろう．

1) より正確を期して言えば，これらの点はかならずしも調査としての不十分さを意味しない．たとえば，尾嶋編（2001）の計量的モノグラフというスタンスは，高校生の時代的な変化を計量的な手法にもとづいて把握しようとするうえで適切な方法と考えられる．
2) より近年の歴史研究においても，戦後から50年代，60年代から80年代，90年代以降という時期区分が示されている（木村，2015）．60年代から80年代を1つにまとめている点では，本章での時期区分とやや異なるが，90年代以降を新たな時期とみなす点は共通している．
3) ただし，多重対応分析によって作成した第1軸の得点そのものは，若いコーホートほどスコアが高い傾向が見られた（年齢と第1軸の得点の相関係数 $r=0.629$）．この点を考慮し，所有財スコアが各コーホート内での相対的位置を表わすようにするため，第1軸の得点を年齢に回帰させた残差を標準化した変数を連続変数として用いて，所有財スコアとした．
4) 本章で検討している側面については，学校に通っていることを素朴に前提にしているという批判がありうるだろう．すなわち，学校に行けない・学校に行かない子どものことを看過しているといった批判である．たしかに，「不登校」は学校不適応の1つの指標として考えられる変数の1つだと考えられ，ESSM2013においても学校を休んだ頻度は質問項目に含まれている．

　しかし，学校を休まないからといって，それが「良い子」を演じる「見せかけの適応」に過ぎない可能性も指摘されていること（保坂，2000），月1回以上欠席していたというサンプルは，1948-60生で3.43％，1961-74生で4.71％，1975-83生で7.61％と増加傾向にはあるものの（χ^2検定の結果，1％水準で有意），いずれのコーホートでもかなりの少数派であることから分析には含めなかった．なお，潜在クラスの抽出に欠席頻度を含めた分析を行っても，欠席の多さを特徴とするク

5) 本章の分析では R の poLCA パッケージ（Linzer and Lewis, 2011）を使用した.
6) 潜在クラスモデルでは，多項ロジット潜在クラスモデルにより共変量を含めた同時推定を行うことで，どのような変数が各類型へのなりやすさに影響するかを明らかにすることも可能である．しかし，今回の分析においては，同時推定を行うと係数の推定が不安定になってしまう変数が見られたため，顕在変数に割り当てを行い分析した．
7) 中 3 時成績は，教育体験によって規定されるとみることもできるし，中 3 時成績によって教育体験が異なっているとみなすことも可能である．前者であれば，「成績がよい／悪いことで，教育体験が異なったものになる」し，後者であれば，「教育体験が異なることで，成績のよい／悪いが決まる」という関係を想定していることになる．理論的にはどちらの関係を想定するかは重要かもしれないが，いずれの回答も回顧的に得られているという ESSM2013 の特徴を踏まえれば，十分に検討することができるわけではないだろう．この点については，稿を改めて検討したい．

【文献】

荒牧草平，2000，「教育機会の格差は縮小したか――教育環境の変化と出身階層間格差」近藤博之編『日本の階層システム 3　戦後日本の教育社会』東京大学出版会，pp. 15-35.

荒牧草平，2016，『学歴の階層差はなぜ生まれるか』勁草書房．

藤原翔・伊藤理史・谷岡謙，2012，「潜在クラス分析を用いた計量社会学的アプローチ――地位の非一貫性，格差意識，権威主義的伝統主義を例に」『年報人間科学』33: 43-68.

古田和久，2012，「高校生の学校適応と社会文化的背景」『教育社会学研究』第 90 集: 123-144.

古田和久，2015，「『学校不適応』層の大学進学――出身階層，学校生活と進路希望の形成」中澤渉・藤原翔編『格差社会の中の高校生――家族・学校・進路選択』勁草書房，pp. 37-52.

樋田大二郎・耳塚寛明・岩木秀夫・苅谷剛彦編，2000，『高校生文化と進路形成の変容』学事出版．

平沢和司・古田和久・藤原翔，2013，「社会階層と教育研究の動向と課題」『教育社会学研究』第 93 集: 151-191.

堀健志，2000，「学業へのコミットメント――空洞化する業績主義社会についての一考察」樋田大二郎・耳塚寛明・岩木秀夫・苅谷剛彦編『高校生文化と進路形成の変容』学事出版，pp. 165-183.

保坂亨，2000，『学校を欠席する子どもたち』東京大学出版会．

伊藤茂樹，2002，「青年文化と学校の 90 年代」『教育社会学研究』第 70 集: 89-103.

香川めい・児玉英靖・相澤真一，2014，『〈高卒当然社会〉の戦後史――誰でも高校に通える社会は維持できるのか』新曜社．

苅谷剛彦，2001，『階層化日本と教育危機――不平等再生産から意欲格差社会へ』有信堂高文社．

Karlson, K. B., A. Holm and R. Breen, 2012, "Comparing regression coefficients between same-sample nested models using logit and probit a new method," *Sociological Methodology*, 42(1): 286-313.

木村元，2015，『学校の戦後史』岩波書店．

近藤博之，2000，「階層研究と教育社会の位相」近藤博之編『日本の階層システム3 戦後日本の教育社会』東京大学出版会，pp. 3-13.

近藤博之・古田和久，2009，「教育達成の社会経済的格差――趨勢とメカニズムの分析」『社会学評論』59(4): 682-698.

久冨善之，1993，『競争の教育』労働旬報社．

Linzer, D. A. and J. B. Lewis, 2011, "poLCA: An R Package for Polytomous Variable Latent Class Analysis," *Journal of Statistical Software*, 42(10): 1-29.

三輪哲，2009，「潜在クラスモデル入門」『理論と方法』24(2): 345-356.

永井道雄，1957，『試験地獄』平凡社．

中村高康，2000，「高学歴志向の趨勢――世代の変化に注目して」近藤博之編『日本の階層システム3　戦後日本の教育社会』東京大学出版会，pp. 151-173.

尾嶋史章，2001，「研究の目的と概要」尾嶋史章編『現代高校生の計量社会学』ミネルヴァ書房．

尾嶋史章編，2001，『現代高校生の計量社会学』ミネルヴァ書房．

小内透，1995，『再生産論を読む――バーンスティン，ブルデュー，ボールズ＝ギンティス，ウィリスの再生産論』東信堂．

大多和直樹，2000，「生徒文化―学校適応」樋田大二郎・耳塚寛明・岩木秀夫・苅谷剛彦編『高校生文化と進路形成の変容』学事出版，pp. 185-213.

佐藤俊樹，2002，「書評 苅谷剛彦著『階層化日本と教育危機――不平等再生産から意欲格差社会へ』」『IDE 現代の高等教育』（2002年9月号）: 69-70.

4章
男女における専門学校進学の意味
「変容モデル」再考

多喜　弘文

1　専門学校の位置づけの変容と男女の違い

　本章の目的は，学歴としての専修学校専門課程（以下，専門学校[1]）の位置づけと時代変容を男女の違いに焦点を当てて検討することである．専門学校は学校教育法第一条に定められる「正系」の教育機関ではない．そのこともあり，1976年の制度化以降も社会調査データを用いた計量研究において，独立した学歴カテゴリとして扱われることは少なかった．近年は，高校卒業後に進学する生徒が2割近くに達する状況を踏まえ，専門学校を短期高等教育として扱う研究も増えてきている．しかし，以下に述べる通り，この学歴の位置づけに関してこれまでの研究が一貫した知見を示してきたとは言い難い．

　学歴としての専門学校の特徴を明らかにすべく，実証的な観点からアプローチした初期の研究は80年代におこなわれている（岩永，1984，岩木・耳塚，1986など）．これらの研究は，学校基本調査などの公的統計や学校や企業を単位とする調査など，マクロレベルのデータを分析している．そこでの焦点は，専門学校が大学に進学できない生徒の「受け皿」に過ぎないのか，それとも他の教育機関とは異なる実用志向の強い教育内容が，大学進学希望層とは異なる独自層をひきつけているのかを明らかにすることにあった．こうした研究には，年ごとの専門学校進学者数と大学や短大への進学者数や就職状況などとの関連を検討した結果，「受け皿」説に軍配を上げているものが多い．

　他方，個人を単位とするデータを用いて専門学校進学者の特徴を検討した研究は，一部の例外（濱名，1990，Ishida，1998）を除いて2000年代まで存在し

なかった．社会調査に基づく個票データでの分析に耐えうる数の卒業者を確保するには一定の年月を要したのである．そうした状況の中での先駆的な研究成果に，2000-2002 年の JGSS 累積データを用いた長尾（2008）や 2005 年の SSM データを使った濱中（2008）があげられる．長尾は，それまでの研究が専門学校進学者の特徴に時代変化を想定しない「固定モデル」に基づいていたことを指摘する．その上で，1990 年前後を境に専門学校の社会的位置づけが「発展期」から「成熟期」に移り，進学者層に変化が生じたとする「変容モデル」を新たに提示した．そこでは，高校卒に近い社会階層の出身者でも比較的高い地位達成を望めるルートであった専門学校が，90 年代以降の社会的定着とともにペイしなくなった可能性が示されている．同様に，時代区分は若干異なるものの，濱中（2008）も専門学校の優位性が薄れつつあることを指摘している．

　ここまで紹介した研究の知見をつなぎ合わせるならば，大学進学希望者の「受け皿」としての専門学校が，大学に進学しやすくなった 90 年代以降そのメリットを減じているということになる．だが，こうした解釈との整合性に疑問を残すのが，男女の違いに着目した最近の研究の知見である．近年，複数の研究が男性との比較において女性の専門学校学歴の効果が大きいことを指摘している（濱中，2009，眞鍋，2011，多喜，2016）．上述のマクロデータを用いた 80 年代の研究では，男性のみ，もしくは男女両方を対象とした分析しかおこなわれていない．同じくミクロデータを用いた研究も，男女別に検討してはいるものの，その違いに着目した分析や解釈の枠組みを用意しているわけではない．長尾の「変容モデル」は，1990 年前後を境に専門学校学歴のメリットが減じたと述べるが，近年の研究成果を踏まえるならば，男女別に進学層の時代変化を詳細に検討する余地がある．

　以上の問題意識のもとに，本章では学歴としての専門学校の位置づけと時代による変化を男女差に焦点を当てて検討していく．次節では，高卒後進学市場の質的変容と専門学校がおこなった対応を詳細にみることで，先行研究で十分注目されてこなかった性別に関する論点を提示し，経験的検討のための仮説と方法を明らかにする．

2 本章の検討課題と方法

2.1 専門学校はなぜ生き残ることができたのか

　本章は，90年代に高卒後進学市場の質的変容が生じたという先行研究の立場を踏襲する．だが，そこで生じた変化が進学者層に及ぼす影響の内実を読み解くためには，専門学校が具体的にどのように対応することで生き残ることができたのかを押さえておく必要がある．

　専門学校の特色は，実用性，柔軟性，多様性の3点にまとめることができる（倉内，1980，麻生・近藤，1985）．実用性とは，専門学校が実際的な職業的能力や技能の形成に重点をおくことを指す．柔軟性は，技術的な変化や労働市場での需給状況に対し，正系の学校よりも早いスピードで対応できる性質のことである．韓は専門学校が大学を頂点とする「教養主義的」な学校体系とは異なる価値観をもち，社会の変化に合わせて労働力を養成し，需要を調整する機能を果たす機関として制度上位置づくものであると述べているが，これは以上2点に対応している（韓，1996: 14-15）．3点目の多様性は，専門学校が教える技能や知識がさまざまであり，同一分野内でも学校による違いが大きいことをあらわす．

　専門学校が90年代に進学者数を維持できた背景には，以上の3つの特徴が関わっている．高等教育の量的抑制政策の緩和と人口学的要因により，短大や専門学校は大学との競争に以前より激しくさらされることになった．この状況に対し，専門学校は実用的な教育内容の高度化や資格との結びつきの強化をはかるとともに，柔軟に分野をニーズに対応させることで大学との差別化に成功した．生き残りに成功した専門学校は主に2つの種類に分けることができる．1つは公的職業資格制度との接続をもつ医療や衛生，教育・社会福祉などを中心とする資格系の分野，もう1つは音楽系やデザイン系などを中心とする文化・教養分野である（辻，2000，植上，2011）．

　この点を学校基本調査各年度版から作成した専門学校進学者数の分野別動向で確認しておこう（図4-1と図4-2）．90年代はじめまで，社会的認知度の上昇

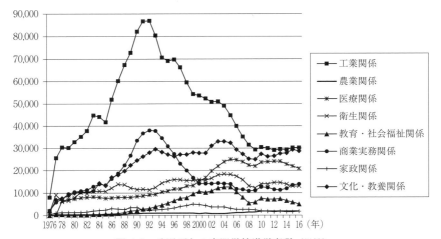

図 4-1　分野ごとの専門学校進学者数（男性）

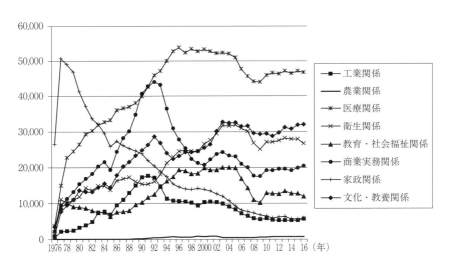

図 4-2　分野ごとの専門学校進学者数（女性）

と地位向上により，専門学校の進学者は全体として増加している．その動きを分野別にみると，男性では特に工業と商業実務分野の伸びが大きい．他方，女性では「花嫁修業」的な家政分野が一貫して減少し，男性と同じく工業と商業実務分野への進学者が増えている．

その後，1992年あたりをピークに，分野ごとの入学者構成は大きく変化する．第2次ベビーブーム世代の進学とともに大学定員抑制政策が緩和され，超過需要期を脱したことが原因である．男女ともに，大学と競合する工業や商業実務分野進学者の急激な減少が読み取れる．この変化により，それまで継続的に増加してきた専門学校への進学率は横ばいとなった．それでも短大とは異なり生き残ることができたのは，専門学校が柔軟に分野を変えることで対応したからである．換言すると，大学進学希望者の「受け皿」にとどまっていたなら専門学校は90年代以降進学者を大学に奪われていたはずであり，大学と重ならない独自の魅力をこれまでと異なる層にアピールできたから生き残りに成功できたのである．

2.2 男女の進学分野における非対称性

以上の検討により，1990年代の高卒後進学市場の構造変化と専門学校の位置づけの変化が連動していたことがあらためて確認された．上に述べた1990年代における専門学校の対応については，濱中（2008；2013）もすでに言及している．しかし，ここでは濱中が男女混合で示した分野別動向を男女別に分けた図4-1と図4-2の違いに注目することで，専門学校学歴が男女にとってもつ意味の非対称性を指摘したい．

図4-1と図4-2を比較すると，医療分野への進学者数の動きが男女で特に大きく異なっていることが読み取れる．90年前後に商業分野に一時期追い越されるものの，女性では制度発足初期から一貫して看護学校への進学者が多かった．この医療に加えて衛生や教育・社会福祉を含む資格系の分野と，職業的技能の直接的な向上を目指す文化・教養分野が他の高等教育機関との競合にさらされにくいことは先述した．このうち，特に前者の資格系分野は多くが養成施設に指定されており，卒業することが認定試験の受験資格や無試験での資格認定と制度的に結びついている．

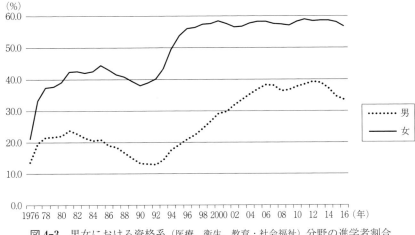

図 4-3 男女における資格系(医療,衛生,教育・社会福祉)分野の進学者割合

　この点に着目するならば,1980年代までの専門学校が大学進学希望者の「受け皿」であったという知見や,「四年制大学の『代替的な進学機会』としての機能を果たすことにより発展の契機を得た」(濱中,2008:54)という見方が,やや男性に偏ったものだったことを指摘できる.女性にとって,専門学校は1990年以前から「受け皿」や「代替的な進学機会」に還元できない独自の意味付けを持っていた可能性がある.

　専門学校進学者のうち資格系分野への進学割合を男女別に示したものが**図4-3**である.80年代から女性では資格系分野進学者が4割前後を占めているが,男性は2割程度にとどまっている[2].**図4-3**からは,専門学校の位置づけと時代による変容を男女で分けて議論する必要性が浮かび上がる.女性では,もともと大学と競合しない医療分野に進学する割合が多かった.専門学校学歴の効果が女性で大きいことを指摘する研究も,医療分野での就職に着目しているものが多い.このことを踏まえるならば,1990年を境に優位性を失っていくのは「受け皿」モデルがあてはまる男性であり,大学進学希望層とは異なる独自層が多く進学していた女性の実態は異なるのではないだろうか.長尾(2008)の分析結果を詳細にみても,「変容モデル」がすべての観点から一貫して男女で整合的に支持されているわけではない.ここでの議論を踏まえ,「変容モデ

ル」が示唆する進学者層の変化を男女別に再検討する余地がある．

2.3 仮説と使用データ

本章では，長尾（2008）と同様に，個票データを用いて専門学校学歴保持者の特徴を出身階層，学力，職業達成の観点から90年前後の変化に焦点をあて男女別に比較検討していく．なお，上で述べた議論の妥当性を確かめるために，進学層の客観的な属性だけではなく，男女にとっての主観的意味付けを議論するための意識変数も補完的に分析に用いることにしたい．

ここまでの検討からは，進学層とその変化に関する次のような予測が成り立つ．男性にとって，大学進学抑制期の専門学校は大学進学希望者の「受け皿」であった．したがって，この時期の専門学校進学者は，特定の職業につくことよりも大学進学を目指しており，進学者の成績や出身階層も高校卒よりも高かったはずである．これに対し，90年代以降は大学入学定員が相対的に増えていることから，専門学校進学層の成績はその分低下し，大学進学を希望していた者は少なくなり，明確な職業希望を抱いて進学する独自層の割合が増えたと考えられる．

他方，女性では資格系の看護学校がすでに80年代から一定の存在感をもっていたため，専門学校は90年以前から大学の「受け皿」に還元できない部分が大きかったと予想される．この予測の妥当性は，専門学校をもとから目指していた割合や，職業希望イメージの明確さをほかの進路希望者や男性と比較することで確かめられる．そして，大学定員抑制政策緩和の影響が小さいと想定されるため，女性では90年以降も進学層の変化（変容）が小さいと考えられる．

また，同じロジックを適用すると，90年以降に就職に関して優位性を失うのは「受け皿」モデルが当てはまる男性のみであり，女性の専門学校進学者がつく職業の相対的地位は90年代以降もあまり変化しないと予測される．出身階層については，他の学歴との格差が拡大基調にあるという報告がなされているが，これまでの議論から明確な仮説を立てることは難しい．

以上の仮説を検討するためのデータとして用いるのは，「2013年教育と仕事に関する全国調査」（ESSM 2013）である．この調査は，2013年の10月から12月に全国の30-64歳の男女から4,800人を抽出した郵送留置き調査で，有効

回答数は 2,893（回収率 60.3％）である．本章では長尾（2008）と同じく世代を CH1（1957-1971 年生）と CH2（1972-1983 年生）に分け，2 つのコーホート間の変化と男女差に注目して分析をおこなっていく．

3 専門学校進学者の特徴に関する基礎分析

3.1 専門学校進学者の出身階層・学力・地位達成

まずは，先行研究と同様に出身階層，学力，地位達成という 3 つの側面から，ESSM データにおける専門学校進学者の特徴をコーホート間の違いに注目して男女別にみていく．出身階層をあらわす変数には，父親の職業に威信スコアを付与した「15 歳時父職威信」と，家庭の暮らしむきを 5 段階で尋ねた「中 3 時暮らしむき」，学力は多くの研究で用いられている 5 段階の「中 3 時成績」，地位達成の指標には本人が卒業後初めてついた職業に威信スコアを付与した「初職威信」を用いる．以上の 4 つの指標について，男性は「高校」「専門学校」「大学以上」の 3 カテゴリ，女性は「高校」「専門学校」「短大・高専」「大学以上」の 4 カテゴリに分け，その平均値をみたものが **表 4-1** である[3]．

表 4-1 の指標を上からみていくと，まず父職威信は教育年数の長い学歴ほど男女ともに高くなっており，これに加え女性では専門学校より短大・高専（以下，短大）の方が高くなっていることがわかる．しかし，コーホート間の違いをみると，男性では CH1 の時点で専門学校の値が大学と近く，CH2 でもほとんど変化がみられないが，女性では専門学校の父職威信が 50.7 から 53.1 へと 2.4 ポイント上がっており，相対的な位置がやや上昇している．この傾向は，もう 1 つの出身階層変数である中 3 時暮らしむきに関してもおおむね同様に読み取ることが可能である．出身階層に関する結果をまとめると，男性の専門学校卒はどちらのコーホートでも大学以上の学歴保持者と近いのに対し，女性では高校卒に近かった CH1 から短大や大学卒に近い CH2 へと相対的な位置を上昇させていることがわかる．

続いて学力の指標である中 3 時成績の平均値にうつろう．男性の CH1 では専門学校卒の平均値は 2.93 であり高校卒の 2.66 と比べて 0.27 ほど高い．これ

表 4-1　性別・コーホート別・学歴別の使用変数平均値

		男　性		女　性	
		CH1 (1957-1971)	CH2 (1972-1983)	CH1 (1957-1971)	CH2 (1972-1983)
15歳時父職威信	高　校	49.1	49.8	49.6	49.6
	専門学校	53.6	52.4	50.7	53.1
	短大・高専	—	—	55.0	54.4
	大学以上	54.4	54.5	58.4	56.0
中3時暮らしむき	高　校	2.76	2.85	2.71	2.83
	専門学校	3.07	3.23	2.97	3.22
	短大・高専	—	—	3.32	3.34
	大学以上	3.10	3.30	3.43	3.22
中3時成績	高　校	2.66	2.42	2.88	2.56
	専門学校	2.93	2.60	3.09	2.92
	短大・高専	—	—	3.34	3.30
	大学以上	3.98	3.97	4.16	4.03
初職威信	高　校	47.6	47.7	48.5	47.4
	専門学校	51.9	47.3	54.1	52.0
	短大・高専	—	—	52.1	50.6
	大学以上	54.7	53.5	57.2	54.1

に対し，CH2では高校卒と専門卒の平均値がどちらも低下しているが，2.42と2.60と両者の差が0.18へとやや縮小している．女性の専門学校卒の中3時成績はCH1では高校卒と短大卒のちょうど中間くらいであったが，CH2で高校卒の成績が大幅に低下したことから，やや下との差が開いている．

一番下の初職威信の結果からは，男女間の興味深い違いを読み取ることができる．男性では専門学校卒の初職威信が51.9から47.3へとCH2で大幅に低下しており，高校卒の47.7と同程度となっている．この変化の一部は，たとえば「情報処理技術者」のように，工業分野の専門学校と関わりの強かった専門職にCH2でつきにくくなったことで説明できる．他方，女性の専門学校卒ではCH2で初職威信の低下が若干みられるものの，他の学歴でも同様の変化が生じているため，学歴間の相対的位置関係が維持されている．

長尾（2008）は，CH1で出身階層や学力面において高校卒と近いにもかかわらず高い地位達成をのぞめる割のよい学歴であった専門学校が，CH2でそのメリットを失ったと述べている．その知見は変数相互の影響をコントロールした多変量解析によって得られたものであるため，ここでの結果と単純に比べるこ

とはできない.しかし,少なくとも**表4-1**の結果を丁寧にみるならば,本データからは男女で異なった傾向が読み取れることをここで指摘しておきたい.また,中3時成績が男性でのみ低下していることは長尾の論文でも確認されているが,この結果も前節での予測と整合しており,本章の第2節で提示した解釈を裏付けるものであるといえる.

3.2 専門学校進学者のアスピレーション

次に,これまで十分に検討されてこなかった専門学校進学者の意識面に焦点を当てる.第2節で提示した仮説に基づくならば,専門学校進学者の意識とその変化は男女間で異なることが予想される.男性の場合,90年代以前の専門学校進学者は大学進学が難しいなかやむを得ず選択した層が中心であり,それが大学定員抑制政策の緩和により変化したと考えられる.他方,女性では大学進学希望者以外の積極的進学層がもともと一定数存在し,そのような独自層が90年代以降の資格分野へのシフトによって維持または拡大したと予想できる.

専門学校進学者は職業に対するこだわりを持って積極的に進学する傾向があり,その傾向は学力や出身階層の違いに還元できないことが先行研究によって明らかにされている(長尾,2009,西田,2010).しかし,これらの研究は男女間の違いを特別に検討の対象としていない上に,いずれも2000年以降におこなわれた高校生調査をもとにしている[4].ここでは,中学3年時の教育希望と中学3年時の職業希望の強さ(職業希望強度)に関する質問項目を用いることで,90年以前と以降の違いに焦点を当ててこの点を確認していきたい.これまでのSSM調査では教育希望を尋ねる質問項目に専門学校が選択肢として含まれず,職業希望も1975年を最後として調査されていなかったため,同様の分析をおこなうことはできなかった[5].

表4-2は,中学3年生時の教育希望を学歴ごとに男女別,コーホート別で示したものである.まずは男性の結果からみていく.専門学校卒において,中学3年生時点から専門学校への進学を考えていたものはどちらのコーホートでも1割程度にとどまる.CH1の専門学校卒のうちもっとも多いのは「大学・大学院まで」で,その回答割合は33.3%に達している.ここからは,先行研究が想定してきた通り,90年以前の専門学校が大学進学希望層の「受け皿」であった

表 4-2　中学 3 年生時の教育希望

(度数以外は%)

			中高まで	専門学校まで	短大高専まで	大学大学院まで	何も考えていなかった	合計	度数
男性	CH1 (1957-1971)	高校	76.3	1.3	0.0	12.5	9.8	100.0	224
		専門学校	28.2	10.3	1.3	33.3	26.9	100.0	78
		大学以上	3.9	0.0	0.8	83.2	12.1	100.0	256
	CH2 (1972-1983)	高校	70.4	3.7	0.7	8.9	16.3	100.0	135
		専門学校	37.9	10.3	1.7	13.8	36.2	100.0	58
		大学以上	5.1	1.0	0.0	76.9	16.9	100.0	195
女性	CH1 (1957-1971)	高校	65.7	6.6	7.7	11.7	8.4	100.0	274
		専門学校	23.1	24.8	14.5	21.4	16.2	100.0	117
		短大・高専	5.5	3.4	49.7	26.2	15.2	100.0	145
		大学以上	1.0	1.0	7.2	84.5	6.2	100.0	97
	CH2 (1972-1983)	高校	63.3	15.6	3.1	8.6	9.4	100.0	128
		専門学校	18.8	33.3	8.3	25.0	14.6	100.0	96
		短大・高専	5.6	5.6	32.7	29.9	26.2	100.0	107
		大学以上	6.1	1.5	2.3	78.6	11.5	100.0	131

ことがうかがえる．ところが，CH2 では男性の専門学校卒で「大学・大学院まで」の割合は 13.8％まで低下しており，「中学校・高校まで」が 37.9％，「何も考えていなかった」が 36.2％にそれぞれ増えている[6]．90 年代以降，進学希望層が大学にいきやすくなった結果，専門学校に積極的に進学する者の割合が予測通りに増えたわけではなさそうである．むしろ，高校卒就職状況の悪化により進学せざるを得なくなった不本意層が増えた可能性がある．

次に女性の結果に目を移すと，男性の結果とは大きく異なっていることがわかる．CH1 ですでに専門学校卒の 24.8％が中 3 時から専門学校への進学を希望している．女性でも短大以上への進学希望者をまとめると男性と同程度であると読むこともできるが，中学生の段階からもともと専門学校への進学を希望していた割合が男性より 15％近く多いことは注目に値する．さらに，この積極的進学層は CH2 で 33.3％に増加している．男性と比較すると 2 倍から 3 倍の割合で専門学校への進学を中学 3 年生時に意識していることは，女性のなかに独自の意味づけのもとに専門学校に進学する層が存在し，90 年代以降にそれが増加していることを示す．この結果は，前節で検討した資格系分野進学割合の男女差と整合的に解釈できる．

表 4-3　中学 3 年生時の職業希望強度

(度数以外は％)

			強く希望していた	何となく希望していた	希望している職業はなかった	合計	度数
男　性	CH1 (1957-1971)	高　校	10.4	41.6	48.0	100.0	202
		専門学校	9.3	44.0	46.7	100.0	75
		大学以上	12.4	49.8	37.8	100.0	249
	CH2 (1972-1983)	高　校	12.8	44.0	43.2	100.0	125
		専門学校	14.5	41.8	43.6	100.0	55
		大学以上	11.8	48.4	39.8	100.0	186
女　性	CH1 (1957-1971)	高　校	9.3	55.3	35.4	100.0	257
		専門学校	23.0	46.0	31.0	100.0	113
		短大・高専	16.8	48.2	35.0	100.0	137
		大学以上	10.8	61.3	28.0	100.0	93
	CH2 (1972-1983)	高　校	9.2	63.3	27.5	100.0	120
		専門学校	29.8	41.5	28.7	100.0	94
		短大・高専	13.5	55.8	30.8	100.0	104
		大学以上	22.7	57.0	20.3	100.0	128

　続いて，**表 4-3** は中 3 時の職業希望強度を尋ねた質問項目である．希望する職業の内容も尋ねているが，ここではどの程度職業希望を明確に抱いていたかに着目する．**表 4-2** と同様に男性からみていくと，そもそも職業希望強度に学歴間であまり違いが見受けられないことに気づく．大学以上卒にやや「希望職業なし」が少ないものの，「強く希望していた」割合に明確な差はみられない．CH2 では専門学校卒で CH1 よりも「強く希望していた」割合が 5％程度増加しているが，これは CH2 で資格系分野への進学割合が増えたことを反映しているのかもしれない．

　他方，女性の結果は男性と異なっている．全体として女性の方が中 3 時に職業希望をもっているが，その中でも専門学校卒には中 3 時から明確に希望職をもっていたものが多い．しかも，その割合は CH1 の 23.0％から CH2 では 29.8％へと増えている．意識に関する回顧的な質問項目であることには注意が必要だが，特定の職業を意識して専門学校へと進学する層が女性に多く，それが CH2 で増加していることが確認された．

4 入口と出口に関する多変量解析

4.1 進学者の特徴と初職への効果の検討

　前節の基礎分析結果を踏まえた上で，ここからは多変量解析をおこなうことで相互の変数の影響を統制しながら検討していく．分析は，専門学校学歴取得者の特徴を検討する「入口」の多項ロジットモデルと，専門学校という学歴が初職に対してもつ効果に関する「出口」の重回帰モデルに分けておこなう．出身階層として「15歳時父職威信」と「中3時暮らしむき」，学力を測るための「中3時成績」に加え，前者の入口に関する分析では3.2で検討した職業希望強度における「強く希望していた」という選択肢への回答を「強い職業希望あり」ダミーとして投入する．これらのうち職業希望強度以外の独立変数は長尾(2008)の分析とおおむね同じものである[7]．

　表4-4は，学歴を従属変数とする多項ロジット分析の結果を示したものである．ここでは，高校卒や大学以上卒との比較における専門学校卒の特徴の検討が目的なので，基準カテゴリを専門学校に設定している．まず男性についてみると，CH1では高校卒との比較において父職威信と中3時成績の効果がみられるが，CH2では父職威信にかわって暮らしむきが有意となり，中3時成績の効果が有意ではなくなっている．どちらのコーホートでも，中3時に強い職業希望をもっているかどうかは高校から専門学校への進学に影響を及ぼしていない．大学との比較では，中3時成績だけがCH1で効果をもっており，CH2ではこれに加えて明確な職業希望をもっていると大学へと進学しない傾向が示されている．

　大学への進学が抑制されている時期には，男性では大学進学はできないものの高校卒より成績の高い層が進学していたが，CH2では大学に入学しやすくなったことによって専門学校卒の成績が低下した．また，強い職業希望をもっているかどうかは高校卒就職者との比較で有意な効果をもっておらず，「受け皿」モデルが適合すると判断できる．ただし，CH2において大学との間で職業希望ありが有意となっているのは，専門学校の分野構成が大学と競合しないものへ

表4-4 入口（学歴）に関する多項ロジット分析（カッコ内の数値は標準誤差）

男　性	CH1 (1957-1971)			CH2 (1972-1983)		
	高　校 (vs 専門)	短大・高専 (vs 専門)	大学以上 (vs 専門)	高　校 (vs 専門)	短大・高専 (vs 専門)	大学以上 (vs 専門)
15歳時父職威信	-0.073 **	—	0.007	-0.026	—	0.006
	(0.019)		(0.016)	(0.021)		(0.022)
中3時暮らしむき	-0.372	—	-0.055	-0.669*	—	0.151
	(0.229)		(0.223)	(0.301)		(0.331)
中3時成績	-0.480 **	—	0.917 **	-0.042	—	1.665**
	(0.158)		(0.153)	(0.191)		(0.233)
強い職業希望あり	-0.032	—	0.472	-0.158	—	-1.070*
	(0.531)		(0.504)	(0.509)		(0.537)
切　片	7.168 **	—	-2.284 *	4.243**	—	-4.857**
	(1.211)		(1.093)	(1.351)		(1.505)
疑似決定係数 (Nagelkerke)	0.402			0.510		
度　数	460			310		

女　性	CH1 (1957-1971)			CH2 (1972-1983)		
	高　校 (vs 専門)	短大・高専 (vs 専門)	大学以上 (vs 専門)	高　校 (vs 専門)	短大・高専 (vs 専門)	大学以上 (vs 専門)
15歳時父職威信	-0.013	0.031 *	0.049 **	-0.049 *	0.006	0.027
	(0.016)	(0.016)	(0.018)	(0.022)	(0.018)	(0.018)
中3時暮らしむき	-0.401 *	0.311 †	0.405 †	-0.537 *	0.160	0.086
	(0.166)	(0.179)	(0.216)	(0.221)	(0.216)	(0.224)
中3時成績	-0.230 †	0.265 †	1.190 **	-0.435 **	0.308 †	1.120 **
	(0.137)	(0.151)	(0.188)	(0.164)	(0.159)	(0.174)
強い職業希望あり	-1.069 **	-0.415	-0.845 †	-1.425 **	-0.884 *	-0.413
	(0.342)	(0.345)	(0.451)	(0.435)	(0.387)	(0.372)
切　片	3.498 **	-3.138 **	-8.367 **	5.903 **	-1.440	-5.217 **
	(0.947)	(0.999)	(1.258)	(1.251)	(1.158)	(1.260)
疑似決定係数 (Nagelkerke)	0.325			0.383		
度　数	509			386		

** $p<.01$, * $p<.05$, † $p<.10$

と変化したことで，就きたい仕事を意識して資格系もしくは文化・教養分野に進学する人が増えたことによるのかもしれないが，この点は定かではない．

　続いて女性の結果をみていこう．出身階層に着目すると，CH1では高校との比較において15歳時暮らしむきが有意になっているが，短大や大学以上との間でも父職威信と暮らしむきがいずれも効果を示している．CH2では高校との間の差がより明確になるとともに，他の高等教育機関との間の効果が消えてしまっている．つまり，女性の専門学校進学者の出身階層は高校卒に近かった

表 4-5 出口（初職威信）に関する重回帰分析（カッコ内の数値は標準誤差）

	男性		女性	
	CH1(1957-1971)	CH2(1972-1983)	CH1(1957-1971)	CH2(1972-1983)
切　片	41.132 **	44.793 **	54.514 **	45.234 **
	(2.591)	(3.220)	(1.650)	(2.658)
15歳時父職威信	0.154 **	0.152 **	0.016	0.083 †
	(0.043)	(0.050)	(0.028)	(0.044)
中3時暮らしむき	0.878	-1.836 *	-0.465	0.766
	(0.535)	(0.705)	(0.315)	(0.518)
学歴（基準：専門学校）				
高　校	-3.079 *	0.495	-5.287 **	-3.919 **
	(1.196)	(1.394)	(0.707)	(1.157)
短大・高専	—	—	-1.701 *	-2.136 †
			(0.779)	(1.171)
大学以上	2.574 *	6.681 **	3.502 **	1.977 †
	(1.144)	(1.312)	(0.878)	(1.117)
調整済み決定係数	0.151	0.150	0.219	0.111
度数	488	331	551	403

** $p<.01$．* $p<.05$．† $p<.10$．

CH1から高等教育卒寄りへと変化したのである．一方，学力面では時代による変化はみられず，専門学校は高校卒と短大卒の中間に位置している．これに加えて男性との違いとして注目されるのが職業希望の効果である．中3時に強い職業希望をもっているか否かが，CH1の段階から高校との間を明確に差異化しており，それはCH2でも継続している．女性にとって，専門学校は大学の受け皿にとどまるものではなく，特定の職業への希望をもって独自の意味づけのもとに進学する教育機関なのである．短大や大学との間の効果にも変化がみられるが，この点には女性にとっての大学進学の意味づけや短大の分野変化が関わっていると考えられるためここでは解釈を保留したい．

最後に，初職の職業威信を従属変数として重回帰分析をおこなったものが**表4-5**である[8]．この分析の目的は，出身階層をコントロールした上で，地位達成に対して専門学校学歴が他の学歴との関係でもつ効果とその変化を男女別に明らかにすることである．

男性では，以前は高校卒と比べて3ポイントほど高い威信の初職につくことができていたが，CH2では高校卒との差が消失し，大学以上卒との威信差も2.6から6.7へと拡大している．これに対して，女性の結果からはこれまでと同

様に男性と異なった傾向を読み取ることができる．どちらのコーホートでも，専門学校卒であることは高校卒や短大卒より高い威信の初職につくことを可能にしている．また，学歴間の威信差が全体として縮小しているようにもみえる．先ほどの入口の分析では，CH2 において専門学校への進学が短大や大学ほど高い成績を必要としないことが示されていた．これを踏まえるならば，女性にとっての専門学校という学歴は，少なくとも職業威信の面において，現在も短大や大学に進む場合ほどの成績を要求されずに高い威信の職種につくことができる割のよいルートであるといえる．

4.2 分析結果のまとめ

ここまでの検討により，専門学校進学者について明らかにできた知見をまとめよう．男性の分析結果からは，90 年代以前の専門学校が大学に行けないが，学力面および出身階層面で高校卒就職者とは異なる層の進学先であったことが示された．90 年代以前には工業を中心とした分野が一部の専門職と接続をもつことにより，地位達成の観点からも進学に見合うメリットを提供できていた．そのため，専門学校への進学者は，大学と高校を結ぶ連続線上にこの教育機関を位置付けていた．その意味では，これまでの研究が明らかにしてきた通り専門学校は大学進学希望層の「受け皿」であったといえよう．だが，90 年代に入って超過需要期を脱したことで，大学進学希望層が大学に進学できるようになり，工業や商業分野などの競合分野で専門学校卒の就職が困難となった．これに対応すべく専門学校は資格系に加え文化・教養へと中心分野をシフトさせたが，このデータで扱うことのできた 90 年代以降の進学者にも，高校卒就職状況の悪化により消極的に進学した層が多かったと推測される．

これに対し，女性にとっての専門学校は以前から「受け皿」としてだけではなく，資格系の分野を通じて特定の職業に就くことを目指す積極的進学層を受け入れていた．男性と同様に 1990 年前後を境とする構造変化の影響は商業分野を中心に受けはしたものの，大学と競合しない資格系を中心とした分野へと比較的容易にシフトできたため，地位達成上のメリットを維持できたと考えられる．

5 結論と課題

　長尾が提示した「変容モデル」は，1990年前後を境に専門学校の位置づけが変化したと想定するものであった．本章ではこの枠組みを引き継ぎつつ，高卒後進学市場の変容が進学者層の変化に及ぼす影響の男女差に着目する必要性を新たに提起した．大学進学抑制期において，専門学校は男性にとって地位達成の観点から大学に進学できない層の「受け皿」として機能していたが，女性にとっての専門学校にはその時期からこれにとどまらない意味があった．職業キャリア形成の上で，看護師などの資格職と制度的接続をもつことは，女性にとって教育年数という一次元に還元できない独自の魅力をもっていたのである．男女にとって専門学校がもつ意味の非対称性と分析結果を合わせて考えるならば，「変容モデル」が想定する進学者層の変化が生じたのは男性であり，女性に関しては再考する必要があるというのが本章の結論である．

　とはいえ，本研究と先行研究の間にはいくつか分析結果に齟齬もある．その理由の1つは，性別コーホート別に分けたことによるサンプル数の問題に起因する可能性がある．こうした不一致自体も専門学校の特徴の1つである多様性を反映しているようにも思われるが，本章の主張をより直接的な形で確認するためには，専門学校学歴を分野で区分して検討をおこなうことが必要であろう．また，第2節で確認したように，男性の資格分野は2000年代にやや遅れて拡大している．本章や長尾（2008）と濱中（2008）との間でコーホート区分が異なることも含め，変容時期の詳細な検討は今後の課題である．

　海外でも職業学校や資格がもつ学歴としての効果は，その国がおかれている制度的文脈に左右されることが指摘されている（Müller and Shavit, 2000）．日本の教育システムにおける職業的レリバンスは高くない．そのなかで，職業的スキルの獲得を明確にうたう例外的な教育機関である専門学校を検討することは，日本における教育の選抜・配分機能を考える上で重要である．

　従来のSSM学歴のように専門学校学歴を高校相当学歴として扱うと，特に女性の職業達成に関して誤った解釈をしてしまう恐れがある（多喜，2018）．専門学校を卒業した女性の職業分布は高校卒業者と明らかに異なっている．専門

学校を最終学歴とする女性がすでに無視できない規模で存在している以上，今後はその特徴を知った上で分析目的に応じて定義することが必要となるであろう．専門学校を出た女性の職業継続率が高いことは繰り返し明らかにされている（濱中，2008，濱中，2009）．したがって，この学歴の扱いは，女性の社会階層をどのように考えるかに関連する重要な論点である．今後の課題としたい．

1) 専修学校には，中学校卒業者を対象にした高等課程，高校以上を卒業した生徒が進学する専門課程，入学者の学歴要件を設けない一般課程の3種類が存在する．専門学校は正確には専門課程そのものではなく，この課程が設置されている学校を指す．
2) ただし，これらの分野の学校がすべて養成施設指定制度を通じた公的職業資格との結びつきを持っているわけではない．
3) なお，分析の焦点は高校や短大・高専，大学との比較における専門学校進学者の特徴にあるため，中学校を最終学歴とするサンプルはあらかじめ除外した．また，男性の短大・高専進学者も少ないため除いた．専修学校高等課程の卒業者は高校卒学歴として扱っている．
4) 2000年以降に男性で資格分野の専門学校進学者割合が高くなっていることは図4-3からも読み取ることができる．
5) 本章執筆中に2015年SSM調査が実施されたため，中学3年生時の教育希望については同様の検討が可能となった．両調査を比較すると，本データの方が男性CH2での教育希望の低下が著しいなどの違いがみられるが，大まかな傾向が矛盾しないことを確認している．2015年SSM調査を用いた分析については稿をあらためて検討したい．
6) 濱中（2008）でも男性の専門学校卒業者の教育希望が近年のコーホートで低下していることが指摘されている．
7) 長尾（2008）で用いられている15歳時世帯収入（5段階）の代わりにここでは15歳時暮らしむき（5段階）を投入している．長尾と同様の方法で父職を4分類に分けた分析もおこなったが，「自営」カテゴリに関する明確な傾向が確認されなかったため，父職威信を用いることにした．4分類を用いた分析結果については報告書（多喜，2015）を参照されたい．
8) 長尾（2008）では現職4分類を従属変数とした多項ロジット分析がおこなわれているが，ここではサンプル数や結果の読み取りやすさを考慮して重回帰分析の結果を示した．多項ロジット分析をおこなった場合でも解釈に特に大きな相違は生じない．また，コーホート間の条件を揃えるため初職を検討したが，現職を用いても特筆すべき違いはみられなかった．

【文献】

麻生誠・近藤博之，1985，「専修学校制度の社会的定着度」『大学論集』広島大学，

13: 161-182.

濱名篤，1990，「女性における学校利用層の分析」菊池城司編『現代日本の階層構造3　教育と社会移動』東京大学出版会，pp. 85-106.

濱中淳子，2009，「専修学校卒業者の就業実態――職業教育に期待できる効果の範囲を探る」『日本労働研究雑誌』588: 34-43.

濱中義隆，2008，「高等教育の拡大過程における『非大学型』高等教育機会の役割と変容――専門学校の制度化と定着に着目して」中村高康編『階層社会の中の教育現象　2005年SSMシリーズ6』2005年SSM調査研究会，pp. 49-67.

濱中義隆，2013，「多様化する学生と大学教育」濱中淳子編『大衆化する大学――学生の多様化をどうみるか』岩波書店，pp. 47-74.

韓民，1996，『現代日本の専門学校』玉川大学出版部.

Ishida, Hiroshi, 1998, "Educational Credentials and Labor-market Entry Outcomes in Japan," Yossi Shavit and Walter Müller, eds., *From School to Work: A Comparative Study of Educational Qualifications and Occupational Destinations*, Clarendon Press, pp. 287-309.

岩木秀夫・耳塚寛明，1986，「専修・各種学校入学者増加メカニズムの高校階層別分析」『国立教育研究所紀要』112: 1-177.

岩永雅也，1984，「中等後教育機関としての専修学校の機能と問題点」『高等教育研究紀要』4: 29-46.

倉内史郎，1980，「専修学校の役割の検討」『教育学研究』47(4): 11-19.

眞鍋倫子，2011，「専門学校卒業の効果」『教育学論集』中央大学教育学研究会，53: 55-71.

Müller, Walter and Yossi Shavit, 2000, "Vocational Secondary Education, Tracking, and Social Stratification," Maureen T. Hallinan, ed., *Handbook of the Sociology of Education*, Springer, pp. 437-452.

長尾由希子，2008，「専修学校の位置づけと進学者層の変化」『教育社会学研究』83: 85-106.

長尾由希子，2009，「専門学校への進学希望にみるノン・メリクラティックな進路形成」Benesse編『研究所報（都立高校生の生活・行動・意識に関する調査報告書）』49: 109-125.

西田亜希子，2010，「専門学校は大学進学の代替的進路か？――進路多様校における専門学校希望者の分析による検討」中村高康編『進路選択の過程と構造――高校入学から卒業までの量的・質的アプローチ』ミネルヴァ書房，pp. 141-162.

多喜弘文，2015，「専門学校の位置づけとその変化における男女差――『変容モデル』の批判的検討」中村高康編『全国無作為抽出調査による「教育体験と社会階層の関連性」に関する実証的研究』科学研究費補助金成果報告書，pp. 196-212.

多喜弘文，2016，「学歴としての専門学校の効果とその男女差――就業構造基本調査の個票データを用いた基礎分析」『社会志林』63(3): 59-78.

多喜弘文，2018，「学歴としての専門学校に関する基礎的検討」中澤渉編『2015年

SSM 研究報告書 教育Ⅱ』2015 年 SSM 調査研究会，pp. 57-80.
辻功，2000，『日本の公的職業資格制度の研究——歴史・現状・未来』日本図書センター．
植上一希，2011，『専門学校の教育とキャリア形成——進学・学び・卒業後』大月書店．

5章
大学進学率の上昇とメリトクラシー

中澤　渉

1　少子化と大学進学

　1990年代以降，日本の18歳人口は減少し続けている．子どもの数が減少したことで，初等・中等教育段階では既に学校統廃合が進められてきた[1]．高等教育は私学セクターの比率が大きく，授業料に大きく依存した経営が行われているのが実態である．したがって経営維持のためには，一定数の学生を確保する必要がある．18歳人口が減ったからといって，連動して入学定員を大幅に減らす決断はしにくい．学生を確実に確保するため，多様な入試様式を準備するようになり，旧来の筆記試験に基づく一般入試で入学する大学生は6割を切っている[2]．こうした背景から，大学入試の競争が緩やかになっていると考えるのは，必ずしも無理があるわけではない．さらに本来は人口構造とは全く別次元の問題であるが，いわゆる「ゆとり教育」の導入が重なったことで，若年層の学力低下というイメージが社会的に浸透している．そのことが，大学受験は以前より易しくなり，大学進学の成績要件も低下したと受け止める風潮を助長していると思われる．

　大学は本当に入りやすくなったのか．本章が検証しようとする課題を一言でまとめれば，このように表現できる．確かに1990年代以降，大学進学率は上昇した．しかし大学進学率の上昇は緩やかであり，近年は50％程度で停滞している．今のところ，大学の大量倒産時代は到来していないし，全員が希望の大学に進学できるわけではない．とはいえ大学の状況は様々だ．実際にはほぼ全入，もしくは定員割れの大学もある一方で，依然高い選抜性を維持している大

学もある．しかし進学率が 50％ 程度であることを考慮すれば，階層による大学進学機会は，世間でイメージされるほど平等になっていないとも言える．確かに少子化による 18 歳人口の減少により，成績要件の緩やかな大学が増えているかもしれない．だからこそ「どの大学に進学するか」という大学の名前が重要になり，いわゆる有名大学進学に要求される成績水準が維持されるという二極分化が進んでいるのではないか．本章の分析は，そうした素朴な疑問に端を発するものである．

以下では本章の課題を，より学問的な文脈から整理する．その上で，本章で扱う分析手法や変数について説明を加え，分析結果とその解釈を提示する．

2　国際競争の時代とメリトクラシー

急激な少子化に原因を求める受験競争緩和説は，日本の置かれた文脈を重視したものであり，その原因は主として少子化に求められるといえる．しかしグローバルな方向に目を向ければ，大学進学競争の緩和というのは，必ずしも自然に想起される趨勢ではない．

高い教育を受けることで職業選択のチャンスが拡大し，社会の流動性が促されるという理解のもとで，近代以降，教育システムは急速に普及した．しかしシャヴィット（Yossi Shavit）とブロスフェルド（Hans-Peter Blossfeld）を中心とする国際比較研究から，教育の拡大にもかかわらず，教育達成の階層間格差は縮小していないという知見が定着した（Shavit and Blossfeld, eds., 1993）．ラフタリー（Adrian Raftery）とハウト（Michael Hout）による MMI（Maximally Maintained Inequality）仮説[3] や，ブリーン（Richard Breen）とゴールドソープ（John H. Goldthorpe）の提唱した相対的リスク回避（relative risk aversion）説[4] は，そうした国際比較研究に基づき，なぜ不平等が縮小しないのかを説明しようとしたものだ．MMI 仮説は教育段階という縦の不平等に着目するものだが，同等の教育段階であっても，ランキングや社会的評価により質的な分化が生じ，その進学先に階層間格差が維持されることを指摘したのが，ルーカス（Samuel R. Lucas）の EMI（Effectively Maintained Inequality）仮説である（Lucas, 2001; 2017）．

アメリカでは，1970年代の不況により大学進学率が伸び悩み，SAT（Scholastic Assessment Test：大学進学適性試験）のスコアが低下した．しかし1980年代後半以降進学率が上昇に転じ，選抜性の高い有名大学のSATは飛躍的に高まった．アロン（Sigal Alon）はEMIのメカニズムについて，70年代に起こった格差の縮小（Effectively Declining Inequality：EDI）と，80年代後半以降の競争の激化に基づく格差の拡大（Effectively Expanding Inequality：EEI）が複雑に絡み合って生じたと解釈した．アメリカの奨学金制度は充実しているが，それでも80年代以降は大学の授業料が高騰しており，低階層や非白人の進学には不利に働く．大学ランキングの結果が広く人口に膾炙するようになったのもこの時期であり，有名大学はランキング作成時に考慮される入学者のSATを重視するようになった（Alon, 2009）．

　アロンは，ネオ＝ウェーバー学派の社会的閉鎖（social closure）理論や葛藤（conflict）理論を援用し，支配層である上層階級が，戦略的かつ巧みに有名大学の入学者選抜にSATというメリトクラティックな指標を取り込むことで，自らの卓越性を保とうとしていると考えた（Alon, 2009）．SATで高い点をとるには準備が必要で，準備にはコストがかかるから，社会経済的地位による有利／不利が生じる．SATによる大学入学後の成績（Grade Point Average：GPA）の予測力は高くないが，一見客観的に見える指標なので，選抜がメリトクラティックに行われていると主張する上で都合がよい[5]．結果として，エリート大学においてSATは重視され，スコアの低い非白人の比率は低下した（Alon and Tienda, 2007）．ネオ＝ウェーバー学派の理論が日本に該当するかは議論が分かれるだろうが，日本の大学も授業料が高騰していること，特に有名大学ではグローバルな競争を無視できず成績を重視する傾向があること，また教育熱心な家庭では早い段階から受験準備教育を行っており，まさに成績が社会経済的地位を反映しやすい環境にあることは，アメリカと同様である．

　世界に目を転じてみよう．経済のグローバル化が進み，先進諸国では人件費の高さから第2次産業が国外に流出し，ハードからソフトへと知識集約型の産業が重要性を増している．中国やインドをはじめ，新興国の発展は目覚ましく，多くの有能な人材を輩出している．それを担う専門職・管理職系のポストは重要だが，グローバルな規模で人材が供給されるため，そのポストを獲得する競

争は厳しくなる．そうした状況下にある日本の国内労働市場では，非正規雇用のような不安定な立場にある労働者が，1970年代以降一貫して増加傾向にある（太郎丸，2009）．つまり旧来の日本的経営を維持することは難しくなり，単純化すれば，雇用条件の安定している層と，不安定な層に二分化して見えるようになる．しかも前者のポストは，労働市場全体の中で縮小傾向にある[6]．

　数に限界のある専門職・管理職系のポストに就くには，高い教育を受けることが必要である．しかし教育は必要条件であっても，十分条件ではない．ポストを上回る卒業者を輩出すれば，その人たちは市場から溢れ出す（Boudon, 1973=1983）．溢れた人は，受けた教育に見合わない職に就かざるを得ない．一方で，もちろん販売職やブルーカラーの正規雇用がなくなるわけでもない．人によっては生活のためであれば，不安定な専門職・管理職系ポストより，安定した販売職・ブルーカラー職のほうがよいという選択もありうるだろう．

　伝統的な階層研究の地位達成モデルにおけるメリトクラシー仮説とは，出身階層，学歴，到達階層の3つの変数があったとき，出身階層の学歴や到達階層への影響が弱まり，学歴の到達階層への影響力が強まる，というものだ．これまでは，出身階層の学歴に対する影響が弱まっていないという知見が主流であった．到達階層における上層ポストが増えないままで教育拡大が進むと，教育過剰という形で受けた教育水準と選択した職業との間に齟齬が生じる．そこでこうした素朴なメリトクラシー仮説は否定されるが，だからといって教育が無意味だというわけではない．そもそも高学歴でなければ，安定した地位に就く競争の出発点にすら立てないからだ．労働市場の流動化が進み，安定した中産階級の地位のポストが限定的にしかないのなら，ポストをめぐる争いは激化するはずだ．ブラウン（Phillip Brown）はこれを社会過剰（social congestion）と表現したが，こうした環境では中産階級も自らの地位にとどまることすら難しくなり，下降移動のリスクを減らすため，よりよい学歴や職業を獲得するための卓越化戦略に汲々とせざるを得なくなる（Brown, 2013）．

　ただし教育達成の不平等をめぐる議論には，近年重要な変化がある．ブリーンらは，ヨーロッパの比較研究から，長期的に教育達成の平等化が進んでいると指摘しており（Breen *et al.*, 2009），日本でもそれと類似した結果が報告されている（近藤・古田，2009）．オーストラリアでも，教育達成に及ぼす出身階層

の影響は，上位階級の進学率が飽和状態にならなくても減少傾向にあると報告されている（Marks and McMillan, 2003）[7]．中等教育が普及し，進学への社会的な支援制度が福祉国家化に伴い整備され，教育にかかる個人的コストは減ったはずだというのがブリーンらの解釈である（Breen *et al.*, 2009）[8]．確かに日本でも中等教育は拡大したし，一時期までは国公立大学の授業料も低く抑えられていた．

しかし相対的に高等教育にかかるコストが少ないヨーロッパと日本は，状況が大きく異なる．特に1970年代以降，国公立大学を含め，大学の授業料は年々上昇を続けており，主要な経済的な支援としては，奨学金とは名ばかりの教育ローンが未だ主流である．このような支援はローン回避の心理が働き，むしろ進学意欲を削ぐ逆効果も考えられよう．また少子化の局面に入ってからの，大学間に生じたと思われる質的な差異も，平沢（2011）などを除けば，あまり考慮されていない．そうした近年の変化を踏まえ，本章では戦後日本において，少子化の局面に突入しても高等教育進学には階層による不平等が依然存在していること，特に選抜性の高い有名大学において，学業成績の重要性は弱まっていないのではないか，という仮説の下で分析を進める．

3 分析の手続き

3.1 順序ロジット・モデルの適用

階層や成績が教育達成に及ぼす影響をみようとするとき，従属変数の教育達成をどう表現するかによって，適用すべき方法も変わる．第1に，教育達成を量的変数と考えるか，質的変数と捉えるかという問題がある．前者の場合，教育達成は教育年数に換算され，線型回帰分析が適用される．しかし線型性の仮定にかなり無理があり，同じ教育年数でありながら質的に異なる学校種を区別できないという欠点がある．

そこで教育達成を質的変数と見なすことになる．これは常識に合致した捉え方だが，第2の問題として，名義尺度と順序尺度のいずれで解釈するかが問われる．教育の不平等研究では，メア（Robert Mare）によって使用されたトラン

ジション・モデルが用いられてきた（Mare, 1980；1981）．トランジション・モデルとは，所与の教育水準を達成した後，その次の教育段階に進んだか否か，という二値変数に置き換えて従属変数とし，二項ロジット・モデルを推定するものである．これを下の教育段階から上の教育段階へと段階的に適用していくが[9]，上の教育段階に行くほど階層変数の係数の逓減傾向が見られるというのが重要な知見とされた．若い世代ほど進学率が高いのが普通だから，階層間の進学率の差自体を比較しても，正確にその意味を解釈するのが難しい．つまり仮に階層Aと階層Bの進学率の差が20％ポイントあったとしても，それが全体進学率10％程度の時と，80％程度の時では，20％ポイントのもつ意味が異なるかもしれない．トランジション・モデルでは進学格差を，階層ごとの進学／非進学のオッズの比と解釈できるので，周辺度数（全体の進学率）の変化の影響を考える必要がないというメリットが存在する．

　ただし二項ロジット・モデルは，誤差項の大きさが常に一定と仮定されているため，異なるトランジション間のモデルの係数の大きさを直接比較する意味はない．上位の教育段階になると，進学を諦めた層は分析対象から除かれ，より同質性の強いサンプルが残ることになるが，このこと自体が係数の大きさに影響を与えている可能性もある（Cameron and Heckman, 1998, Mood, 2010）．日本では，多くの人の教育達成が20代前半までに固まるのが実情だろう．そこで幅広い年齢層を含むサンプル全体を対象に，学歴カテゴリーの質的な意味の違いを保持したまま分析を行う方法を考えてみたい．

　その目的に合致するのは多項ロジット・モデルである．多項ロジット・モデルは，従属変数が3つ以上のカテゴリーに分かれる質的変数の回帰分析に適用される．ただしここにも難点がある．最大の難点はモデルが複雑であり，解釈が困難になりがちなことにある．多項ロジット・モデルでは，従属変数の特定のカテゴリーを基準とし，その基準カテゴリーと別のカテゴリーにおける独立変数の対数オッズ比が求められることになる．ただし数学的には，従属変数で何を基準カテゴリーにしても，全体としての結果は同じと見なされる．仮に従属変数にA，B，……，Kというカテゴリーがあり，Kが基準カテゴリーのとき，

$$ln\frac{A}{B}=ln\frac{A}{K}-ln\frac{B}{K}$$

が成立するので，K を基準として A と B について推定した係数がわかっていれば，手計算で B を基準カテゴリーとする係数を求められる．しかしこれが成立するには，従属変数のカテゴリーが独立（Independence of Irrelevant Alternatives：IIA）でなければならない．しかし中学卒，高校卒，大学卒というカテゴリーがあったとき，この 3 つのカテゴリーは独立とは見なせない．なぜなら高校卒か大学卒かというのは，（高等学校卒業程度認定試験合格者は別として）中学卒の人には初めから選択権がないからだ．つまり高校に進学した人のみに，高校卒か大学卒かを問えることになる．このように選択肢の独立性が保証されない場合，多項ロジット・モデルは適用できない（Powers and Xie, 2000: 245-247）．

教育達成については，中学よりは高校，高校よりは短大・高専・専修学校，短大・高専・専修学校よりは大学，という序列的な社会的な評価があると見なすことは，便宜上必ずしも不合理とはいえないだろう．同じ教育段階（例えば大学）でも，有名校と非有名校というような区別を行っており，それも一連の順序の中に位置付けることは技術的に可能だ．そうすれば順序ロジット・モデルを適用できる．順序ロジット・モデルは多項ロジット・モデルよりずっと節約的（parsimonious）であり，解釈も単純でわかりやすい．また隣接したカテゴリーを合体しても結果には影響がないなど，モデルの柔軟性に富む特長がある．

このことは以下のように説明される．教育達成を示す何らかの潜在変数 Y を仮定し，そこには学歴カテゴリーが序列をつけて並んでいる．そのカテゴリーを分ける閾値は j 個あり，所与の段階 j を超えるか否かを推定するロジット・モデルは $\ln[\gamma_j(x)/1-\gamma_j(x)]=\theta_j-\beta x$ で示される．このモデルを $g[\gamma_j(x)]$ と置き，仮に x と x' という値をとる 2 つのサンプルを抽出すると，

$$g[\gamma(x)]-g[\gamma(x')]=\ln\frac{\gamma(x)}{1-\gamma(x)}-ln\frac{\gamma(x')}{1-\gamma(x')}=\theta_j-\beta x-(\theta_j-\beta x')=\beta(x'-x).$$

となり，結局どの段階の閾値であっても，係数 β は影響を受けないことがわかる．これが比例オッズの仮定（proportional odds assumption）とよばれるもの

で，順序ロジットの長所はこの仮定があるから成立する（Breen *et al.*, 2009, McCullagh, 1980）．

しかしこの仮定はかなり強く，非現実的でもある．閾値（この場合，学校段階）により，独立変数の係数の大きさが異なることもあろう．だからといって完全に比例オッズの仮定を外してしまうと，節約性のメリットが失われて多項ロジット・モデルと同じになってしまう．したがって比例オッズの仮定を置いても差し支えない独立変数はそのままにし，仮定を満たさない独立変数はその仮定を緩める部分的（partial）比例オッズ・モデルを適用するのが望ましいことになる（Breen *et al.*, 2009, 近藤・古田，2009, Williams, 2006）[10]．

3.2 使用するデータと変数・分析モデルの選択

「2013年教育・社会階層・社会移動全国調査（ESSM2013）」の全サンプル（使用する変数について回答の揃っている2,883ケース）を分析対象とする．この調査は1948年から1983年生まれの日本人男女が対象だが，出生コーホートを①戦後直後の教育拡大の時期に教育を受けた世代の1948-57年生まれ，②高校進学率がほぼ飽和状態になり，大学進学率の伸びも停滞する1958-67年生まれ，③第2次ベビーブーム世代を含む1968-75年生まれ，④大学進学率が再上昇する1976-83年生まれの4つに分ける．従属変数は回答者の教育達成だが，1を中学校，2を高校，3を専修学校・高専・短大，4を一般大学・大学院，5を上位大学・大学院とする[11]．ここでの教育達成は進学を意味し，それぞれのカテゴリーには中退者も含まれる．この5段階の順序尺度の変数を従属変数とし，父学歴，父職，15歳時点の財所有[12]，中学校3年時の成績を独立変数として考慮する．統制変数として，性と出生コーホートも投入する．これらの変数の情報と記述統計は**表5-1**の通りである．

表5-2は適合的なモデルを選択するプロセスを示したものである．(1)では，すべての変数について比例オッズを仮定している．つまり通常の順序ロジット・モデルと同じで，これを起点に考える．基準となるモデルに対し，自由度を増やして改善したモデルにおいて有意に「－2×対数尤度」の値が減少したかという尤度比検定と，ベイズ情報量規準（BIC）の値を照合しながら，より適合的なモデルを探してゆく．BICが最小となるのは(7)のモデルで，性，コー

表 5-1 変数の記述統計量 ($n=2,883$)

従属変数	中学校	高校	専門短大	一般大学	有名大学
男 ($n=1,368$)	4.8	36.2	14.2	36.3	8.6
女 ($n=1,515$)	5.6	38.6	37.0	16.1	2.7
1948-57 生まれ ($n=847$)	11.2	43.5	17.8	22.6	5.0
1958-67 生まれ ($n=810$)	4.4	40.3	26.3	24.1	4.9
1968-75 生まれ ($n=711$)	1.8	33.9	33.3	24.9	6.1
1976-83 生まれ ($n=515$)	1.2	28.2	29.7	34.4	6.6

独立変数（カテゴリー）

父学歴	大学以上	それ以外（含不在無回答）			
	16.6	83.5			
父　職	I+II	III	IVa+b	V+VI+VIIa	IVc+VIIb, 無職・不在・無回答
	26.4	6.8	16.9	27.4	22.4

注：数値は行パーセント．

独立変数（連続量）	平　均	標準偏差	最大値	最小値
中学 3 年時の成績	2.234	1.127	0	4
財所有スコア	.005	1.637	-6.370	4.752

注：数値が大きいほど，成績が良い，多くの財を持っている，ということを示す．

表 5-2 モデルの選択 ($n=2,883$)

式	-2 対数尤度	自由度 (d.f.)	疑似 R^2	BIC	モデル比較	$\Delta\chi^2$	Δd.f.	p
(1) S+C+E+J+P+G	6422.485	11	.193	6541.984				
(2) Sτ+C+E+J+P+G	6171.417	14	.225	6314.816	(1)-(2)	251.067	3	.000
(3) Sτ+Cτ+E+J+P+G	6086.572	23	.236	6301.670	(2)-(3)	84.845	9	.000
(4) Sτ+Cτ+Eτ+J+P+G	6076.893	26	.237	6315.891	(3)-(4)	9.679	3	.022
(5) Sτ+Cτ+E+Jτ+P+G	6069.086	35	.238	6379.783	(3)-(5)	17.486	12	.132
(6) Sτ+Cτ+E+J+Pτ+G	6048.403	26	.241	6287.401	(3)-(6)	38.169	3	.000
(7) Sτ+Cτ+E+J+Pτ+Gτ	6008.658	29	.246	6271.555	(6)-(7)	39.746	3	.000
(8) Sτ+Cτ+E+J+Pτ+Gτ+SC	5988.577	32	.248	6275.374	(7)-(8)	20.081	3	.000
(9) Sτ+Cτ+E+J+Pτ+Gτ+SC+EC	5987.991	35	.248	6298.688	(8)-(9)	0.586	3	.900
(10) Sτ+Cτ+E+J+Pτ+Gτ+SC+JC	5966.430	44	.251	6348.826	(8)-(10)	22.147	12	.036
(11) Sτ+Cτ+E+J+Pτ+Gτ+SC+PC	5980.716	35	.249	6291.413	(8)-(11)	7.861	3	.049
(12) Sτ+Cτ+E+J+Pτ+Gτ+SC+GC	5981.664	35	.249	6292.341	(8)-(12)	6.913	3	.075

注：S=性別，C=コーホート，E=父学歴，J=父職，P=財，G=成績，τ=閾値との交互作用（比例オッズ仮定を解除）．

ホート,財所有,成績に関して比例オッズの仮定を緩和している.

日本では,短大という女性に特化した高等教育機関があり,それゆえ四年制大学進学については近年までかなりの男女差があるなど,実際には世代による性別の格差も著しい.そこで性と出生コーホートの交互作用項を考慮してみる(モデル(8)).BIC の値は(7)より若干増加するが,尤度比検定の結果からはモデルが(7)より改善されたと見なせる.ただし(8)に他の説明変数とコーホートの交互作用項を入れた場合,父職と財所有では5%水準でモデルは改善されたとも見なせるが,実際の交互作用項の係数はほとんど有意ではなく,モデルも複雑になってしまう.そこで最終的には,性とコーホートの交互作用項のみを含むモデル(8)をもとに考察することにした.

4 分析結果

4.1 部分的比例オッズ・モデルの分析結果

表5-3がモデル(8)の分析結果で,従属変数の1と2の閾値,つまり中学と高校を分ける係数を示したものである.分析結果は,階層研究の伝統からみれば特に驚くようなものではない.高い社会経済的地位と成績をもっていることが,高校への進学を促す.なお,性とコーホートの交互作用項が入っているので,性の主効果は1948-57年生まれについての係数であり,出生コーホートの主効果は女性についてのものである.

一方**表5-4**は比例オッズの仮定を緩めた変数について,**表5-3**の高校／中学の係数の大きさとの差を示している.例えば,一般大学／短大・専門の男性については,1.606という数値が入っている.**表5-3**から,男性の高校／中学の係数は0.359だが,一般大学／短大・専門の係数は0.359+1.606=1.965と計算できる.そして**表5-4**の1.606は1%水準で有意であり,これは一般大学／短大・専門の係数が,高校／中学の係数より有意に大きいことを示している.つまり1948-57年のコーホートでは,男性の中学から高校への進学傾向が約1.431倍 ($e^{0.359}$) であったが,短大・専門より一般大学に進む傾向は約7.135 ($e^{1.965}$) 倍になった,と解釈できる.つまり進学段階が高いほど,男性優位な傾向にあると

表5-3 部分的比例オッズ順序ロジット・モデルの推定結果

	高校／中学	
	係　数	標準誤差
性別（基準・女性）		
男　性	.359	.207 +
出生コーホート（基準・1948-57）		
1958-67	1.097	.239 ***
1968-75	2.171	.331 ***
1976-83	3.234	.473 ***
父学歴（基準・専門短大以下）		
大学以上	1.042	.111 ***
父職（基準・事務：EGP III）		
専門・管理（EGP I+II）	.276	.157 +
自営（EGP IVa+b）	-.367	.163 **
ブルーカラー（EGP V+VI+VIIa）	-.475	.155 ***
農業（EGP IVc/VIIb）・不在・無回答	-.561	.161 ***
財所有	.412	.066 ***
成　績	1.066	.996 ***
交互作用項		
男性×1958-67	-.094	.198
男性×1968-75	-.214	.208
男性×1976-83	-.956	.228 ***
定数項	.661	.263 *

+ $p<.10$, * $p<.05$, ** $p<.01$, *** $p<.001$.

表5-4 部分的比例オッズ・モデルの,「高校／中学」との係数の差

	短大・専門／高校		一般大学／短大・専門		上位大学／一般大学	
	係　数	標準誤差	係　数	標準誤差	係　数	標準誤差
男　性	.122	.202	1.606	.218 ***	1.206	.283 ***
1958-67	-.807	.235 **	-1.118	.247 ***	-1.256	.335 ***
1968-75	-1.281	.326 ***	-1.846	.338 ***	-2.007	.404 ***
1976-83	-1.621	.462 ***	-1.946	.469 ***	-2.516	.525 ***
財所有	-.056	.069	-.173	.071 *	-.347	.088 ***
成　績	-.286	.105 **	-.074	.108	.214	.154

* $p<.05$, ** $p<.01$, *** $p<.001$.

いうことだ．

なお，本章が着目する成績だが，出生コーホート間に成績の影響の違いが生じるというモデル（成績と出生コーホートの交互作用項を含むモデル）は採択されていない．つまりどの世代においても，成績が1段階上昇すれば，高校への進学傾向は約2.9（$e^{1.066}$）倍となる．ただしこの傾向は，**表5-4**をみると，高校と短大の境界において若干有意に弱くなる（$e^{(1.066-0.286)}$=2.181倍．ただし係数は小さくなっても，値そのものは有意である）．

4.2 予測確率からの解釈

係数値からの解釈はやや複雑でイメージが掴みにくいので，モデル(8)の部分比例オッズ・モデルに基づいて，性・出生コーホート別に，成績によってどのような教育達成に至ったかの予測確率を計算した．予測確率の計算では，父学歴や財所有といった変数について，平均値を代入している．

教育拡大に伴い，下位の成績であっても中学にとどまる人は僅かとなり，若いコーホートでは高校と短大・専門がこの層を吸収している．ただし全体的に見て，男女とも，若いコーホートになれば成績下位層の大学進学が急激に増えているといえるような顕著な傾向は観察できない．特に1976-83年生まれの，18歳人口減少の局面に入った世代において，成績の面で大学進学が急速に容易になったといえる証拠は見出せない．

やや細かくなるが，1948-57年生まれの男性は，成績が「上位＋やや上位」の3割強が高卒にとどまっていた．同様のケースは1976-83年生まれでは2割程度に減っている．この減少分は一般大学への進学率上昇と置き換えて説明することが可能であるが，全体を通して見れば，成績下位であれば大学進学は難しく，また上位大学への進学は成績が（悪くとも）「やや上位」にいなければ，ほとんど不可能という傾向は一貫して変わっていない．上位大学に限定すれば，男性の成績と進学予測確率の関係はほとんど不変であり，むしろ18歳人口減少の局面に入った1976-83年生まれでは，（図ではわかりにくいが）すぐ上のコーホートより進学予測確率は僅かに減っている．その代わり，女性では若いコーホートほど，一般大学も上位大学も進学予測確率が増加しているのが明らかである．大学進学の傾向については，依然男女間に差はあるが，その差は縮小

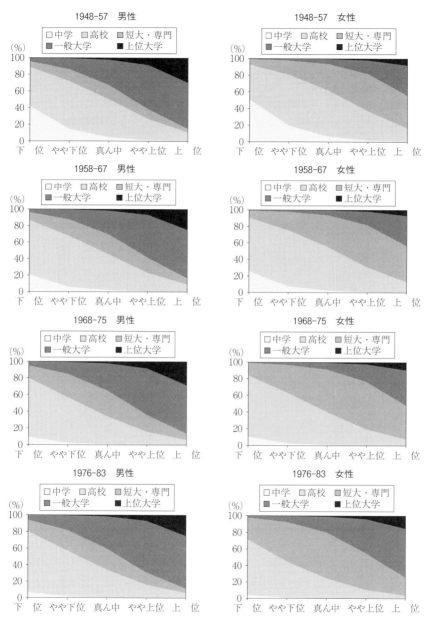

図 5-1　部分的比例オッズ・モデルから計算された教育達成の予測確率

しているといえる．

　しばしば「昔は成績が良くても大学に行かない人はいた」というような言説を耳にすることがあるが，図はある程度それを裏付けるものとなっている．実際，苅谷（1991）でも報告されているように，かつては製造業を中心に高卒でも相対的に良好な就職機会が存在し，しかも人気ある就職口では学校の成績が重視されていた．さらに女性では，1968-75 年生まれでも，上位の 4 割，やや上位の 6 割弱は短大・専門にとどまっていた（男性の場合，短大・専門は上位の 8%，やや上位の 20% に過ぎない）．しかし 1976-83 年には，女性の短大・専門は上位の 2 割，やや上位の 4 割強にまで減少し，その分大学に進学するようになったことがわかる．こうした大学進学率の上昇には，経済状況の変化により，高卒での良好な条件の就職機会が減少したことも影響している可能性はある．

　ただ全体としていえるのは，成績下位の人も大学に進学できるようになり，大学生の成績水準が低下したというより，成績上位層は「大学に行くのが当然」であるかのごとく，成績と大学進学の関係がより密接になったということではないだろうか．かつて大学進学（特に上位大学進学）の競争の場は男性優位で占められていた．男性において，特に 1976-83 年生まれのコーホート以降，大学進学率に大きな変化が認められないのに対し，女性では顕著な増加がみられるのは，少子化により相対的に拡大した大学進学の門戸に，成績下位層が入り込んできたのではなく，以前は競争から排除されていた女性の成績上位層が参入してくるようになった，という解釈のほうが実態に近いと思われる．

5　まとめと議論

　本章の知見をまとめると次のようになる．上級学校への進学は，父学歴，父職，財所有などの家庭の社会経済的要因によって，世代にかかわらず一貫して影響を受けてきた．また進学には高い成績をとることが必要条件であり，その影響の強さに大きな変化は見られなかった．特に大学以上の進学には，上位の成績を獲得していることが重要であり，18 歳人口の減少期に入ったからといって，成績下位層の大学進学が容易になったというような証拠は見出せなかった．進学率には依然男女差があるが，その差は縮まりつつある．少子化で相対的に

拡大した大学進学機会の枠は，より成績が下位の人に開かれたのではなく（つまり成績が悪くても大学に進学できるようになったというのではなく），従来大学進学者数の少なかった女性が競争に参入するようになり，上位の成績を収めた女性がその枠の多くを埋めるようになったと考えるのが合理的である．

　ここから描かれるのは，（実質面はともかく，少なくとも形式的には）学歴が相対的に重要性を増し，高学歴と上位の成績がより密接にリンクするようになった社会であろう．教育の拡大は，学校制度や学校的価値観の社会全体への浸透を促し，「優れている」とされる人材が高等教育を受けることも当然と見なされる．こうした風潮自体が，成績上位者を進学へと駆り立てる．これは一種の学校化社会のあらわれであり（Baker, 2014），社会的に重要なポジションに就くために，それにふさわしい資格があることを示す象徴としての学歴の重要性が強まることはあるだろうが，弱まることは考えにくい．もし少子化で競争参入者が減少しても，結局のところ成績上位層が自らの卓抜さを示すために，より高い学歴を得ようとする構図は変わらないし，そうした競争は消えることはない．むしろこのような競争は，男性だけではなく女性にも，そして都市から郊外へ，またより低年齢層へと波及し，社会全体に浸透してゆくことになるだろう．

　最後に本章の限界を述べる．ここでいう成績は中学校3年時のクラス内の順位で，いわば相対評価である．日常的に私たちが大学生の入学したときの学力水準を話題にする際には，思考力や知識量そのものなど，絶対的な水準に言及することが多い．この指標はそういう性質のものではないため，絶対的な水準を問題視する論者からすれば，議論と実証手続きに齟齬があると感じるかもしれない．ただし現実的に，客観的な学校在学中の成績データを入手し，コーホート間の比較をするのはほぼ不可能である．一方で数十年というスパンで見れば，科学も進歩し，学習環境も大きく変化したという現実がある．若者が以前に比較して劣っているという言説をしばしば見かけるが，環境の変化によって，現在の若者がかつての若者にない能力を身につけている部分もあるだろう．われわれは得てして，自分の経験を正当化し，「近頃の若者は」というレッテルを貼りがちだ．しかしそうした評価の多くは感覚的なものである．もちろんこの成績の指標も回顧で，主観的な評価である．回答者の現在の地位が，成績の

評価に影響を与えている可能性もある．とはいえ，自己成績評価の得点にコーホート間で有意な差はなく（分散分析の結果：$F(3, 2879)=1.23, p.=0.298$），成績のコーホート間の分布そのものが結果に影響を与えたという可能性は考えにくい．少なくとも本章の分析結果からは，少子化により大学全体が入学しやすくなり，成績要件が緩和されたと結論付ける有力な証拠は見出せなかったのも事実である．

1) 2015年1月には，文部科学省が「公立小学校・中学校の適正規模・適正配置等に関する手引」を公表した．ここでは小規模校できめ細かな教育が可能なことや，地域の多様性を尊重すべきだと述べつつ，交通機関の発達で通学条件が改善されていること，小規模校では人数が少なく社会性の育成に課題があることを根拠に，暗に小規模校の統合を促す内容となっている．
2) 文部科学省の公表するデータによれば，2012年度の入試において，国公立大学の学生はまだ7-8割程度が一般入試により入学しているが，私立大学では半分を切っている．入試倍率の低い大学ほど，推薦入試やAO入試を実施する傾向がある．
3) 進学率の上昇は，階層間の機会の格差を維持したまま進む．そして上位の階層の進学率が飽和状態（ほぼ100％）になって初めて，より下位の階層との機会の格差が縮まる，というものである（Raftery and Hout, 1993）．
4) 最低限，親と同等の地位を維持できるような職業選択を行い，教育もそれに見合った選択を行う，というものである．したがって客観的には地位の上昇が望める（進学する）選択肢があっても，そこに進んでうまくいかなくなったら，むしろ現状の地位から脱落するリスクが生じる場合には，（特に労働者階級は）あえてそのような賭けに出る選択肢ではなく，現状維持という安全な選択肢をとるだろうという合理的選択理論に基づく仮説である（Breen and Goldthorpe, 1997）．
5) この枠組みは，日本の大学入試について，筆記試験を中心とする一般入試をエリート選抜，推薦入学をマス選抜と位置付けた中村（2011）の議論とも共通する部分がある．
6) 伝統的な階層論の枠組みでいえば，専門職や管理職は社会の上層に位置すると解釈される．しかし非正規雇用の専門職や管理的な職種も珍しくない．職種を中心に階層や階級の分類を行うのは，必ずしも現実に即していないという時代に入ったのかもしれない．
7) メリトクラシーも進行しているといえず，若いコーホートほど成績の影響も弱いという．ただし成績を統制すれば，高階層の方が進学には有利である（Marks and McMillan, 2003）．
8) ブリーンらによれば，シャヴィットやブロスフェルドらの比較研究は，国により教育段階の定義，分析手法がまちまちだという問題がある．さらにデータのサ

ンプルサイズが相対的に小さいことから検出力が弱く，十分なサンプルがあれば統計的に有意になったかもしれない結果が見落とされている可能性があるという（Breen *et al.*, 2009）．
9) 進学しなかった層は，より上の教育段階におけるモデルの分析対象から除外される．
10) 比例オッズを仮定した順序ロジットは，部分的比例オッズ・モデルの特殊形であり，すべての比例オッズの制約を除いたものが一般化（generalized）順序ロジット・モデル（近藤・古田（2009）の注1では「一般化閾値モデル」）とよばれる．本章では Stata の gologit2 というコマンドを用いて分析を行っている（Williams, 2006）．
11) 5の上位大学は，歴史的背景や入試の難易度を考慮し，以下の大学とした．旧七帝大，千葉・東京工業・一橋・新潟・金沢・神戸・岡山・広島・長崎・熊本の旧官立大，筑波（東京教育）・お茶の水女子・東京外語・横浜国立・首都（都立）・大阪府立・京都府立・横浜市立・大阪市立各大学と国公立の医学部，私立の東京六大学（慶應・早稲田・明治・立教・法政），関関同立（関西・関西学院・同志社・立命館），ICU・上智・青山学院・学習院・中央・東京理科の各大学である．
12) ESSM調査では，15歳時点において，持ち家，子供部屋，学習机，応接セット，ピアノ，ビデオデッキ，電子レンジ，電話，カメラ，文学全集・図鑑，パソコン・ワープロ，クーラー・エアコン，乗用車，美術品・骨董品のそれぞれの有無を尋ねている．その有無をダミー変数化したものをもとに対応分析を行い，その結果計算された第1軸のスコアを各所有物の得点と見なし，有無に従い各サンプルについて合計点を算出する．ただしその合計点は年齢と強い相関をなす（相関係数 −0.609）ので，合計点に年齢を回帰させて，その残差を財所有スコアと見なした．これにより，財所有スコアから年齢の影響が完全に除かれる．この方法は，近藤・古田（2009）に倣ったものである．

【文献】

Alon, Sigal, 2009, "The Evolution of Class Inequality in Higher Education: Competition, Exclusion, and Adaptation," *American Sociological Review*, 74(5): 731-755.

Alon, Sigal and Marta Tienda, 2007, "Diversity, Opportunity, and the Shifting Meritocracy in Higher Education," *American Sociological Review*, 72(4): 487-511.

Baker, David P., 2014, *The Schooled Society: The Educational Transformation of Global Culture*, Stanford: Stanford University Press.

Boudon, Raymond, 1973, *L'Inégalité des Chances: La Mobilité Sociale dans les Société Industrielles*, Paris: Colin（杉本一郎・山本剛郎・草壁八郎訳，1983，『機会の不平等――産業社会における教育と社会移動』新曜社）．

Breen, Richard and John H. Goldthorpe, 1997, "Explaining Educational Differentials: Toward a Formal Rational Action Theory," *Rationality and Society*, 9(3): 275-305.

Breen, Richard, Ruud Luijkx, Walter Müller and Reinhard Pollak, 2009, "Nonpersistent Inequality in Educational Attainment: Evidence from Eight European Coun-

tries," *American Journal of Sociology*, 114(5): 1475-1521.
Brown, Phillip, 2013, "Education, Opportunity, and the Prospects for Social Mobility," *British Journal of Sociology of Education*, 34(5/6): 678-700.
Cameron, Stephen V. and James Heckman, 1998, "Life Cycle Schooling and Dynamic Selection Bias: Models and Evidence for Five Cohorts of American Males," *Journal of Political Economy*, 106: 262-333.
平沢和司, 2011, 「大学の学校歴を加味した教育・職業達成分析」石田浩・近藤博之・中尾啓子編『現代の階層社会2 階層と移動の構造』東京大学出版会, pp. 155-170.
苅谷剛彦, 1991, 『学校・職業・選抜の社会学――高卒就職の日本的メカニズム』東京大学出版会.
近藤博之・古田和久, 2009, 「教育達成の社会経済的格差――趨勢とメカニズムの分析」『社会学評論』59(4): 682-698.
Lucas, Samuel R., 2001, "Effectively Maintained Inequality: Education Transitions, Track Mobility, and Social Background Effects," *American Journal of Sociology*, 106(6): 1642-1690.
Lucas, Samuel R., 2017, "An Archaeology of Effectively Maintained Inequality Theory," *American Behavioral Scientist*, 61(1): 8-29.
Mare, Robert D., 1980, "Social Background and School Continuation Decisions," *Journal of the American Statistical Association*, 75(370): 295-305.
Mare, Robert D., 1981, "Change and Stability in Educational Stratification," *American Sociological Review*, 46(1): 72-87.
Marks, Gary N. and Julie McMillan, 2003, "Declining Inequality? The Changing Impact of Socio-Economic Background and Ability on Education in Australia," *British Journal of Sociology*, 54(4): 453-471.
McCullagh, Peter, 1980, "Regression Models for Ordinal Data," *Journal of the Royal Statistical Society, Series B (Methodological)*, 42(2): 109-142.
Mood, Carina, 2010, "Logistic Regression: Why We Cannot Do What We Think We Can Do, and What We Can Do About It," *European Sociological Review*, 26(1): 67-82.
中村高康, 2011, 『大衆化とメリトクラシー――教育選抜をめぐる試験と推薦のパラドクス』東京大学出版会.
Powers, Daniel A. and Yu Xie, 2000, *Statistical Methods for Categorical Data Analysis*, San Diego: Academic Press.
Raftery, Adrian E. and Michael Hout, 1993, "Maximally Maintained Inequality: Expansion, Reform, and Opportunity in Irish Education, 1921-75," *Sociology of Education*, 66(1): 41-62.
Shavit, Yossi and Hans-Peter Blossfeld, eds., 1993, *Persistent Inequality: Changing Educational Attainment in Thirteen Countries*, Boulder: Westview Press.

太郎丸博, 2009, 『若年非正規雇用の社会学――階層・ジェンダー・グローバル化』大阪大学出版会.
Williams, Richard, 2006, "Generalized Ordered Logit/ Partial Proportional Odds Models for Ordinal Dependent Variables," *The Stata Journal*, 6(1): 58-82.

6章
世帯所得・親学歴と子どもの大学進学

平沢　和司

1　大学進学を制約している経済的背景

　近年，大学志願者数と入学者数がかなり近づいている．図6-1は，18歳人口が戦後1回目のピークを迎えた1966年，2回目の1992年，その間に底を打った1976年，私立大学の定員未充足校が増え始めた1999年，および本章の分析対象者に該当する2011年に関して，高卒者数・大学志願者数・入学者数・入学定員の推移を示したものである．1992年以降の約20年間に着目すると，18歳人口が減少の一途をたどる一方で，大学入学定員は一貫して増加している．国立大学は1990年代初頭のいわゆる臨時定員増を数年後に解消したが，私立大学の拡大はそれを補って余りある．その結果，2011年には大学志願者数67.5万人に対して入学者数は61.3万人で，その比を収容力とすれば90.8％に達している．

　したがって大学を選り好みせずに単純に需給関係だけから考えれば，大学進学は以前に比べて容易になったといえる．それは志願者数と入学者数の差が37.8万人もあり，収容力が58.9％に過ぎなかった1992年と比較すれば一目瞭然である．こうした状況を反映して，入学試験における学力による選考が実質的に機能していない大学が広範に存在すると考えられる．学力に影響するとされる出身家庭の文化的背景は，進学障壁の要因としてひとまず背後に退いたといってよいだろう．

　しかし急いで付け加えなければならないが，だからといって若者がみな大学に進学するようになったわけではない．3割弱が専門学校や短大といった短期

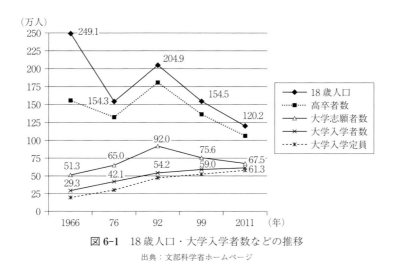

図 6-1 　18 歳人口・大学入学者数などの推移
出典：文部科学省ホームページ

中等後教育を受けている事実を見落としてはいけないが，男女あわせた四年制大学への進学率は 50% を超えたばかりである．もちろんこれらは自発的な選択の結果である可能性もある．しかし中学 3 年生の 3 人に 2 人が大学進学を希望しているという調査結果（平沢，2012）からすれば，一部の家庭出身者は何らかの制度的な不備や自己選抜によって，学力による障壁がかなり除去されたにもかかわらず大学への進学が制約されていると考えられる．その要因としてあらためて注目されるのが，出身家庭の経済的背景である．過去 20 年間の大学拡張のほとんどすべてが私立大学によって担われた日本では，高等教育にかかる費用の家計による私的負担が先進国のなかでとくに大きい．

　もっとも，出身家庭の経済的背景が大学進学に影響していることはほぼ明らかであり，それを検証しても目新しさはない．したがって検討すべきなのは，家庭の文化的背景と経済的背景がどのように組み合わさって大学進学へ影響しているかである．前者が両親の学歴で，後者が世帯所得で測定されるとみなすとき，これまでくりかえし指摘されるように親の学歴（や職業）こそが重要で，それらを統制すれば出身家庭の世帯所得は大学進学にあまり関係ないのだろうか．それとも高学歴でかつ高所得の親など，恵まれた条件が重なった家庭で育った子どもは，進学にとくに有利なのだろうか．本章ではこうした問題関心か

ら，2002年以降に18歳になった若年層を対象に，ひとり親や低所得層を含めて，子どもの学歴に影響を与えている要因を親学歴と世帯所得を中心に検討する．そこから，親の学歴が低く世帯所得も低い家庭出身の子どもの大学進学は，かなり厳しい状況が浮かびあがってくるだろう．

2 進学時の世帯所得を把握する方法

2.1 既存研究

　出身家庭の世帯所得が大学進学に影響する点を直接確かめた研究は，日本では意外に少ない．その最大の理由は，大学進学を控えた時期の親の所得を正確に把握することが難しいという方法論上の問題にある．進学費用を本人ではなく親が負担することの多い日本では，親所得の把握は必須である．けれども，成人を対象とするクロスセクショナルな調査で「あなたが大学に進学したころの親の所得を教えてください」と回顧的に尋ねてみても，正確に答えられる対象者はほとんどいない．そこでSSM調査（社会階層と社会移動全国調査）のように15歳時の主観的な暮らし向きを5段階で代わりに答えてもらうことが行われている．それでも有用な情報は得られるが，具体的な額まではわからない．

　この問題に対して既存研究はどう対処してきたのであろうか．ひとつは親を対象にパネル調査を行い，毎年の所得とともに子どもの進学状況を尋ねることである．結果が出るまでに時間がかかるのとさまざまなコストが高いという難点はあるものの，これがもっとも確実な方法である．本章のテーマについて海外ではパネルデータの利用が当たり前になっている（たとえばBlanden and Gregg, 2004参照）．それに対して日本では，残念ながら本格的なパネル調査は始まったばかりである．たとえば東京大学社会科学研究所が行うJLPS若年・壮年パネル調査は，対象者が2007年に20-40歳の男女なので，その子どもの多くが大学進学時期を迎えるにはもう少し時間がかかる．同研究所のJLPS-H高校生パネル調査は2004年3月に高校を卒業した者を対象としている．保護者票で世帯所得を尋ねており，本章にとっても有用であるが，出生コーホートが1年に限られている．同様に東京大学大学経営・政策研究センター（2009）

が行っているパネル調査も，2006年3月に高校を卒業した者だけが対象になっている．それによれば両親年収と四年制大学進学は線形の関係があることが明瞭に示されている．また藤村（2009）は同データを用いて，親学歴と学力などを統制しても所得による大学進学への効果を確認している．本章の問題関心に近くきわめて示唆に富む分析がなされているものの，もう少し幅広いコーホートについても知りたいところである．

　もうひとつはクロスセクショナルな調査を組み合わせて，親の予測所得を推計することである．具体的には，分析するデータとは原則として別のデータで，教育達成を分析したい子どもの父親と同世代の者の所得を，年齢・学歴・職業・役職などに回帰させていわゆるミンサー型の所得関数を求める．つぎに分析するデータで，子どもの親の属性をさきの所得関数へ代入して，父親の予測所得を求める．こうすれば子どもの進学時の父の所得が直接測定できなくても，親の所得別に子どもの進学率を求めることができる．1990年代以降に家庭の経済状況による大学進学格差が拡大していることを指摘した近藤（2001）は，親の予測所得を用いてそれと大学進学機会との関連を近藤（2005）で検証している．同様の方法で尾嶋（2008）は，父世代としてSSM1965, 75, 85, 95データから所得関数を推計し，1947-1976年生まれの子どもが15歳のときの父所得を求め，子どもの教育年数との連関を分析している．それによれば，男性は1960年生まれにかけて父所得との連関が弱まり平等化したもののそれ以降は相関係数で0.4程度を維持していること，女性は1950年代後半生まれまでは不平等化，1970年生まれまでは平等化，それ以降はふたたび不平等化し相関係数で0.4程度となっていることが示されている．

　吉田（2011）は，父世代として尾嶋（2008）と同じデータから所得関数を推計し，SSM1985, 95, 2005データに含まれる子どもの父所得を予測している．同論文のおもな関心は，父と息子の間の所得の相関にあるものの，父所得別に子どもの大学進学率（短大・高専を含む）を推計している．それによればもっとも若いコーホート（1966-75年生まれ）の男子大学進学率は，父所得4分位の上から順におよそ66%，41%，30%，21%であった（吉田（2011）の図2の数値を筆者が読み取った）．こうした趨勢はより年長の3つのコーホートと基本的に変わっていないことも示されている．世帯所得を用いる本章とは異なり，父

の個人所得別の推計ではあるが，出身家庭の経済状況が高等教育への進学に明らかに影響していることを示す結果である．

2.2　本研究での考え方

　親の予測所得を用いる方法は，分析対象者のコーホートを広く取れる点で魅力的である．親所得が子どもの学歴に与える影響の変化を捉えるには，パネルデータの蓄積が少ない日本の現状では，この方法が最善であろう．けれどもおもな問題関心が，親の学歴や職業を統制した後の世帯所得が子どもの学歴に与える影響である場合には，残念ながらこの方法を用いることができない．なぜなら回帰式を用いて親所得を予測する段階で親学歴と職業をすでに使ってしまっており，親所得と親学歴・職業は完全に相関しているからである．これではそれらを統制したことにはならない．

　そこで本章では，調査対象者の調査時の世帯所得を用いることにした．拍子抜けするほど単純な方法だが，それなりにメリットがある．図 6-2 に示したとおり，多くの既存研究では調査対象者本人の学歴を従属変数に，その親の所得を（予測するなどして）独立変数としてきた．このいわゆる後向き分析に対して，本章で用いる 2013 年 ESSM（教育・社会階層・社会移動全国）調査データでは前向き分析，すなわち調査対象者の所得を独立変数に，その子ども 3 人までの学歴を従属変数にした分析が可能なように設計されている[1]．本章では後者を用いるが，それは特定の子ども 1 人だけではなく，きょうだいを通して家族を単位とする分析が行えることを意味する．出身階層と学歴の関連を，こうしたかたちで分析できるデータは意外と少ない[2]．

　本データでも親所得と親学歴にとうぜん相関があるだろうが，それは別個に測定した結果であるから，予測所得のような問題はない．けれども別の問題が生じる．本データでわかっているのはあくまでも調査時の所得である．そのため，多くの対象者で従属変数である子どもの大学進学（の時期）が，独立変数である親所得（の測定時期）より時間的に先行してしまう．これは時間順序によって因果の方向を判断する原則に反している．

　しかし，時間順序の逆転は致命的な問題ではないとここでは考える．そもそも進学時の所得と一口に言っても，それはいつの所得のことなのであろうか．

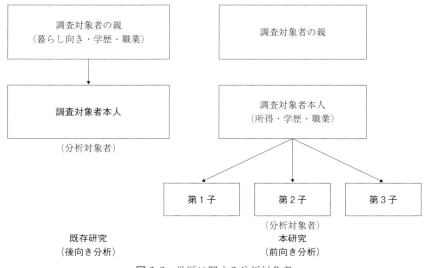

図 6-2 学歴に関する分析対象者

大学進学の意思決定をした時期であれば個人によって開きがあるだろうし，進学直前であれば 17-18 歳，高等教育を受けている数年間であれば 22 歳くらいまでが該当する．しかも多くの世帯では複数の子どもがおり，その平均出生間隔は約 3 年であるから，特定の子どもの特定の時期の世帯所得だけに特別な意味があるとは考えにくい．したがって長子が 15 歳くらいから，最長で末子が最後の学校を卒業する 18-22 歳くらいまでの数年間の当該家庭の経済状況という構成概念をまず措定し，それを特定の時期の世帯所得で測定していると想定しても，それほど無理はないだろう．

ただし留意すべき点がもちろんある．第 1 に，子どもの進学時期が調査時点（2013 年）から大きく乖離するのは望ましくない．他方で調査年に進学した子どもだけに限定すると，対象者が著しく少なくなるうえに，きょうだいの進学状況を加味できる本データの強みが活かせない．そこで第 3 節で詳述するように，調査時に 19-29 歳であった子どもを分析対象とした．子どもの大学進学時期は尋ねていないため正確にはわからないものの，年齢から判断すれば調査時点より最長で 10 年以内ということになる．

第 2 に，対象者の所得は年次によって変化することが多いだろう．正規雇用

された男性であれば，55歳前後をピークとする賃金プロファイルが想定される．したがって調査時点の個人所得や世帯所得の額をそのまま分析に投入することはさすがに憚られる．そこで世帯所得を4区分（詳細は後述）して用いることにした．これは調査時の所得と子どもの進学時期の所得が同じ区分に属している，と仮定していることにほかならない．もちろんこの仮定が一部の対象者では成り立たないであろうから，区分の一部を重複させて進学率を求めるなどの方策を考えたが，今回はこのまま分析を進める．言い訳ではあるが，親の予測所得においても「学歴と職業などから所得が一義的に予測できる」というかなり強い仮定をおいている．それゆえ本章での仮定も，1つの試みとしては許されるだろう．

第3に，世帯所得としては恒常所得を測定することが望ましい．ここでの恒常所得とは，測定された所得から臨時的所得である変動所得を差し引いた定期的に得られることが期待される所得を指す．とくに60歳前後の定年による退職金や，退職に伴う所得の急減の影響は除くべきである．しかし実際に測定されている所得が恒常所得かどうかは，残念ながら正確にはわからない．他方で傍証にすぎないが，分析対象の子どもの進学時期に当たる2002-2013年の消費者物価はきわめて安定的に推移していた[3]．また児童のいる世帯の平均所得も2010年と2012年をのぞいて700万円前後で，ほとんど変化していない[4]．このように本研究にはいくつかの仮定と制約があるものの，所得が進学に与える影響に関しては未知な部分が残されているので，データによる分析を始める．

3 データと分析対象者

データは2013年ESSM調査から得られた．分析対象者は，**図6-2**に示したとおり，調査対象者の子どもであり，そのうち1984-1994年生まれ（2002-2012年に18歳になり，2013年調査時に19-29歳）で，世帯所得・きょうだい数・性別・学歴が有効な1,015人（以下，対象子という）である．より正確には，調査対象者の子どもがひとり（独子）の場合はその対象子が，2人の場合は2人とも，3人以上の場合は少なくとも2人が調査時に19-29歳である家族と子どもを，分析対象とした[5]．できるだけ多くの対象子を確保するために，浪人中の

子どもがいる可能性があるものの，年齢の下限を 19 歳とした．対象子が 1 人の家族は 84, 2 人は 338, 3 人は 85 なので，家族数の合計（つまり調査対象者数）は 507（以下，対象家族という）である．対象家族にはひとり親も含まれている．以下では対象子を単位とした集計と，対象家族を単位とした集計があるので，図表の注記などに留意してほしい．

4 分　析

4.1　変数と基礎統計量

子どもの学歴・教育年数　調査対象者の子ども上位 3 人までの対象子の学歴について，中学の教育年数は 9（1,015 人の 1.7％），高校は 12（24.1％），専門学校・高専・短大は 14（24.8％），大学は 16（45.9％），大学院は 18（3.4％）とした．「その他」を選択し具体的な記述があるケースはできるだけ該当する学歴を確定したが，不明な場合は無効とした．それぞれの学歴には，中退者と在籍者も含まれているが，教育達成を従属変数とする本章では問題ない．カテゴリカルな学歴としての大学進学率には大学院進学者を含む．

世帯所得　調査票での質問文は，「過去 1 年間の収入についてお聞きします．あなた個人，配偶者（あなたの夫または妻），あなたのお宅（生計を同一にする家族）全体の収入は税込みでそれぞれどのくらいでしょうか．臨時収入，副収入もふくめてお答えください」で，「収入なし」「年収 50 万円未満」「年収 50-100 万円未満」〜「年収 2,000 万円以上」「わからない」の 16 の選択肢からそれぞれ 1 つを選択してもらった．このうち「お宅全体」を世帯所得とした．税込みなので世帯収入と言うべきかもしれないが，ここでは世帯所得とする．数値化する場合は，選択肢の中央値を用いた（50 万円未満は 25 万円，2,000 万円以上は 2,000 万円）．ただし，「お宅全体」を回答していないか「わからない」を選択した場合は，「あなた」と「配偶者」の所得を用いて世帯所得を算出した[6]．

　こうして求めた世帯所得を**表 6-1** のとおり 4 つに分けた．選択肢のカテゴリーがそれほど細かくないため，（均等な）4 分位になっていない．とくに表中の第 1 区分の比率が 16％と低いが，この階級の最頻値は 300 万円で，子どものい

表 6-1 世帯所得の分布

	対象子	対象家族
1. 375 万円以下	164 (16.2%)	84 (16.6%)
2. 400-675 万円	283 (27.9%)	144 (28.4%)
3. 700-925 万円	317 (31.2%)	160 (31.6%)
4. 1,125 万円以上	251 (24.7%)	119 (23.5%)
計	1,015 人	507 家族

る世帯のなかでもとくに低所得層に位置づけられる．また，第3区分の最高額は925万円（調査票の選択肢は「年収850-1,000万円未満」），第4区分の最低額は1,125万円（「1,000-1,250万円未満」）でやや離れている．

　出身家庭の経済的な背景として，フローである所得のほか預貯金・不動産などのストックとしての資産が重要であることは間違いないが，尋ねていないため分析に組み込めない．また調査時点での同居世帯人数がわかるので，等価所得を求めることはいちおう可能であるが，今回は世帯所得の区分が大括りのため行わなかった．

父母学歴　調査対象者と配偶者の学歴から，対象子の父と母の学歴を確定（中退と卒業は区別できない）し，「父母とも中卒か高卒」（507家族の33.7%），「父か母が短大・高専・専門学校卒」（23.7%），「父か母が大学・大学院卒（以下，大卒）」（31.6%），「父母とも大卒」（11.0%）に4区分した．父母いずれかの学歴が不明，およびひとり親の場合は，最後の組み合わせ以外のいずれかに分類した．

父　職　調査対象者と配偶者の現職（オープンアンサー）を，SSM職業大分類にしたがって分類したうえで，対象子の父親の現職を確定し，「専門職または管理職」（507家族の30.6%）とそれ以外に分けた．父職が不明や無回答および不在の場合は専門・管理以外に含めた．父職が専門・管理であると子どもの大学入学率が顕著に高いため，この2分法とした．SSM職業小分類でもコード化してあるので職業威信スコアを用いることも可能であるが，職業不明者もいるため上記の通りとした．

きょうだい数　対象家族の子ども数であり，対象子のきょうだい数でもある．1人（507家族の16.6%），2人（47.3%），3人（32.7%）はそのまま，4人以上（3.4%）は一律に4を与えて量的変数として扱った．

家族構造　ふたり親（507家族の88.4％）とひとり親（11.6％，59家族）に分けた．ひとり親は子どもからみて父不在（8.1％）と母不在（3.6％）から成り，子どもの学歴も傾向がやや異なるが，ケース数が少ないためやむを得ず分けずに分析した．

居住地　大学が多く立地する「大都市」（507家族の21.3％）とそれ以外に分けた．大都市とは標本抽出における4つの層のひとつ（ほかの層は人口10万人以上の市，10万人未満の市，町村）で，具体的には東京都区部と，札幌市，仙台市など20市を指す．

機会平等に関する認識　「大学教育を受ける機会は，貧富の差に関係なく平等に与えられている」について，「1 そう思う」「2 どちらかといえばそう思う」「3 どちらかといえばそう思わない」「4 そう思わない」「5 わからない」の3と4を併合して，5と無回答の計28名をのぞく479人における比率を示した．なお，認識に関しては対象者本人のみに尋ねた質問なので，子どもからみると父か母のいずれかが答えていることになる．

教育に関する認識　「あなたのお子さん」に関して「できるだけ高い教育を受けさせたいと思う（思っていた）」について，「1 かなりあてはまる」「2 ある程度あてはまる」「3 あまりあてはまらない」「4 あてはまらない」の1と2を併合して無回答の5名をのぞく502人における比率を示した．

4.2　世帯所得別の大学進学率

最初に家族の括りを考慮せずに対象子をプールして世帯所得別・男女別に学歴分布を示したのが表6-2である．もっとも右の列に着目すると，男女とも世帯所得が高い層ほど，大学・大学院進学者の比率が高くなっている[7]．世帯所得が375万円以下でも，男子で36.3％，女子で21.9％が大学（院）に進学しているとはいえ，女子ではすぐ上位の400-675万円の35.1％と開きがある．また世帯所得が375万以下の家庭出身の女子は専門学校への進学率が高く，彼女らにとって短大や大学に代わる中等後教育機関となっていることが示唆される．

周知の通り男女間で学歴に差異があり表6-2にもそれが表れている．しかしその違いはかつてに比べれば縮小しており，また本章のおもな照準が大学進学に絞られているので，以下では男女を分けずに大学進学率を提示し，必要に応

表 6-2 世帯所得別対象子の学歴 (%)

	中学・高校	専門学校	短大・高専	大学・大学院
男 子				
375万円以下	42.9	15.4	5.5	36.3
400-675万円	35.6	16.1	2.0	46.3
700-925万円	20.5	15.2	2.6	61.6
1,125万円以上	18.9	8.4	2.1	70.6
計（534人）	28.1	13.7	2.8	55.4
女 子				
375万円以下	39.7	32.9	5.5	21.9
400-675万円	29.1	23.9	11.9	35.1
700-925万円	18.1	20.5	12.0	49.4
1,125万円以上	13.0	17.6	13.9	55.6
計（481人）	23.3	22.7	11.4	42.6

注：集計は対象子単位．数値は世帯所得ごとの比率．

じて男女差に言及する．図6-3は，第1節での問題関心にしたがって，父母学歴と世帯所得を同時に考慮して大学進学率を示した．たとえば図の左下24.7%は，「父母とも中卒か高卒」でかつ「世帯所得が375万円以下」の家族出身者のなかで大学に進学した者の比率を表している．各点を上下に見比べれば，どの所得階級であっても，父母学歴が高い家族出身者ほど大学進学率が高い．つぎに各線ごとに左右に見比べると，興味深いのは，父か母が大卒であっても世帯所得が375万円以下だと，進学率が43.2%に急落していることである．図には示されていないが，女子は33.3%と400万円以上より25ポイントも低い．他方で，父母とも中卒か高卒であっても1,125万円以上の家庭では，大学進学率が4割を越えている．ただし女子は1,125万位円以上でも30.0%と低い（図には示されていない）．全体として父母学歴が子どもの大学進学に影響していることは間違いないものの，各線が基本的には右上がりになっているので，世帯所得もまた進学に影響しているといえる．

図6-3は後の回帰分析に備えて対象子を単位に作成しているので，きょうだいがいる場合，同じ親が二重または三重に数えられている．そこで今度は家族を単位に同様の方法で大学進学率を示したのが図6-4と図6-5である．図6-4は独子を含めて少なくとも子ども1人が，図6-5はきょうだいのいる家族に限って少なくとも2人が，大学進学している家族の比率をそれぞれ求めたものである．図6-4の進学率が全体に高いように思うかもしれないが，すべての家族

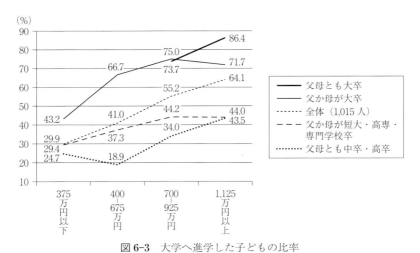

図 6-3　大学へ進学した子どもの比率

注：集計は対象子単位．数値は父母学歴と世帯所得の組み合わせごとの比率．父母とも大卒で375万円以下は該当家族なし，400-675万円は分母が10ケース以下なので比率を提示していない．

に満遍なく大学進学した子どもがいるわけではなく，子どもが2人以上の家族ではひとりでも大学に進学していればこれに該当することを考慮すれば理解しやすいだろう．全体として図 6-4 はほぼ図 6-3 と同様の傾向を捉えているものの，「父母とも大卒」と「父か母が大卒」の家庭出身者の進学率が，世帯所得375万円以下をのぞいてほぼ9割と際立って高いことが注目される．

ただし，子ども2人を大学進学させるとなると話は違ってくる．父か母が大卒であっても世帯所得が375万円以下の家族では，進学率が低くなっている．やはり子どもを2人そろって大学へ通わせるのは経済的な負担が大きく，たとえ教育熱心であっても無い袖は振れないということであろうか．同時に，父母学歴が低くても世帯所得が700万円以上では，少なくとも1人が大学進学した家族の比率（図 6-4）はそれなりに高いが，2人以上進学（図 6-5）となると，両親の学歴が高い家族との違いが際立っている．生活に余裕があっても子どもすべてをどうしても進学させたいわけではなさそうだ．これは低所得層で子どもの進学が制約されているのとは異なり，親や子が学歴を選択していることを示唆する．

このように同じ親のもとで育った子ども3人までの学歴を直接比較できるデ

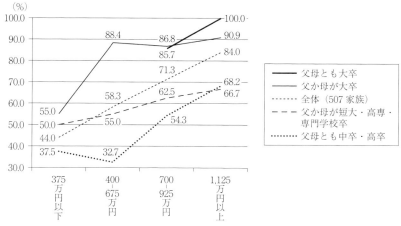

図 6-4 少なくとも子ども 1 人が大学へ進学した家族の比率

注：集計は対象家族単位．独子を含む．数値は父母学歴と世帯所得の組み合わせごとの比率．一部の組み合わせの数値が未記入の理由は図 6-3 と同じ．

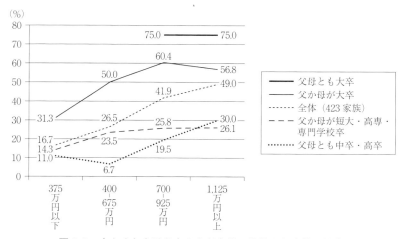

図 6-5 少なくとも子ども 2 人が大学へ進学した家族の比率

注：集計は対象家族単位．数値は父母学歴と世帯所得の組み合わせごとの比率．一部の組み合わせの数値が未記入の理由は図 6-3 と同じ．

6 章　世帯所得・親学歴と子どもの大学進学　　119

ータを用いると，父母学歴を統制しても世帯所得が大学進学に影響している状況を，リアリティをもって探ることができる．なかば当然とはいえ，家族の違いが子どもの学歴に影響しているということである．したがって以下で子どもをプールして多変量解析を行う際には，家族という括りを考慮する必要がある．

4.3 マルチレベル分析の結果

そこで子どもの学歴を従属変数とする回帰分析ではマルチレベルモデルを試してみた．独立変数のうち，家族内における子どもひとりひとりの特性を表す変数（性別，出生順位，出生年）が対象子レベル，きょうだいに共通の変数（世帯所得，父母学歴，父職業，きょうだい数，ふたり親かひとり親か，居住地）が対象家族レベルに位置づけられる．ただしほとんどの家族で子どもは 2 人か 3 人なので，言い換えれば（家族数は多いものの）家族内の人数はきわめて少ないので，ランダム係数モデルの推定には無理がある．そのため切片だけに変量効果を仮定するランダム切片モデルでパラメータを推定した．分析対象子には独子をふくみ，推定は ML で行った．

なお，大学に進学したかどうかを従属変数とする場合，2 項ロジスティック回帰分析か，学歴をたとえば 3 段階に分けて順序ロジット分析を行うのが定石である．しかしこれらは進学オッズの対数が従属変数となるため，回帰係数の正負は明快だが大きさが直観的に理解しにくい．さらにマルチレベルモデルでは推定方法によって結果が変わるばあいがある．そこで本章ではわかりやすさを優先して，従属変数である学歴を教育年数に変換して回帰分析をおこなった．こうすれば非標準解の回帰係数から教育年数への影響をイメージしやすくなる．

表 6-3 のモデル 1 は独立変数に切片のみを投入したモデルである．そこで算出される ICC（誤差分散の総和に占める対象家族レベルの誤差分散の割合から求められる級内相関係数）は 0.475（= 1.691/1.691+1.871）と高い．つまり同じ親のもとで育ったきょうだいの学歴は似る傾向があり，標本間の独立が成り立たない．

そこで以下ではマルチレベルモデルでの結果を示す．本章で想定する因果モデルは**図 6-6** のとおりなので，おもな独立変数のうち，因果順序が従属変数にもっとも近い世帯所得の効果が擬似的でないかどうかを，交絡が疑われる変数を順次追加しながら確かめてみる．モデル 2 はまず世帯所得だけを投入したモ

表6-3 子どもの教育年数を従属変数とする回帰分析

	モデル1	モデル2	モデル3	モデル4	モデル5
固定効果					
切　片	14.520 ***	15.080 ***	16.558 ***	16.583 ***	16.853 ***
(対象家族レベル)					
世帯所得　375万円以下		-1.473 ***	-.896 ***	-.839 ***	-.739 **
400-675万円		-.800 ***	-.429 *	-.377 *	-.309 †
700-925万円		-.306	-.090	-.063	-.033
1,125万円以上		0	0	0	0
学　歴　父母とも中卒・高卒			-1.732 ***	-1.650 ***	-1.583 ***
父か母が短大・高専・専門学校卒			-1.214 ***	-1.143 ***	-1.099 ***
父か母が大卒			-.339	-.305	-.285
父母とも大卒			0	0	0
父　職　専門管理職以外				-.156	-.135
専門管理職				0	0
子ども数（＝きょうだい数）			-.280 **	-.283 **	-.268 **
家族構造　ひとり親					-.432 *
ふたり親					0
居住地　大都市以外					-.448 *
大都市					0
(対象子レベル)					
子どもの性別　女　子			-.247 **	-.249 **	-.246 **
男　子			0	0	0
変量効果					
対象家族レベルの分散成分	1.691 ***	1.420 ***	.958 ***	.955 ***	.894 ***
対象子レベルの分散成分	1.871 ***	1.883 ***	1.879 ***	1.879 ***	1.888 ***
パラメータ数	3	6	11	12	14
-2LL	4030.713	3981.381	3871.875	3866.248	3858.587
ケース数（対象家族レベル）	507	507	507	507	507
ケース数（対象子レベル）	1,015	1,015	1,015	1,015	1,015

*** $p<.001$,　** $p<.01$,　* $p<.05$,　† $p<.10$

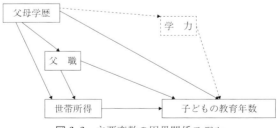

図6-6　主要変数の因果関係モデル

デルである．375 万円以下の家庭出身者は，400 万円以上より学歴が有意に低いことをあらかじめ確かめたので，表中での基準カテゴリーはあえて 1,125 万円以上にしてある．こうすることで世帯所得がどの階級まで下がると学歴に有意な影響を与えるかがわかる．このあと投入する独立変数についても同じ理由から，高い学歴の取得にとって（もっとも）有利と考えられるカテゴリーを基準にした．その結果，世帯所得が 1,125 万円以上と 700-925 万円では有意な差はないものの，それ以下になると明らかに教育年数が短くなる（以下，学歴が低い，ともいう）ことが明らかになった．

注目されるのは，その効果が他の変数を統制しても有意かどうかである．モデル 3 は，モデル 2 に父母学歴，きょうだい数，子どもの性別を加えた．周知のとおり，父母の学歴が低く，きょうだい数が多く，男子に比べて女子のほうが，学歴が低い．「父母とも大卒」と「父か母が大卒」である子どもの教育年数に有意な差はないが，「父か母が短大・高専・専門学校卒」であると平均して 1.2 年，「父母とも中卒か高卒」であると 1.7 年も短くなる．

けれども，それらの影響を統制しても世帯所得が低いほど子どもの学歴が低くなる傾向は維持されていた．モデル 2 と同様に，世帯所得は 1,125 万円以上に比べて，400-675 万円であっても 0.4 年，375 万円以下だと 0.9 年短くなることが示されている．表中の係数は非標準解であり，各独立変数の分散は揃えられていないため厳密ではないものの，きょうだい数をのぞいていずれもダミー変数なので，独立変数の影響の程度をおおまかに比較しても許されるだろう．その結果，世帯所得は父母学歴ほどではないものの，無視できない影響を与えていることがわかる．

他方で，父母の学歴が低く世帯所得も低い子どもは，学歴取得の不利さが増幅されるのかを確かめるため，両者の交互作用項をモデル 3 に追加してみたが，有意なカテゴリーの組み合わせはなかった．したがって父母学歴と世帯所得はそれぞれ教育年数に影響している（にとどまる）と考えられる．また，対象子のコーホートで大学進学率が上昇しているのでその影響を統制するために子どもの年齢を，後に生まれたきょうだいは教育年数が短いとの報告を踏まえて出生順位を，モデル 3 に追加してみた．しかしいずれも有意な効果が認められなかった．そこでそれらを投入せずに得られた結果を示した[8]．

モデル4では，モデル3にさらに父職を加えたが，父職が有意な影響を与えていないほかは，モデル3と基本的に同じ結果であった．父職が有意な効果をもたないことを意外に思うかもしれないが，さきに示した図6-6の因果モデルを想定すれば不思議ではない．つまり回帰分析は（パス解析と異なって）父職から子ども学歴への直接効果だけを推定するので有意な影響がないようにみえるが，父職は家計所得を媒介として間接的に子ども学歴に影響しているということである．

モデル5は，モデル4に父母の有無と居住地を加えたものである．図6-7から予想されるとおり，ひとり親家庭の出身であると学歴が有意に低くなる．ただしこれは世帯所得，父母学歴および父職などを統制した後の効果であるから，その理由を貧困や親が教育に熱心でないことだけに求めることはできない[9]．またここでの居住地はあくまでも調査時点の情報なので，子どもの進路に影響したとは言いきれないが，地域は進路を制約する無視できない要因なので投入したところ，やはり大都市居住者が有利であった．

5 結論と議論

以上の分析から言えることは，1984-1994年生まれ（2002-2012年に18歳になり，2013年調査時に19-29歳）の若年層に関して，父母学歴が直接的あるいは間接的に子どもの学歴に相対的に強い効果を有しているが，同時に世帯所得もまた子どもの学歴に影響を与えているということである．より具体的には両親がいずれも大卒でないと，また世帯所得が700万円以下だと子どもの学歴が低い．

もちろんすでに断ったように本章での世帯所得の把握にはいくつかの課題があり，学歴に影響を与える重要な変数である学力がモデルに組み込まれていないという限界があるので断言は慎むべきである．しかし，ここでの分析が正しいと仮定したとき，父母学歴や世帯所得の学歴への効果とは何を意味しているのであろうか．仮に（図6-6の破線で示したように）学力をモデルに組み込めば，父母学歴から子どもの教育年数への係数は小さくなるであろうが，学力を媒介とした間接効果は残る可能性が高い．また子どもの教育に関する親の考え方を

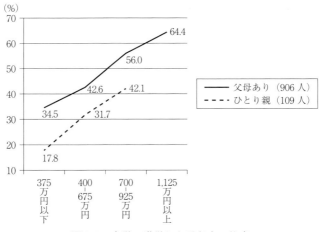

図 6-7　大学へ進学した子どもの比率

注：集計は対象子単位．数値は父母有無と世帯所得の組み合わせごとの比率．ひとり親
　　で 1,125 万円以上は分母が 10 ケース以下なので比率を提示していない．

モデル 4 に加えても，父母学歴からの係数は有意なままである（結果は省略[10]）．したがってそれらを統制しても残る父母学歴からの直接効果は，たとえば大学進学を当然と思わせる家庭の雰囲気といったものを意味していると推測される．

　他方，世帯所得から子どもの教育年数への効果には，通塾などの学校外教育への投資による学力の増進といった意味も多少はあるだろう．しかし世帯所得が調査時点の値であることを考慮すると，それよりは所得の多い家庭のほうが大学などの高等教育にかかる直接的な費用，その間の放棄所得などの間接的な費用，および長期的な投資を選好する経済的余裕を意味していると素直に解釈したほうがよいと考えられる．

　以上の結論は常識的であり容易に予想できるものであるとはいえ，あらたに見えてきたこともある．あらためて図 6-4 と図 6-5 を見直すと，父母がいずれも大卒でなく世帯所得が 375 万円以下の家庭出身者の大学進学率が際立って低いことに気づく．仮に本章から政策的な含意を引き出すとすれば，進学のための何らかの公的な支援を行う場合，こうした家族（出身者）を最優先すべきだということである．他方で，父か母が大卒であると，世帯所得が 400-675 万円という子どものいる世帯のなかでは平均以下の収入であっても，おそらく無理

をして子どもを大学へ進学させている状況が垣間見える．したがって，こうした家族を支援しても，すでに進学率が高い以上，進学率を顕著に高める効果は期待できない．もちろん子ども1人だけが大学進学していたのが2人になるという効果はあるだろうから，支援を否定するものではないが，むしろそれより優先順位が高いのは，同じ所得階級であっても父母とも学歴の低い家族である．

したがって能力のある子どもに高等教育の機会を平等に実現するには，世帯所得だけではなく父母学歴といった他の属性を考慮して支援の対象を決めたほうが，より少ない費用で実質的な支援を実現できるはずだ．しかしそれを実際に行おうとすればさまざまな反発や実務上の困難に直面するに違いない．また家族という私的な領域への過度な介入は避けるべきである．それゆえ実際には世帯所得（や学力）に応じて，家族か子ども個人に資金的な支援を行うことになるのだろう．とはいえ，何に着目して支援の対象を選択するかは，機会の平等とはどういう状態かを吟味することにほかならず，一種の思考実験としてさらに検討する必要がある．

最後に，高い学歴が望ましいという前提を本章から感じ取ったとすれば，それは本意ではない．そもそもすべての子どもが大学へ進学することが，本人や社会にとって本当に望ましいかどうかは熟慮すべき問題である．学歴が低くても最終的に恵まれた地位に就く経路は存在する．そうした多様なライフコース（を選択できる自由）と，本章で論じたような高等教育を受ける機会の制約について，どちらか一方ではなく双方を視野に収めたさらなる研究が望まれる[11]．

1) 調査対象者の教育達成を従属変数にする場合，若年層の回収率が一般に低いため，分析対象の標本が偏る可能性がある．それに対して本章では，回収率の比較的高い壮年層の子どもの学歴を従属変数にしているので，標本の偏りがいくらか小さいと考えられる．ただし無作為抽出されているのは，子どもではなく親である点に留意する必要がある．
2) 本データの構造にもっとも近いのは1998年・2003年・2008年NFRJ（全国家族調査）データで，子どもの学歴も上位3人までわかる．他方で，1985年・1995年・2005年SSM（社会階層と社会移動全国調査）データでは調査対象者の子どもの学歴が調べられてはいるもののひとりひとりの性別・年齢・学歴を完全には特定できない．ただし2015年調査では子ども上位4人まで学歴を尋ねている．それを用いた分析結果は注11)を参照．
3) 総務省統計局（2014）の「Ⅰ 平成25年平均消費者物価指数の動向」の「表3

10 大費目別年平均の指数及び前年比」で総合の指数は，2010 年を 100 として 2002 年は 101.0，2013 年は 100.0 であった．
4) 厚生労働省（2014）の「各種世帯別にみた 1 世帯あたりの平均所得金額の年次推移」の表中で「児童のいる世帯」による．
5) したがって子どもが 2 人であってもたとえば 28 歳と 31 歳のような場合は 2 人とも，3 人（以上）で 25 歳・28 歳・31 歳のような場合は 31 歳の子どものみ，分析対象になっていない．ただし後者の場合，子ども数（きょうだい数）は 3 人として分析している．
6) 「お宅全体」が無回答か「わからない」ケースに関して，「あなた」（「配偶者」）が有効（「年収なし」から「年収 2,000 万円以上」までのいずれかを選択）で「配偶者」（あなた）の収入がわからないか無回答ならば「あなた」（配偶者）を世帯所得に，「あなた」が有効で配偶者がいないならば「あなた」の収入を世帯所得に，「あなた」と「配偶者」がいずれも有効ならば年収を数値化したうえで該当するカテゴリーを求めて世帯所得にした．なお，「お宅全体」の収入が有効な場合は，それを信用して「あなた」と「配偶者」の合算額とずれていても補正はしていない．「あなた」「配偶者」「お宅全体」のいずれも無回答の 10 人（世帯）と世帯所得がゼロの 4 人（世帯）については無効とした．
7) 計の行の数値 55.4% と 42.6% はそれぞれ男女の大学進学率に相当するが，学校基本調査から求められる当該コーホートの数値（たとえば文部科学省（2017）によれば，対象者のほぼ中央にあたる 2008 年の大学進学率は男子 53.5%，女子 40.6%）とほぼ一致している．
8) 本章での関心からはやや外れるが，対象子よりも少し年長の 1971-80 年生まれでは，第 2 子より第 1 子の教育年数が長い傾向にある（荒牧・平沢，2016）．ここでの結果と異なっている理由としては，すべてのきょうだいが対象子に含まれていない家族の存在と，そもそも順位の影響が弱まってきている可能性が考えられる．なお，**表 6-3** では対象子レベルは子どもの性別のみを投入したモデルとなっているので，同レベルの分散成分はモデル 5 であっても家族レベルの分散成分と比べて大きいままとなっている．
9) この点については稲葉（2011），余田（2012）を参照．
10) 図 6-8 に示したとおり，大学教育を受ける機会の平等についての認識はおしなべて否定的で，父母の学歴による有意な差はない．他方，自分の子どもにできるだけ高い教育を受けさせたいと思っていたかどうかでは，学歴が高い親ほど肯定的である．つまり社会の状態に関する認識はほぼ同じでも，子どもの学歴取得に関する認識は異なる．そこで後者を本文で述べたように分析に組みこんだ．子ども本人の認識は尋ねていないのであくまでも傍証に過ぎないものの，家族の持つ影響力を感じさせる結果ではある．
11) 本章は平沢（2015）を基に，世帯所得と親学歴の関連という視点を新たに加え，対象家族と対象子をやや変更して分析し直したものである．また平沢（2018）では，2015 年 SSM データを対象に本章と同じ方法で分析して基本的に同様の結果

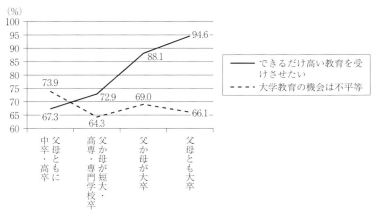

図 6-8 機会や教育に関する親の認識
注：数値は％．質問文など詳細は 4.1 参照．

を得た．したがってここでの結果は頑健だと考えられる．あわせてこうした前向き分析の結果を，従来からの主観的な暮らし向きを用いた後ろ向き分析の結果とも比較している．なお，同書と本章は記述の一部が重なっている．

【文献】

荒牧草平・平沢和司，2016，「教育達成に対する家族構造の効果――『世代間伝達』と『世代内配分』に着目して」稲葉昭英・保田時男・田渕六郎・田中重人編『日本の家族 1999-2009――全国家族調査［NFRJ］による計量社会学』東京大学出版会，pp. 93-112．

Blanden, Jo and Paul Gregg, 2004, *Family Income and Educational Attainment: A Review of Approaches and Evidence for Britain*, Center for the Economics of Education.

藤村正司，2009，「大学進学における所得格差と高等教育政策の可能性」『教育社会学研究』第 85 集：27-47．

平沢和司，2012，「子どもの理想学歴と家庭環境」『親と子の生活意識に関する調査報告書（概要版）』内閣府子ども若者・子育て施策総合推進室，pp. 125-132．

平沢和司，2015，「世帯所得と子どもの大学進学――1984〜1993 年生まれのきょうだいを対象に」中村高康編『全国無作為抽出調査による『教育体験と社会階層の関連性』に関する実証的研究』研究成果報告書，pp. 28-39．

平沢和司，2018，「世帯所得と子どもの学歴――前向き分析と後ろ向き分析の比較」（2015 年 SSM 調査研究報告書 教育 II, pp. 1-19, 2015 年 SSM 調査研究会のホームページ）．

稲葉昭英，2011，「ひとり親家庭における子どもの教育達成」佐藤嘉倫・尾嶋史章編

『現代の階層社会1　格差と多様性』東京大学出版会，pp. 239-252.
近藤博之，2001,「高度成長期以降の大学教育機会——家庭の経済状態からみた趨勢」『大阪大学教育学年報』第6号：1-11.
近藤博之，2005,「親の所得と大学教育機会——関連の強さと変化に関する検証」『大阪大学教育学年報』第10号：1-16.
厚生労働省，2014,『平成26年グラフでみる世帯の状況——国民生活基礎調査（平成25年）の結果から』.
文部科学省，2017,「学校基本調査年次統計」（同省のホームページ）.
尾嶋史章，2008,「父所得と教育達成——推計父所得からみた教育機会の趨勢」米澤彰純編『教育機会の構造』（2005年SSM調査シリーズ5）pp. 19-36.
総務省統計局，2014,「消費者物価指数年報平成25年」（同省のホームページ）.
東京大学大学経営・政策研究センター，2009,「高校生の進路と親の年収の関連について」（同センターのホームページ）.
余田翔平，2012,「子ども期の家族構造と教育達成格差」『家族社会学研究』24巻1号：60-71.
吉田崇，2011,「世代間所得移動からみた機会の不平等」石田浩・近藤博之・中尾啓子編『現代の階層社会2　階層と移動の構造』東京大学出版会，pp. 71-86.

7章
子どもの教育達成に対する家族・親族の影響
オジオバの学歴と男女差に着目して

荒牧　草平

1　家族・親族と教育期待

　かつては盆正月といった「伝統的」な家族行事や冠婚葬祭を機会に親戚が一堂に会し，面と向かって話をする機会も多かった．近年では，そうした行事による対面接触の頻度や集まる人数が減る一方で，個人的な理由による電話やインターネットを介したやり取りが増えている．しかしながら，相互作用の機会や頻度，あるいはその手段などが時代とともに変化したとしても，家族や親族（以下，それらをまとめて〈家族〉と呼ぶことにする）の間におけるやり取りが個々の成員の価値観や態度の形成に何らかの影響を与える働き自体は，現代でも残されているのではないかと考えられる．

　一方，具体的にどのような話題がのぼるかは，当然，各〈家族〉によって様々であろうし，それらの背後には〈家族〉成員の共有する価値観が横たわっているとみてよいだろう．また，どのような価値観が共有され，あるいは少なくとも優勢であるかは，〈家族〉成員の占める地位や所有する様々な資本によっても異なると考えることができる．それらが直接・間接に及ぼす影響を想像してみれば，子どもの教育に対する影響も，「核家族」に限られないのではないかと予想できる．たとえば全員が高等教育を受け，学歴や子どもの教育に関する話題が活発になされる〈家族〉と，大学へ進学した者が皆無でそうした話題が一切のぼらない場合とでは，子どもの教育に対する期待も異なり，結果的に達成される学歴にも大きな違いが生まれてくる可能性がある．

　ところで，子どもに対する親の教育期待は，子どもの性別によって異なるこ

とが知られている.もちろん,男女平等の意識が広がるにつれて,その差はしだいに縮まってきているが,比較的最近の調査でも明確な男女差のあることが確認されている(Benesse教育研究開発センター・朝日新聞社,2013)[1].こうした点は,家族の社会心理的影響に着目した草分け的存在であるウィスコンシン大学の研究グループも既に指摘しており(Sewell and Shah, 1968),日本のデータを用いた分析でも,娘より息子に高い学歴を期待する傾向や,女子への期待は親の地位や家庭の資源の影響をより強く受けることなどが報告されている(片瀬,2005など).ここからは,親以外の〈家族〉が子どもに与える影響も,子どもの性別によって異なるのではないかと予想することができる.

これまでのところ,以上のような〈家族〉の影響を直接に調査した研究はないが,第3回全国家族調査(NFRJ08)データを用いた分析では,祖父母やオジオバの学歴が子どもの学歴に直接的な効果を持つことが指摘されている(荒牧,2016など).従来の研究は調査データの不足からその要因を詳しく分析するに至っていないが,ESSM2013では,〈家族〉の学歴を幅広く聴取するだけでなく,親の定位家族における資本や親自身の教育経験についても様々な質問を行っているので,上記のような解釈の妥当性をもう少し踏み込んで検討することが可能である.そこで本章では,性差も考慮に入れながら,〈家族〉が子どもの教育達成に影響するメカニズムの解明に一歩近づくことを試みる.

なお,〈家族〉のうち祖父母の与える影響については,様々な資本の相続という観点から理解することも可能である[2].しかしながら,オジオバの影響について同様に考えることは難しく,むしろ上述したような〈家族〉の共有する価値観といった観点から検討してみる余地が大きいように思われる.したがって,ここでは特にオジオバの影響に着目して分析を進めてみたい.

2 〈家族〉の影響をとらえる視点

2.1 従来の観点と新たな動向

教育達成に対する家庭背景の影響は,教育社会学や階層研究の中心的なテーマの1つであり,国内外を問わず膨大な研究が積み重ねられてきた.ただし,

従来の研究が用いる枠組は，おおむね「核家族」の範囲内——典型的には父親の社会経済的地位と子どもの学歴という2者関係——に留まってきた．しかし，教育達成に影響する家族の範囲は，本当に「核家族」に限られてしまうのだろうか．その妥当性については，理論的にも実証的にも十分な検討がされてこなかったのではないだろうか．

　もちろん，こうした核家族枠組を超え，〈家族〉の影響までを視野に入れた研究も例外的に存在している．このうち日本のデータを用いた先駆的な試みとしては，安田（1971）の3世代社会移動に関する研究があり，孫息子に対する祖父の影響が指摘されている．同様の結果は，後続の片岡（1990）も報告している．ただし，1955年と1985年のSSM調査データを用いて時点間比較を行った片岡は，時代とともに祖父効果が弱まることも同時に指摘しており，その背景要因として核家族化と高学歴化に言及している．この理解にしたがえば，そうした傾向のより進行した今日では，祖父効果は一層弱まっていると予想できる．

　他方，諸外国においても，地位達成に対する祖父母世代の影響を取り上げた研究がいくつか存在する．その代表と言えるのが，上述したウィスコンシン大学の研究プロジェクトにおけるアメリカの研究事例だが，そこでは親世代の影響をコントロールすると祖父母世代による孫世代への直接的な影響は認められないとの結論が得られている（Warren and Hauser, 1997）．フィンランドを対象とした後の研究例（Erola and Moisio, 2007）も，やはり祖父母世代による孫世代への直接的な影響を認めていない．こうした事情もあり，従来，核家族の枠を超えて階層や家族の影響を考察しようとする試みは，国内でも海外でもわずかにとどまった．

　しかしながら，近年，多世代にわたる家族の影響が改めて注目されている[3]．その積極的意義について論じたメア（Mare, 2011）を参考にすると，次のような指摘が可能である．(1)親子間の強い相関は子の世代で完全に途絶えるとは限らない．たとえば，巨万の富（wealth）のように「耐久性のある資本」は少なくとも数世代にわたって影響を及ぼすだろうし，逆に社会の底辺層においては，数世代にわたって不利益が継承されてきただろう．(2)多世代効果は社会制度の有り様に左右される．上記の例で言えば，身分制のある社会では社会移動が抑

制されるだろうし，富が誰にどの程度継承されるかには，遺産相続に関する法律や税制度などが影響するだろう．また，本章のように〈家族〉の影響を検討しようとする際には，家族制度の関与にも目を向けるべきように思われる．とりわけ，核家族化が進行した近年になっても，長男との同居が相対的に優勢な日本社会（施，2008）においては，伝統的な家族制度の影響が根強く残っているのではないかと予想できる．ところが，NFRJ08 データを用いた分析では，伝統的な家族制度の影響を支持する結果は得られていない（荒牧，2016 など）．では，〈家族〉の影響は，どのような理由で生じたのだろうか．

2.2 文化的影響と間接的影響

　上述した，社会制度の重要性に関する指摘（Mare, 2011）は，主に経済資本のような耐久性のある資本が〈家族〉内で伝達・継承されることを想定したものである．一方，安田（1971）の先駆的研究では，家族内での潜在的な「精神的遺産」の影響が指摘されていた．これは祖父の地位が孫世代の教育達成の志向性に影響するという議論だが[4]，そうした志向性の形成過程にはブルデュー（Bourdieu, 1979=1990；1989=2012 など）の指摘した文化資本やハビトゥスも影響しているかもしれない．ブルデューが想定したのは，基本的には親子2世代間での文化資本やハビトゥスの伝達・継承であったが[5]，それが多世代にわたって影響する可能性も十分に予想できる．なお，以上の議論は，基本的には，様々な資本が多世代間で継承される，いわばタテ系列の影響を前提としてなされたものだが，同様の働きは，キョウダイやオジオバなどヨコやナナメの関係でも作用するのではないかと考えられる．

　ここで注目されるのが，NFRJ データを用いた分析によって見出された，オジオバの学歴が子どもの学歴と関連するという知見である（荒牧，2016 など）．しかも，その関連は，祖父母の学歴と子どもの学歴との間に認められた関連よりも強いことがわかっている．こうした結果の得られた理由は明らかにされていないが，現代の日本社会における子どもとオジオバとの関係を考えると，オジオバによる経済資本の直接的な援助が主たる理由だとは考えにくい．それよりは，教育期待を形成する際のロールモデルとなることによって，あるいは直接的な相互作用を通じた社会化によって，オジオバの影響が現れたと考える方

が納得もいく．ここから，〈家族〉内での文化資本の伝達や共有による説明が妥当する可能性を指摘できる．しかし，現代の日本社会において，オジオバと日常的に相互作用を行う子どもはそれほど多くはないだろう．そうしてみると，観察されたオジオバ学歴の効果が，オジオバの直接的な影響をとらえたものではない可能性についても検討してみる必要があるように思われる．

たとえば，観察されたオジオバ学歴の「直接効果」とは，実は，親の教育期待を媒介した「間接効果」をとらえたものだとは考えられないだろうか（荒牧，2016）．確かに，人々が自分自身の学歴だけでなく，自分のキョウダイ（子どものオジオバ）の学歴にも強く影響を受けながら，子どもに対する教育期待を形成しているというのは，経験的にも納得のいく説明である．つまり，「オジオバ（学歴）→子（の教育達成）」という直接的な因果ではなく，「オジオバ（学歴）→親（の教育期待）→子（の教育達成）」という間接的な因果連鎖が想定できるのではないかということである．上述した安田（1971）の「精神的遺産」に関する議論も，むしろこうしたメカニズムを念頭に理解すべきかもしれない．

NFRJ データに基づく過去の分析では，調査項目の制約により，親の教育期待を媒介した間接的な因果については確かめることができなかった．つまり，オジオバ学歴の「直接効果」が，そうしたデータ分析上の限界によって観察された見かけ上の効果に過ぎない可能性は残されたままである．幸い，ESSM データには，親の期待なども含まれるので，こうした解釈の妥当性について直接検討してみよう．

2.3　分析課題

以上の議論をふまえ，本章では，次の2点について分析を行うこととしたい．

第1に確認すべきは，オジオバの直接効果が ESSM2013 データでも認められるか否かである．前述の通り，NFRJ08 データを用いた分析からは，現代の日本社会でも子どもの学歴とオジオバ学歴との間に直接的な関連が観察されている．しかし，この結果は NFRJ08 という単独のデータセットを用いた分析において認められたにすぎない．果たして，ESSM データによっても同様の効果は確認できるのだろうか．

なお，NFRJ 調査では回答者のキョウダイに関する情報しか得ていなかった

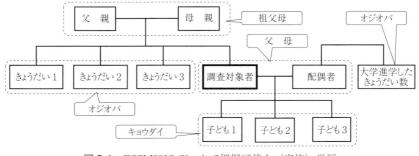

図 7-1　ESSM2013 データで把握可能な〈家族〉学歴

が，ESSM 調査では，図 7-1 に示した通り，配偶者側のキョウダイについても大学進学の様子をたずねている．このため，子どもからすれば父方・母方双方のオジオバについて学歴情報が利用可能なデータとなっている．ただし本章では，親の定位家族の特徴や教育経験との関連も検討するため（それらの情報は回答者についてしかわからないので），回答者側オジオバの影響に焦点化することとしたい．配偶者側オジオバの効果については，報告書に所収の論文（荒牧，2015）を参照されたい[6]．

　ESSM2013 データは，このように〈家族〉の学歴を幅広く聴取しているだけでなく，回答者の定位家族や教育経験についても豊富な情報を得ている．このため，〈家族〉内での経済資本や文化資本の伝達・共有や，親の教育期待形成を通じた間接的な影響など，〈家族〉効果が観察された理由についても，一歩踏み込んだ分析を試みることができる．これらについて検討するのが第 2 の分析課題になる．

3　オジオバ学歴の直接効果

3.1　〈家族〉学歴のとらえ方

　本章では，調査対象者自身ではなく，その子どもたち（最大 3 人）を分析単位に設定して，〈家族〉学歴の影響を検討する．そのため，通常の分析とは異なり，次のような手順でデータを再構成した．まず，全 2,893 ケースから子ど

ものいる 2,161 ケースのみを抽出し，分析単位を回答者から子ども（最大 3 人）に変換する．ここには 0 歳から 59 歳までの子ども 4,398 ケースが含まれる．ただし，本章では高等教育機関へ進学したか否かに着目したいので，それがほぼ確定する 19 歳以上のケースに限定する．また，子どもが 40 代以上に達するケースは少なく，意図しない結果の歪みをもたらす恐れもあるため，それらを分析から除外する．このような手順によって抽出された 19 歳以上 40 歳未満の 2,336 ケースから，オジオバがいない場合や他の変数に無回答のケースを除いた，1,895 ケースを分析に用いた[7]．

オジオバ学歴については，調査対象者のキョウダイの中に大学へ進学した者がいるか否かという情報を用いた．もちろん，高等教育へ進学したオジオバの絶対数が重要であると考えれば進学した人数を，進学者の割合が重要であると考えればそれを求めて分析に用いることが妥当である．しかし，オジオバ世代では，高等教育への非進学者が過半数を占めるため，高等教育進学者の有無という単純な指標にも意味があると考えられる[8]．そこで，回答者のキョウダイの上から 3 人までのうち 1 人でも高等教育を受けた者がいる場合には，「オジオバ学歴」を「高い」とし，1 人もいない場合に「低い」とした．両親の学歴も，これにならい，少なくとも一方が高等教育を受けている場合に，「父母学歴」を「高い」とし，どちらも受けていない場合に「低い」とした．なお，父母どちらかの学歴しかわからない場合は，判明している側の情報を用いた．

3.2　子どもの学歴とオジオバ学歴の関連

はじめにオジオバ学歴と子どもの高等教育進学との関連を確認してみよう．結果は**表 7-1** に示した通りで，男子ではオジオバ学歴が低い場合の進学率が 43％であるのに対して高い場合は 66％，女子ではオジオバ学歴が低い場合の 30％に対して高い場合は 55％となっている．全体的に女子より男子の進学率が高いものの，オジオバ学歴の高低によって，子どもの進学率に 20％ポイント以上の差が認められる点は男女に共通している．ただし，オジオバ学歴と子どもの学歴の相関係数（γ 係数）をみると，オジオバ学歴の影響は，女子の方が若干強いようである．

このように，子どもの学歴とオジオバ学歴の関連は，ESSM データによって

表 7-1 オジオバ学歴と子どもの高等教育進学との関連

	オジオバ学歴	子どもの進学率	N	χ^2 検定の結果 (p 値)	γ 係数
男 子	低 い	43.0	546	.000	.435
	高 い	65.7	417		
女 子	低 い	29.5	525	.000	.488
	高 い	54.9	388		

表 7-2 親の学歴別にみたオジオバ学歴と子どもの高等教育進学との関連

	親学歴	オジオバ学歴	子どもの進学率	N	χ^2 検定の結果 (p 値)	γ 係数
男 子	低 い	低 い	35.2	404	.725	.038
		高 い	36.9	122		
	高 い	低 い	62.7	161	.001	.347
		高 い	77.6	295		
女 子	低 い	低 い	23.1	376	.061	.217
		高 い	31.9	113		
	高 い	低 い	45.6	149	.000	.365
		高 い	64.4	275		

も明確に認められる．しかし，一般に同じ家庭で育ったキョウダイであるオジオバと親の学歴には相関があると予想されるので，上記の関連は親学歴の効果をとらえた疑似相関に過ぎないかもしれない．したがって次に，これらの関連が親学歴と子学歴の相関に還元されてしまうのか，それともオジオバ学歴にも独自の直接効果が認められるのかを確認してみよう．

　表 7-2 は，親学歴を統制したうえで，オジオバ学歴と子どもの高等教育進学との関連を男女別に調べた結果である．まず男子の場合をみると，親の学歴が低い場合にはオジオバ学歴による差は認められないが，親学歴が高い場合にはオジオバ学歴の高低によって子どもの高等教育進学率に約 15％ ポイントの差が認められる．**表 7-1** の親学歴を統制しない場合と比べるとオジオバ学歴による差は小さいが，無視できない程度に強い関連が残されていると言ってよいだろう．女子の場合も，親学歴の高いケースでオジオバ学歴により約 19％ ポイントの大きな差が認められる（ただし**表 7-1** よりは差が縮まる）点は男子の場合と同様だが，親学歴の低いケースでもオジオバ学歴によって約 9％ ポイントの差が認められる点は男子と異なる．このように，男女によって影響の仕方に若干の

違いはあるが，ESSM データにおいても，オジオバの直接効果が観察されたと言ってよいだろう[9]．

3.3 多変量解析による検討

次に，子どもの属性や親の様々な情報を統制しても，オジオバ学歴と子どもの大学進学に関連が認められるのか，多変量解析によって確認しよう．なお，データの項で述べた通り，本章では回答者の子どもを分析単位としてデータを再構成している．当然のことながら，同じ親から生まれたキョウダイどうしには関連があるはずなので，この再構成したデータに通常の回帰分析を適用するのは望ましくない．したがって，ここでは個別の子どもに関する情報（子どもの出生順位と出生年）を第1水準，子どもの〈家族〉に関する情報（キョウダイ数，父母学歴，オジオバ学歴などキョウダイに共通する属性）を第2水準とし，子どもの高等教育進学を従属変数とするマルチレベル・ロジスティック回帰モデルを適用することとしよう．

表7-3は男女別の分析結果である．モデル1より，男女ともキョウダイ数が少なく父母学歴の高い家庭の子どもほど高等教育を受けており，従来から指摘されてきた傾向が ESSM データでも認められることがわかる．この傾向はわずかながら女子の方が強いことから，家庭背景の影響は女子の方が受けやすいことが示唆される．また，出生年の効果が女子においてのみ有意なのは，女子の高学歴化が遅れてやってきたことと関連しているが，そのこと自体も子どもの教育達成に対する親の態度が男女で異なること——つまり古い世代ほど女子に高い教育を求めない傾向が強かったこと——を反映していると言えるだろう．

次のモデル2はモデル1にオジオバ学歴を追加したものである．結果から明らかなように，親の学歴ばかりでなく他の重要な変数を考慮しても，オジオバ学歴は子どもの高等教育進学に対して独自の効果を持っていることがわかる．しかも，興味深いことに，父母学歴の効果はオジオバ学歴の投入によって減少している．もしも，これが一般的にあてはまることだとするなら，従来の核家族枠組において観察されてきた親学歴の効果の一部には，オジオバ学歴の効果も含まれていたと考えることができるだろう．なお，男女の違いに着目すると，オジオバ学歴の効果は明らかに女子の方が強い．

表7-3 子どもの大学進学に影響する諸要因

	男　子		女　子	
	モデル1	モデル2	モデル1	モデル2
出生順位	-.16	-.18	-.02	-.01
出生年	.02	.02	.06 **	.07 **
キョウダイ数	-.43 *	-.41 *	-.48 *	-.47 *
父母学歴	2.24 **	2.01 **	2.29 **	1.86 **
オジオバ学歴		.58 *		1.00 **
切　片	.22	.05	-1.39	-1.66 *
N（第1水準）	953		886	
N（第2水準）	675		659	

*p<.05.　**p<.01.

4　オジオバ効果の背景

4.1　4つの仮説

　それにしても，子どもの教育達成に対して，オジオバ学歴はなぜ効果を持つのだろうか．第2節で検討したように，それにはいくつかの理由が考えられる．ここでは，改めて以下の4つの仮説に整理して検討してみたい．

①経済資本仮説　メアによる多世代効果の議論で主に想定されたのは，祖父母や曾祖父母などタテ系列の〈家族〉における経済資本の継承による影響であった（Mare, 2011）．もし，こうした富や貧困の多世代的継承が教育達成に強い効果を持つならば，一般に同じ定位家族で育ったと想定される回答者とそのキョウダイ（子どもの親とオジオバ）の学歴にも，そうした経済資本の影響が強く反映されているはずである．この場合，親学歴に還元されないオジオバ学歴の直接効果には，経済資本の継承効果が含まれていると判断できる．このような考え方を「経済資本仮説」と呼ぶことにしよう．仮にこの仮説が正しければ，親の定位家族の経済的豊かさ（親が中学3年生の頃の「くらしむき」）を考慮することによってオジオバ学歴の直接効果は弱まる（あるいは消滅する）だろう．

　これについては次のようなイレギュラーな例を考えてみるとイメージがしやすいかもしれない．たとえば，A. 豊かな家庭で育ったキョウダイのうち1人だ

けがたまたま大学へ進学せず残りの者は経済資本を生かして大学へ進学したケースと，B．貧しい家庭で育ったキョウダイのうち1人だけが大学へ進学し他のキョウダイは進学しなかったケースを想定してみよう．仮にAのケースにおける非進学者とBのケースにおける進学者がともに調査の回答者であった場合，当人（＝親）の学歴情報だけではとらえられない〈家族〉の経済資本の影響は，キョウダイであるオジオバ学歴の効果に反映されると考えられる．

②**文化資本仮説**　第2節では〈家族〉における文化資本の継承・共有に着目した考え方も紹介した．文化資本の効果については様々な説明が展開されているが，文化資本の継承・共有によってオジオバ学歴の効果が生じる可能性に対する説明は，上記の経済資本の場合とほぼ同様だと考えてよいだろう．学歴自体も制度化された文化資本であることを考えると，オジオバ学歴の効果に対する説明としてはこちらの方がより妥当性が高いとも見込まれる．これを「文化資本仮説」と呼ぶことにしよう．

　ところで，子どもの教育達成に影響を及ぼすような文化資本とはどのようなものであろうか．ブルデューの議論で重視されたのは，言葉遣いや立ち居振る舞いといった身体化された文化資本や，行為を無意識のうちに方向付けるハビトゥスの働きであった．これらは生まれ育った家庭の社会的位置づけによって条件づけられながら家庭での長期にわたる相互作用を通じて形成され，教育制度の作用によって強化されるが，そうした過程は隠蔽されているがゆえに再生産が成功するのである．また，これらの要素は互いに関連し合っているため，特定の「文化資本指標」のみを取り出して分析することにブルデューは否定的であった．それゆえ，『ディスタンクシオン』（Bourdieu, 1979=1990）において描いてみせた社会空間のように，関係論的アプローチを好んだのである．しかし，文化資本の各様態の間に相関があるということは，もし文化資本の作用が強力であるならば，その主要な部分を構成すると想定される指標の分析から，ブルデューの議論の妥当性を検討することも的外れとは言えまい．したがって本章では，客体化された文化資本の主要な指標であり，教育達成との強い関連が指摘されている蔵書数[10]に着目することによって，この点を検討してみよう．

③**受験文化仮説**　他方，ブルデューの議論を一旦離れて日本社会の状況を振り返ると，各家庭の受験行動が子どもの教育達成に重要な役割を果たしていることが注目されてきたと言えるだろう．経済的に恵まれた家庭では子どもが小さい頃から早期教育を行い，学校外教育や私立の小中学校を利用し，結果的に高い学歴を得るのだといった説明はよく耳にするものである．こうした受験行動の選択には経済資本の多寡ももちろん関与しているが，豊かであっても中学受験をしない家庭もあることからわかるように，受験行動の背後には家庭の文化や価値観なども関与していると考えられる．たとえば，親（回答者）自身が塾通いや中学受験を経験している場合，その定位家族は受験での成功に高い価値をおく文化を持つと考えられるが，そうした家庭の文化が教育達成に強く関与するのであれば，同じ家庭で育ったオジオバ（回答者のキョウダイ）にも同様の影響を及ぼすであろう．子どもの学歴に対するオジオバ効果の背景に，こうしたメカニズムが働いているとする考え方を「受験文化仮説」と呼ぶことにしよう．ESSMデータでは，親（回答者）自身に小学校時代の塾通いや中学校受験の経験を尋ねているので，これを親の定位家族が持つ受験文化の指標として用いることとしよう．

④**準拠集団仮説**　以上は何らかの資本が〈家族〉内で伝達・共有されることを想定した理解だが，第2節ではこれらとは異なる考え方も紹介した．それは，オジオバの学歴はあくまで親が子どもに対する教育期待を形成する際の参照基準として作用するのではないかというものであった．すなわち，親（回答者）は子どもに対する教育期待を形成する際に，自分のキョウダイ（オジオバ）の学歴を参照するため，オジオバ学歴の「直接効果」が観察されたのではないかというわけである．言い換えるなら，観察されたオジオバの「直接効果」は，子どもの学歴に対するオジオバの直接的な関与をとらえたわけではなく，子どもに対する親の教育期待を媒介した間接的影響を反映しているのではないかという解釈である．これは，オジオバを含む〈家族〉が親の準拠集団（Merton, 1949=1961）として，教育期待の形成に影響することを想定した考え方と言えるため，「準拠集団仮説」と呼ぶことにしよう．

4.2 準拠集団仮説の有効性

分析結果は**表7-4**のモデル3から5に示されている．まず男子の場合，モデル3を見ると，親の定位家族における経済資本の指標として投入された中3時くらしむきは有意な効果を持たないことがわかる．また，**表7-3**のモデル2と比較すると，経済資本を投入してもオジオバ効果にほとんど違いはない．これらの結果を見る限り，オジオバ学歴の直接効果とは祖父母世代から親・オジオバ世代に伝達・継承された経済資本の効果をとらえたものに過ぎないとは言えない．ただし，女子の場合には経済資本の効果が有意である．また**表7-3**のモデル2と比較すると，オジオバ学歴の効果は経済資本を投入することで，1.0から0.8へと減少している．したがって，女子の場合，オジオバ学歴の効果として示された中には，親とオジオバの育った定位家族における経済資本の影響も含まれていたと考えることができる．

一方，様々な文化的要因の効果を検討したモデル4からは，男女にかかわらず，親世代の定位家族における蔵書数，小学校時代の塾通いや中学受験の経験などが有意な効果を持たないことがわかる．すなわち，文化資本仮説や受験文化仮説を積極的に支持する結果は得られなかったことになる．

興味深いのは，次のモデル5において，親の教育期待が統計的に有意な効果を持つこと，しかもそれと同時にオジオバ効果も女子における経済資本（くらしむき）の効果も有意でなくなることである．これらの結果は，子どもの教育達成に対する〈家族〉の影響は，親が自分のキョウダイの学歴を参照しながら，子どもへの教育期待を形成することで生じているのではないかという準拠集団仮説の解釈と整合する．また，モデル2から4に示されたように，オジオバ効果は女子の方が大きいが，モデル5では女子の場合もオジオバ効果が有意でなくなっている．しかも，親の期待の効果も女子の方が大きい．つまり，女子の方が親の教育期待の影響を強く受けるが，女子に対する親の教育期待は，男子の場合よりも強く，オジオバの学歴（および自分の定位家族の経済状況）に規定されると推測することができる．

ここで，**表7-3**のモデル1と2も含め，改めて各モデルにおける父母学歴の効果を見直すと，係数の減少度合いは女子の方が大きいことがわかる．つまり，

表 7-4　オジオバ効果の背景に関する分析結果

	男　子			女　子		
	モデル3	モデル4	モデル5	モデル3	モデル4	モデル5
出生順位	-.17	-.16	-.19	-.02	.02	-.01
出生年	.02	.02	.03	.06 *	.06 *	.07 **
キョウダイ数	-.41 *	-.39 *	-.34 *	-.44 *	-.42 *	-.33
父母学歴	2.00 **	1.93 **	1.84 **	1.80 **	1.66 **	1.42 **
オジオバ学歴	.57 *	.52 *	.39	.82 **	.66 **	.42
くらしむき	.05	-.04	-.03	.49 *	.32 *	.24
蔵書数		.15	.09		.39	.34
小学通塾		.30	.25		.24	.19
中学受験		.27	.36		1.11	.96
親の期待			.69 **			1.03 **
切　片	-.05	-.19	-2.24 **	-2.49 **	-2.86 **	-5.78 **
N（第1水準）		953			886	
N（第2水準）		675			659	

*p<.05，**p<.01．

　男子の場合はモデル1における2.2からモデル5の1.8へと0.4の減少であるのに対し，女子の場合は2.3から1.4まで0.9の減少を示す．つまり，モデル1でとらえた親学歴の効果に含まれていた親の期待の影響（そこにはオジオバ学歴の影響も含まれる）は，女子の方が強いのである．

　以上を総合すると，男子よりも女子の方が親の期待の影響を受けやすいこと，また男子よりも女子に対する期待の方が〈家族〉という準拠集団に影響されやすいことが示唆される．このことは，息子に対しては大学進学を期待するような条件が整っている場合でさえ，娘には大学進学を期待しない親が少なからず存在する（つまり期待する親と期待しない親に分化しがちである）こと，また，そうした判断に〈家族〉の状況が与える影響――そこには恐らく大学進学に対する価値観の形成も介在する――も，子どもが女子の場合により強いことを意味しているように思われる．

5　オジオバ効果と〈家族〉の磁場

　〈家族〉の間で交わされる会話やそこに反映される価値観，あるいはそれらの背後にある様々な資本が，次世代の教育達成にも影響するのではないか．こ

うした着想を糸口として，男女の違いも考慮しながら，子どもの教育達成に対するオジオバの影響という少し変わった角度から，階層と教育の関連について検討を行った．ESSM2013 データを用いた分析の結果からは，次のような回答が得られた．

第 1 に，ESSM2013 データにおいても，親のキョウダイ（オジオバ）の学歴が，子どもの教育達成に直接的な効果を持つことが明らかにされた．また，その効果は男子よりも女子に顕著であった．

第 2 に指摘できるのは，そうしたオジオバ効果は，〈家族〉内に継承・共有された経済資本の影響をとらえたものだとは言いがたいということである．もちろん，メア（Mare, 2011）が指摘したようなヒエラルヒーの最上位層と最下位層においてなら，現代の日本社会でも，経済資本の継承・共有が子どもの教育達成に強い影響を与えている可能性は十分に考えられる．とりわけ，近年注目を集めている貧困の影響（貧困の連鎖）を考える際には，なおさらそうであろう（阿部，2008 など）[11]．しかし，ここでの分析結果に基づく限り，少なくとも日本社会全体を見渡した時に認められる〈家族〉効果の背景としては，経済資本とは異なる側面にも着目する必要があるようだ．

第 3 に，その意味で注目されるのは，〈家族〉の文化的側面の影響である．ただし，これにはいくつかの留保がつく．まず指摘すべきなのは，文化資本の指標とした蔵書数が有意な効果を持たなかった点である．この結果から判断する限り，〈家族〉効果を生み出す背景に，ブルデューの主張したようなメカニズムが強く働いているとは考えにくい．もちろん，今回の分析には様々な制約があるため，文化資本の効果に関してあまり踏み込んだ議論を展開することは控えるべきだろう．しかしながら，そもそも面接や小論文が重視される彼の地とは異なり [12]，階級文化からは相対的に独立した断片的な知識の記憶が重視されてきた日本社会の選抜では，受験ゲームにどれだけ強く関与するかが，教育達成に直接的な影響を及ぼすのではないかと考えられる [13]．

ただし，「受験文化仮説」で想定したような早期受験の効果は否定されたので，親の定位家族におけるそうした狭義の「受験文化」が強く関与しているわけではなさそうだ．分析結果から類推されるのは，そうした「受験文化」はどうあれ，結果的に達成されたキョウダイの学歴が参照基準となり，教育期待の

形成に間接的に影響するということである．冒頭に述べたように，高学歴者が多く，学歴や受験行動がよく話題にのぼる〈家族〉を持つほど，子どもに高い教育を期待するのではないかと予想されるが，それは身体化された文化資本や狭義の受験文化とは必ずしも直結しないのである（少なくともそうした仮説を支持する証拠は得られなかった）．

以上を総合すると，オジオバ効果の背景にあるのは，世代を越えて〈家族〉内で伝達・継承された文化というよりも，むしろそうした文化はどうあれ，規範的な準拠集団（Merton 1949=1961）である〈家族〉のメンバーが結果的に達成した学歴が醸し出す「磁場」[14]のようなものではないかと考えられる．また，〈家族〉学歴の影響が女子でより強く働くという結果は，こうした磁場の影響が女子への期待により強く表れることを，したがってこの働きが性差と階層差の関連を解く１つの鍵であることを示唆する．

ところで，親の教育期待に影響する準拠集団を想像してみると，それは〈家族〉の枠には限定されないようにも思われる．たとえば，いわゆる「ママ友」のような〈家族〉外のパーソナルネットワークのメンバーが持つ学歴や彼らの考え方も，〈家族〉とは別の磁場を形成することを通じて，子どもの教育達成に影響を及ぼしていると予想することができる．そこで，小中学生の母親を対象とした調査を行い，家族内外のパーソナルネットワークが与える影響について検討したところ，〈家族〉に加えて，〈家族〉外のネットワークメンバーが持つ学歴や高学歴志向も，母親の教育期待と独自の関連を持つことが明らかとなった（荒牧，2018）．これらの結果もふまえて，研究をさらに進めていくことを今後の課題としたい．

1) たとえば，ベネッセと朝日新聞社が全国の小中学生を持つ保護者を対象にして繰り返し行った調査の結果をみると，子どもに「四年制大学まで」を期待する親の割合は，2004年調査では，男子に対しては56.4％，女子に対しては37.1％であったが，2012年調査では，同じく59.3％と44.8％になっている（Benesse 教育研究開発センター・朝日新聞社，2013）．女子への期待の上昇によって男女差は縮まっているが，最近のデータでも男女の間には約15％ポイントの差が認められる．
2) ただし，後述の通り，祖父母効果についても，家族制度を背景とした資源の継承によっては十分に説明できないことが指摘されている（荒牧，2016など）．
3) その研究動向については荒牧（2016）の第7章を参照されたい．

4) 安田（1971）が具体的に言及した精神的遺産とは，上位層から転落した親が子世代において地位を回復しようとする「失地回復的モチベーション」であり，孫世代の地位に祖父世代の影響が認められる一因だと指摘した．
5) ただし，Bourdieu（1989=2012）には多世代での継承に関する言及がある．
6) 荒牧（2015）では，回答者側と配偶者側のオジオバ学歴をともに組み込んだ分析を行い，両者が同程度の相互に独立した効果を持つことを明らかにした．
7) ここではオジオバが「いない」ケースを除外したが，荒牧（2011）ではNFRJ08 データを用いてオジオバが「いない」ケースも含めた分析を行っている．その結果，オジオバが「いない」ケースを基準にした場合，オジオバが高学歴であることによる正の効果だけでなく，オジオバが低学歴であることによる負の効果も認められることが明らかとなっている．
8) 試みに，高等教育を受けたオジオバの「人数」や「割合」を用いた分析も行ったところ，最終的に得られた結果は**表 7-4** とほとんど同じであった．この結果は，高学歴を持つオジオバの有無に意味があるという理解と整合する．
9) NFRJ08 データを用いた分析結果（荒牧，2016 など）と比較すると，オジオバ学歴の効果は若干小さい．分析の対象も方法も異なるとはいえ，こうした違いが何に起因するかについては，詳しく検討してみる必要があるだろう．
10) 調査では，「中学 3 年生のとき，あなたのお宅には本がどのくらいありましたか．雑誌，マンガ，教科書は含めないでお答えください．」という設問に対して，「0-10 冊」「11-25 冊」「26-100 冊」「101-200 冊」「201-500 冊」「501 冊以上」という選択肢の中から，あてはまるものを 1 つ選んで回答してもらっている．この回答を冊数に直して変数化することも可能ではあるが，記憶の不確かさを考慮すると，かえって結果をゆがめてしまう恐れもあるため，ここでは順に 1-6 の値を与えて投入している．
11) 阿部（2008）らが着目しているのも基本的には親の貧困（とくに母子家庭の貧困）であるが，貧困が親以外の〈家族〉にも広がっていれば（貧困の世代間連鎖など），その影響はより強いと考えてよいだろう．
12) 当時のフランス社会のように，面接や小論文が重視される状況であれば，受験者と審査者双方の身体化された文化資本やハビトゥスが選抜結果に強く関与するという主張も頷ける．
13) このあたりの議論の詳細は荒牧（2016）で扱っている．日本の選抜システムが持つ特徴については第 2 章第 1.4 節，それとブルデューの議論との関連については第 4 章第 6 節（特に 128-129 頁）および終章の第 2 節（特に 233-235 頁）を参照されたい．
14) パーソナルネットワークが社会意識に与える影響を検討した野沢（1995: 223）は，「連帯性の強いネットワークが個人を（中略）一定の行動に向かわせるような規範的な力を帯びている状態」を指して「磁場としてのネットワーク」という概念を提示している．

【文献】

阿部彩，2008，『子どもの貧困——日本の不公平を考える』岩波書店．

荒牧草平，2011，「学歴の家族・親族間相関に関する基礎的研究——祖父母・オジオバ学歴の効果とその変動」稲葉昭英・保田時男編『第3回家族についての全国調査（NFRJ08）第2次報告書 第4巻 階層・ネットワーク』日本家族社会学会全国家族調査委員会，pp. 45-60．

荒牧草平，2015，「子どもの教育達成に対するオジオバ学歴の影響——親の高学歴志向を形成する背景としての機能」中村高康編著『全国無作為抽出による「教育体験と社会階層の関連性」に関する実証的研究』科学研究費補助金研究成果報告書，pp. 40-54．

荒牧草平，2016，『学歴の階層差はなぜ生まれるか』勁草書房．

荒牧草平，2018，「母親の高学歴志向の形成に対するパーソナルネットワークの影響——家族内外のネットワークに着目して」『家族社会学研究』30(1)：85-97．

Benesse 教育研究開発センター・朝日新聞社，2013，『学校教育に対する保護者の意識調査』Benesse 教育研究開発センター．

Bourdieu, Pierre, 1979, *La Distinction: Critique sociale du Jugement*, Minuit（石井洋二郎訳，1990，『ディスタンクシオン——社会的判断力批判』（Ⅰ・Ⅱ）藤原書店）．

Bourdieu, Pierre, 1989, *La Noblesse d'État: Grandes Écoles et Esprit de Corps*, Les Éditions de Minuit（立花英裕訳，2012，『国家貴族——エリート教育と支配階級の再生産』（Ⅰ・Ⅱ）藤原書店）．

Erola, Jani and Pasi Moisio, 2007, "Social Mobility over Three Generations in Finland, 1950-2000," *European Sociological Review*, 23(2)：169-183．

片岡栄美，1990，「三世代間学歴移動の構造と変容」菊池城司編『現代日本の階層構造3 教育と社会移動』東京大学出版会，pp. 57-83．

片瀬一男，2005，『夢の行方——高校生の教育・職業アスピレーションの変容』東北大学出版会．

Mare, Robert D., 2011, "A Multigenerational View of Inequality," *Demography*, 48：1-23．

Merton, Robert K., 1949, *Social Theory and Social Structure: Toward the Codification of Theory and Research*, New York: The Free Press（森東吾・森好夫・金沢実・中島竜太郎訳，1961，『社会理論と社会構造』みすず書房）．

野沢慎司，1995，「パーソナル・ネットワークのなかの夫婦関係」松本康編『増殖するネットワーク』勁草書房，pp. 175-234．

Sewell, William H. and Vimal P. Shah, 1968, "Parents' Education and Children's Educational Aspirations and Achievements," *American Sociological Review*, 33(2)：191-209．

施利平，2008，「戦後日本の親子・親族関係の持続と変化——全国家族調査（NFRJ-S01）を用いた計量分析による双系化説の検討」『家族社会学研究』20(2)：20-33．

Warren, John R. and Robert M. Hauser, 1997, "Social Stratification across Three

Generations: New Evidence from the Wisconsin Longitudinal Study," *American Sociological Review*, 62(4): 561-572.

安田三郎, 1971, 『社会移動の研究』東京大学出版会.

8章
親の教育意識の類型と子どもに対する教育期待
潜在クラスモデルによるアプローチ

藤原　翔

1　教育の格差問題と学歴や教育に対する意識

　親の職業，学歴，収入といった社会経済的背景によって，子どもの教育達成が異なることはよく知られている（原・盛山，1999，鹿又，2014，近藤・古田，2009）．このような現象を説明する上での中心的なメカニズムとして，子どもの学習意欲や学力，子どもへ投資可能な資源の量，親や子どもの学歴や教育に対する考え方が，社会経済的背景によって異なり，そして教育達成に影響を与えているという過程をあげることができる[1]．なかでも学力の格差（苅谷・志水編，2004）や貧困（阿部，2008）および経済的格差（小林，2008）については，社会的な注目を集めるなかで，精力的に研究が進められている．しかし，これらの研究と比較すれば，学歴や教育に対する考え方が，教育達成の社会経済的格差を生み出すという点に注目した研究は少ないといえる．だが，学歴や教育に対する考え方は，それ自体が直接子どもの教育選択と結びついているだけではなく，子どもの学習意欲・学力や教育への投資とも関連して間接的にも教育選択と結びついているという点において，教育達成の格差が生成するメカニズムを明らかにする上で重要な変数と考えられる．例えば，そもそも高い学歴を得ることや学校教育に高い価値をおかなければ，学校で良い成績を取る必要はなく，塾や家庭教師などの学校外教育投資を行う必要もない．社会経済的に恵まれた層の子どもとそうでない子どもの学力差の原因としては遺伝的な要因だけではなく，文化的環境，家庭教師や塾の利用，親のサポートの影響などが大きいと考えられるが，文化的環境を整えたり，子どもを直接的・間接的にサポ

ートしたりする背景には，教育や学歴獲得に対する熱心さがあるだろう．また，経済的要因が教育達成に与える影響も，単に資源の制約として考えるのではなく，低所得層の学歴や教育に対する価値観が子どもの学習行動や将来像に対して影響を及ぼす可能性を考える必要がある（Mayer, 1997）．

このような学歴や教育に対する考え方の違いが，その社会経済的集団に特有の文化的な価値や規範を反映したもの（Hyman, 1967）であれ，社会的位置の差異に基づくもの（Boudon, 1974, Keller and Zavalloni, 1964）であれ，そもそも教育に対する様々な考え方に，人々の間でどのような差があるのか（藤原, 2015），そしてそれが子どもの教育達成にどのように関わってくるのかについては，十分に検討されてこなかった．人々の生活の中にますます教育が深く関係してくるようになってきたといわれるが，その教育への関わり方・接し方（選択・行為）は教育に対する意識によって変わってくるだろう．この教育に対する意識が，教育と社会経済的背景の偏りを生み出す要因と考えられる．

そこで本章は，まず子どもを持つ親の学歴や教育に対する考え方がどのような類型に分類されるのかを明らかにする．そしてその類型が自分の子どもに対する教育期待（どの程度の学歴を得てほしいのか）とどのように関連しているのか，またそれが教育期待に対する社会経済的背景の影響をどの程度媒介しているのかを明らかにする．以上の作業を通じて，現代日本社会における子どもをもつ親の教育意識の実態を明らかにするとともに，教育達成と社会経済的格差の結びつきを説明するメカニズムを考える上で，あらためて学歴や教育に対する考え方に注目する必要性を示すことが本章の目的である．

2 教育意識の分析枠組み

学歴や教育に対する考え方は教育意識[2]と呼ばれ，子どもにどの程度の教育を受けさせたいのかといった階層再生産や上昇移動に関する家族戦略の一環として扱われるだけではなく，教育に対する象徴的・規範的な意味付与を含んだ概念であり（本田，1998），社会生活の中で人々の行動を実際に方向づける社会意識である（園田，1975）と考えられる．

これまで教育意識と社会経済的地位の関係をみる上では，「子どもにはでき

るだけ高い教育を受けさせるのがよい」という高学歴志向が代表的な教育意識として用いられてきた．本田（1998）は，子どもの教育達成が父の学歴や職業の影響を受けると同時に，母親の高学歴志向の影響も強く受けていることを指摘した．ただし，このような高学歴志向が教育達成に影響を与えること自体は驚くべきことではなく，高学歴志向の違いがどのようにして生じているのかを明らかにすることが必要となる．この点に関して，中村（2000）は，高学歴志向が他の教育意識とどのような関連を持っているのかを明らかにすることで，その特徴と世代による変化を明らかにしている．1995年のSSM調査（社会階層と社会移動全国調査）データを用いて，中村（2000）は「①学歴獲得の機会が開かれていると認識されているのかどうか」と「②獲得した学歴が将来を左右すると認識しているか」どうかの2つの次元から4つの学歴に関する社会移動構造認知パターンを区別し，現実を「学歴メリトクラシー」として認知している人はどの年齢層でも高学歴志向になりやすく，「機会開放」と認知している人は，どの年齢層でも高学歴志向になりにくいことを明らかにした．また，藤原（2015）は，高学歴志向と学歴社会観という2つの教育意識のパネルデータ分析から，それぞれの教育意識に対する個人内の変化と個人間の差異の影響の違いを明らかにした．そこでは，高学歴志向は時間による変化が小さく，個人内での変化を受けにくい一方で，学歴社会観は時間による変化が比較的大きく，個人内の変化の影響を受けやすいことが示されている．松岡と前田は，高学歴志向，学校外教育志向，そして受験競争経験が人生にとってプラスになるかという3つの教育に関する意識に対して因子分析を行い，教育意識を潜在因子として抽出した分析を行っている（Matsuoka and Maeda, 2015）．

　本章も以上の先行研究のように複数の教育意識の関連を扱う．ただし，先行研究と異なるのは，ある教育意識に焦点を当てそれを他の教育意識から説明したり（中村，2000），教育意識を別々に分析したり（藤原，2015），また複数の教育に関する意識から，潜在的で一元的な教育意識を取り出す（Matsuoka and Maeda, 2015）のではなく，複数の教育意識に対する人々の異なる回答パターンの規模と特徴を潜在クラスモデルから明らかにするというアプローチをとる[3]．そして類型化された教育意識と社会経済的背景がどのように関連しているのかを分析する．

また，このように類型化された教育意識は，どのように子どもの教育達成と結びついているのだろうか．意識と達成（あるいは教育に関する行為・選択といってもよい）の関係を明らかにするためにはパネル調査から得られるデータが必要となるが，本章が用いるデータは横断的調査から得られたデータである．そこで，子どもの教育達成ではなく，親の子どもに対する教育期待への教育意識の影響を明らかにする．先述の通り，本田（1998）は，1995年のSSM調査データを用いて，高学歴志向が子どもの教育達成に与える影響を明らかにしたが，社会経済的背景が子どもの教育達成に与える影響を高学歴志向がどの程度媒介しているのかについては検討されていない．この点を踏まえ，本章では，親の子どもに対する教育期待と社会経済的背景の関連が，教育意識によってどのように媒介されているのかを明らかにする．

　本章が取り組むのは次の4つの課題である．まず，(1)教育意識の類型を示し，類型の特徴と規模を明らかにする．次に(2)社会経済的地位と教育意識の類型がどのような関連にあるのかを検討する．そして，(3)教育意識の類型と子どもに対する教育期待との関連を明らかにした上で，(4)教育意識の類型が，社会経済的地位が子どもに対する教育期待に対して持つ効果をどの程度媒介しているのかを推定する．

3　方　法

3.1　データと対象者

　分析には，2013年に実施された「教育と仕事に関する全国調査」（ESSM2013）のデータを用いる．教育意識の類型の抽出では，子どものいる対象者1,969名についてのデータを，そして子どもに対する教育期待の分析では，15歳以下の子どものいる対象者902名についてのデータを用いる．

3.2　変　数

　本章が類型化に用いるのは，**表8-1**に示した11の教育や学歴に関する項目である．学校教育や勉強がその後の生活で役に立つかどうかに関する項目（A,

表8-1 分析に用いた教育意識項目

A	学校で勉強する内容は人生で重要なものだ
B	やりたいことがないのに大学に進学するべきではない
C	安定した生活を送るには高校卒業後も学校に行った方がよい
D	一般に学校の授業で得た知識は仕事をする上で役立つ
E	日本は学歴がものをいう社会だ
F	受験競争の経験は人生にとってプラスになる
G	(自分の子どもについて)できるだけ高い教育を受けさせたいと思う
H	(自分の子どもについて)親よりも低い学歴になってほしくない
I	塾や家庭教師などに生活を切りつめても出費は当然
J	他人の学歴が気になる
K	学歴による収入の差が大きい

D, F),日本社会に関して学歴が社会的地位達成を決める度合いの高い学歴社会であるかどうか (C, E, K) といった学校教育や学歴の機能に関する項目,旧来から代表的な教育意識(本田,1998,中村,2000)として用いられてきた高学歴志向に関する項目(G),また学歴の下降移動回避(吉川,2006)についての項目(H, J),進学や学校外教育についての項目(B, I)である.教育意識の中でも特に学歴に関する意識が多く用いられているため,学歴意識の類型を明らかにするものといってもよい.もちろん他にも学校教育や学歴についての意識はあるが,すでに多様な意識を扱っているので,これに付加的に情報を与えても類型には大きく影響を与えない可能性が高いと考えられること,また,追加的な変数もここで明らかになった類型にそった分類や解釈が可能であると考えられるため,この11の変数を用いて教育意識の類型の抽出を行う.

これらの教育意識変数は**表8-1**のGとH以外は「そう思う」「どちらかといえばそう思う」「どちらかといえばそう思わない」「そう思わない」,GとHについては「かなりあてはまる」「ある程度あてはまる」「あまりあてはまらない」「あてはまらない」の4件法で答える形式だが,意識の類型を抽出する上では,簡単のため「そう思う」「どちらかといえばそう思う」また「かなりあてはまる」「ある程度あてはまる」を「賛成」,それ以外を「反対」の2カテゴリに変換して分析を行った.そして,教育意識に加えて,補助変数(auxiliary variables)として,階層帰属意識(「上」「中の上」「中の下」「下の上」「下の下」の5カテゴリ),生活満足度(「満足している」「どちらかといえば満足している」「どちらともいえない」「どちらかといえば不満である」「不満である」の5カテゴ

リ）を用いた．分析ではこれらを「上」あるいは「満足している」を5点とする量的変数として扱った．補助変数は類型化（潜在クラスの抽出）ではなく，潜在クラスの特徴をみる上で用いられる．

従属変数となる子どもに対する教育期待については，調査時点で健在の3番目までの子どもについて，最終的にどの段階まで進学して欲しいかをたずねている．この回答を教育年数に変換して分析する．選択肢とそれに対応する教育年数は，中学校まで（9年），高校まで（12年），専門学校まで（14年），短大・高専まで（14年），大学まで（16年），大学院まで（18年）となる[4]．なお，子どもの年齢が15歳以上の場合は分析から除いている．

独立変数は子どもレベルと親レベルに分けることができる．子どもレベルの独立変数については，性別と出生順位を用いる．子どもの性別については，女性が1，男性が0となるダミー変数を，出生順位については第1子を基準カテゴリとし，第2子ダミー，第3子ダミーを投入した．また，親レベルの独立変数としては，対象者の性別（女性ダミー），対象者と配偶者の学歴（中学・高校，短大・専門・高専，大学，その他・無回答），職業（専門・管理，ノンマニュアル，自営，熟練マニュアル，半熟練マニュアル・非熟練マニュアル・農業，その他・無職・無回答），そして世帯収入（450万円未満，650万円未満，1,000万円未満，1,000万円以上，不明・無回答）を用いる．男女同時に分析を行うため，対象者が男性の場合は，学歴は父学歴，職業は父職業とし，配偶者の学歴と職業をそれぞれ母学歴と母職業とした．また対象者が女性の場合は，学歴は母学歴，職業は母職業とし，配偶者の学歴と職業を父学歴と父職業とした．「父」「母」の表記は，あくまで子どもにとっての父母を意味しており，対象者の父親や母親を意味しているのではない．また，子どもの数についても投入している．ただし，一人っ子の効果についてはダミー変数を用いて推定した．

教育意識は，対象者の現在の社会経済的地位だけではなく，対象者がどのような背景の出身かによっても影響を受ける可能性がある．そこで，対象者の出身背景に関する変数を用いた．対象者の父親および母親（子どもにとっての祖父・祖母）の学歴と職業，中学3年生当時の家庭の暮らし向き，14の所有財の有無，本の冊数，そしてきょうだい数の計20の変数に対して，欠損値を補充変数とした多重対応分析を行い，その第1軸についてのスコア（平均0，標準

偏差1に標準化)を,対象者の出身階層変数とした.

3.3 潜在クラスモデル

　教育意識の類型を抽出するために,潜在クラスモデルを用いた.このモデルによって,複数の教育意識変数に対する回答パターンがどのような類型として抽出されるかという類型化と,個人がどの類型に所属しやすいのかを同時に明らかにすることが可能である.因子分析や主成分分析が変数間の関連構造に注目しているのに対して,潜在クラスモデルでは個人がどのようなグループに属する傾向があるのかに注目しているといえる.類型を抽出する上で,類型の数はあらかじめ仮定するのではなく,情報量規準(BIC)をもとに探索的に検討する.潜在クラスモデルの基本的な考え方については,藤原ほか(2012)を参照.

3.4 ランダム効果モデル

　子どもレベルと親レベルの独立変数があるため,子どもに対する教育期待に与える要因を分析する上では,ランダム効果モデルを用いた.y_{ij}を家族jにおけるi番目の子どもに対する期待教育年数とし,k番目の子どもレベル変数をx_{kij}とすると,モデルは次のようになる.

$$y_{ij} = \beta_0 + \sum \beta_k (x_{kij} - \bar{x}_{k\cdot j}) + u_j + e_{ij}$$

　β_0は切片,β_kはk番目($k=1, \ldots, K$)の子どもレベル変数の効果を示す.子どもレベルの変数はグループ内平均からの偏差を求めて投入しているため(within-group centering),推定されたパラメータβ_kは同一家族内における子どもレベル変数の平均的な効果(within effect)を示したものと解釈可能である[5].また,u_jはこのモデルにおいて観察されない家族や家庭背景の特徴と解釈することができる[6].e_{ij}は誤差である.切片のみのモデルで級内相関(ICC)を求めると,0.825であり集団間の違いが集団内の違いに比べて大きい,つまり子どもに対する教育期待について,家庭間のばらつきが家庭内のばらつきと比較して大きいことが分かる[7].

　そして,この家庭間の効果u_jと家族・親レベルの変数との関連をモデル化

する．まず，家族・親レベルの社会経済的地位や背景などに関する変数を z とする．また，潜在クラスモデルから得られた各個人が属する意識の類型 c が加えられる[8]．すると，モデルは次のようにあらわされる．

$$u_j = \sum \gamma_m z_{mj} + \sum \delta_l c_{lj} + v_j.$$

ここで，γ_m は m 番目（$m=1, 2, \ldots, M$）の家族・親レベルの社会経済的地位や背景などに関する変数の効果を示す．δ_l は l 番目（$l=1, 2, \ldots, L$）の意識の類型に関する変数の効果である．v_j は家族・親レベルの誤差であり z や c の影響を考慮してもなお残る，家族や家庭背景の特徴である．

以上のモデルをもとに，分析では2つのモデルを考える．モデル1は，子どもレベルの変数はすべて投入した上で，対象者の社会経済的地位や背景に関する変数 z のみを投入し，子どもに対する教育期待の社会経済的格差の実態を明らかにする．モデル2はそこに教育意識の類型 c を投入することで，社会経済的地位や背景の影響をコントロールした上で，教育意識の類型が子どもに対する教育期待とどのような関連にあるのかを明らかにする．そして，モデル1とモデル2の社会経済的地位変数の係数の比較から，教育意識の類型が社会経済的変数の効果をどの程度媒介しているのかを明らかにする．

4　分　析

4.1　潜在クラスモデルによる教育意識の類型化

教育意識の類型化を行う際の潜在クラスモデルのクラス数は，モデルの適合度を参照し，探索的に決定する．クラス数の選択については尤度比カイ2乗統計量や AIC よりも BIC を用いることが推奨されているため，本章の分析でも BIC を用いた（Nylund et al., 2007）．潜在クラスモデルによる分析の結果，クラス数1から6つまでを仮定した計6つのモデルの中で，BIC が最も小さいクラス数4のモデルを選択するのが妥当だと判断した[9]．

潜在クラスを4つとしたときのクラス構成割合と条件付き応答確率を**表8-2**に示した．**表8-2**から各クラスの構成割合（規模）とその特徴を検討する．ま

表 8-2 潜在クラスモデル（4クラス）の結果

(%)

		クラス1	クラス2	クラス3	クラス4	全体
クラス構成割合		41.0	24.8	25.1	9.1	100.0
条件付き応答確率						
A	学校で勉強する内容は人生で重要なものだ	95.9	97.2	37.3	34.2	75.9
B	やりたいことがないのに大学に進学すべきではない	44.8	49.2	54.5	71.1	50.9
C	安定した生活を送るには高校卒業後も学校に行った方がよい	87.1	42.3	54.7	10.4	59.8
D	一般に学校の授業で得た知識は仕事をする上で役立つ	80.3	81.0	16.4	13.2	58.3
E	日本は学歴がものをいう社会だ	96.6	64.2	85.4	51.3	80.8
F	受験競争の経験は人生にとってプラスになる	80.1	46.6	33.7	18.1	53.8
G	（自分の子どもについて）できるだけ高い教育を受けさせたいと思う	98.6	65.6	80.7	14.3	77.2
H	（自分の子どもについて）親よりも低い学歴になってほしくない	90.2	47.8	71.9	28.2	68.4
I	塾や家庭教師などに生活を切りつめても出費は当然	45.6	16.4	30.7	8.9	30.6
J	他人の学歴が気になる	38.7	6.3	16.4	1.9	21.1
K	学歴による収入の差が大きい	90.0	50.1	78.5	52.9	73.0
階層帰属意識（1-5点）の平均値		3.254	3.124	2.929	2.865	3.102
生活満足度（1-5点）の平均値		3.668	3.746	3.414	3.470	3.607

注：$n=1,969$，G2 = 1520.6，自由パラメータ数 = 47，BIC = 25046.1．
A～Kまでの値は「賛成」に回答した割合．値が大きいものを太字に，小さいものに下線をひいた．

ずクラス1が最も多く，41％がこのクラスに属する．このクラスは，学校教育の価値や勉強の重要性を認め，そして日本が学歴社会だと考えており，また，他人の学歴についても気にする傾向がある．次に，クラス2は約25％であり，学校教育の価値や勉強の重要性を認めながらも，学歴が地位達成に与える影響については否定的な考え方を持ちやすい傾向がある．クラス3も約25％であり，学校教育や勉強の価値については否定的だが，日本が学歴社会であると考える傾向にある．残るクラス4は約9％であり，最も規模が小さい．このクラスは，学校教育の価値や勉強の重要性についても，学歴がその後の地位達成に与える影響についても否定的であり，他人の学歴も気にしない傾向がある．子どもを持つ親の約4割が学校教育や勉強に対して肯定的であり，また社会における学歴の重要性を認める傾向があるが，残りの約6割についてはいずれかあるいは

両方に否定的な意見を持ちやすいといえる.

これらクラスについて階層帰属意識と生活満足度の平均値を比較すると,階層帰属意識についてはクラス1が最も高く,次いでクラス2が高い.クラス3とクラス4の階層帰属意識は低くなっている.そして,生活満足度については,クラス1とクラス2が高く,クラス3とクラス4は低くなっている.つまり,学校教育や勉強の価値について肯定的な人々は,階層帰属意識や生活満足度が高い傾向があるといえる.

以下ではこの教育意識の潜在クラスと社会経済的背景および教育期待との関連について検討する.なお,15歳以下の子どもに対する情報が得られたケースのみを対象とするため,分析に用いるケースは限られる[10](クラスが欠損であるケースを含めて,$n=902$).

4.2 社会経済的背景と潜在クラスの関連

社会経済的地位によって教育意識の潜在クラスへの所属がどのように異なるのかを,クロス表で示したのが**表8-3**である.**表8-3**より,社会経済的背景と潜在クラスの関連は,母親の職業と子どもの数以外はどれも5%水準で統計的に有意であった.

性別については,女性のほうがクラス1になりやすく,男性のほうがクラス3になりやすい.年齢については,30代ではクラス2になりやすく,40代ではクラス1になりやすい.父学歴については,学歴が高いとクラス1になりやすく,クラス4になりにくい.また,学歴が低いと,クラス1になりにくく,クラス3やクラス4になりやすい.母学歴についても父学歴と同様の傾向がみられ,学歴が高いとクラス1になりやすく,クラス4になりにくい.また学歴が低いと,クラス1になりにくく,クラス3になりやすい.父親の職業については,専門・管理であると,クラス1になりやすく,クラス4にはなりにくい.一方,ノンマニュアルであるとクラス2になりやすい.熟練であると,クラス1になりにくく,クラス3になりやすい.半熟練・非熟練・農業であると,クラス1になりにくく,クラス4になりやすい.母親の職業については調整済み残差でみても,半熟練・非熟練・農業がクラス4になりやすい以外に,傾向に特徴はみられない.世帯収入については,収入が高いとクラス1になりやすく,

表8-3 社会経済的背景と潜在クラスとの関連 (%)

		クラス1	クラス2	クラス3	クラス4	全体	p	Cramer's V
性別	男性	<u>35.9</u>	25.4	29.2	9.5	100.0	.000	.171
	女性	48.8	26.2	<u>16.0</u>	9.1	100.0		
年齢	30-39歳	<u>37.9</u>	32.0	19.9	10.2	100.0	.002	.110
	40-49歳	47.4	<u>20.9</u>	22.6	9.1	100.0		
	50-65歳	38.7	22.6	33.9	4.8	100.0		
父親学歴	中学・高校	<u>32.1</u>	27.2	26.4	14.3	100.0	.000	.116
	短大・専門・高専	37.5	30.2	21.3	11.0	100.0		
	大学	**50.6**	23.8	20.2	<u>5.4</u>	100.0		
	その他・不明	50.0	21.9	18.8	9.4	100.0		
母親学歴	中学・高校	<u>32.4</u>	26.6	29.5	11.5	100.0	.003	.099
	短大・専門・高専	46.3	24.4	19.2	10.1	100.0		
	大学	48.8	27.2	18.3	<u>5.6</u>	100.0		
	その他・不明	33.3	27.8	33.3	5.6	100.0		
父親職業	専門・管理	**52.0**	22.4	21.6	<u>4.0</u>	100.0	.000	.151
	ノンマニュアル	<u>30.2</u>	**39.7**	18.1	12.1	100.0		
	自営	37.0	26.0	21.9	15.1	100.0		
	熟練	<u>33.6</u>	25.3	29.5	11.6	100.0		
	半熟練・非熟練・農業	<u>33.3</u>	29.2	21.9	15.6	100.0		
	その他・無職・無回答	**56.1**	<u>14.0</u>	17.5	12.3	100.0		
母親職業	専門・管理	47.1	27.5	20.3	5.2	100.0	.113	.093
	ノンマニュアル	38.4	26.8	23.7	11.2	100.0		
	自営	43.2	32.4	13.5	10.8	100.0		
	熟練	30.0	35.0	15.0	20.0	100.0		
	半熟練・非熟練・農業	35.5	24.7	23.7	16.1	100.0		
	その他・無職・無回答	46.3	23.3	23.3	7.0	100.0		
世帯収入	450万円未満	<u>30.6</u>	31.7	23.0	14.8	100.0	.000	.125
	650万円未満	39.0	28.5	23.5	9.0	100.0		
	1,000万円未満	44.6	22.8	24.1	8.5	100.0		
	1,000万以上	**64.2**	<u>16.5</u>	15.6	<u>3.7</u>	100.0		
	不明・無回答	43.6	26.6	21.8	8.1	100.0		
こどもの数	1人	38.4	30.2	24.4	7.0	100.0	.055	.081
	2人	44.8	26.3	19.9	9.0	100.0		
	3人	43.8	<u>17.0</u>	26.8	12.4	100.0		
	4人	39.1	30.4	13.0	17.4	100.0		
出身階層スコア(3分位)	下	<u>35.8</u>	29.4	25.8	9.0	100.0	.075	.083
	中	45.7	25.2	18.4	10.8	100.0		
	上	46.3	23.0	22.6	8.1	100.0		
	全体	42.6	25.8	22.3	9.3	100.0		

注：n=840（クラスが欠損であるケースを除く）．太字は調整残差が1.96以上，下線は調整残差が-1.96以下．

収入が低いとクラス2やクラス4になりやすい．

以上の記述的分析から，社会経済的地位によって教育意識は異なっていることが分かる．社会経済的地位が高いほうが，学校教育の価値や勉強の重要性を認め，そして日本が学歴社会だと考えやすいクラス1になる傾向がある．一方，社会経済的地位が低いと学校教育の価値や勉強の重要性を認めず，そして学歴の価値について否定的なクラス4への所属確率が高まる傾向にある．

中間的な位置に位置づけられるクラス2とクラス3については，父親，母親ともに学歴が低いほうがクラス3になりやすい．職業についても父親についてはノンマニュアルだとクラス2になりやすい．世帯収入については，不利であるとクラス2になりやすい．つまり，学歴が不利であるとクラス3に，経済状況が不利であるとクラス2になりやすいといえる．

4.3 ランダム効果モデルによる子どもに対する教育期待の分析

教育意識の類型によって子どもに対する期待教育年数の平均値がどのように異なるのかを図8-1に示した．クラス1で最も期待教育年数が長く，クラス4で最も短い．クラス2とクラス3では，クラス3のほうが若干平均値が高いが統計的に有意な差はここではみられない．

次にランダム効果モデルによる分析から，子どもへの期待教育年数を従属変数とした分析を行い，教育意識と子どもへの教育期待がどのように結びついているのかを明らかにする．**表8-4**のモデル1は社会経済的変数のみを，モデル2はそこに教育意識の類型を投入したモデルである．モデル1より社会経済的変数の多くは有意な効果を持っていることが分かる．父母ともに学歴が高いほど，世帯収入が高いほど，子どもの数が多いほど，子どもへの教育期待が高くなる．父親の職業については，専門・管理と比較してノンマニュアルであると子どもへの教育期待は低くなる傾向がある．母親の職業については，半熟練・非熟練・農業であると，専門・管理に比べて期待は低くなる．また出身階層スコアは正の有意な効果を持ち，対象者の出身階層が高いと，子どもに対する期待は高くなる傾向がある．決定係数（Between）より，子どもに期待する教育年数のばらつきの約29%が，このような社会経済的変数によって説明されている．

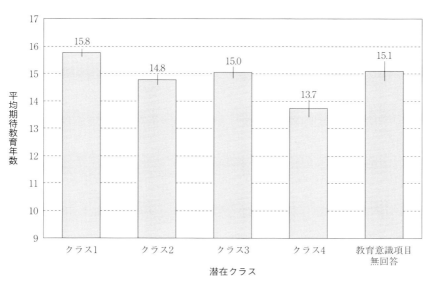

図8-1 教育意識の類型別の子どもに対する期待教育年数の平均値

　モデル2はモデル1に，教育意識の類型を投入したものである．社会経済的変数をコントロールした状態でも教育意識の類型の影響は有意である．学校教育・勉強の意義そして社会における学歴の役割を認めているクラス1が，最も子どもに高い教育を期待しやすく，学校教育・学歴の役割を認めないクラス4が最も教育期待が低い傾向がある．またクラス2に比べクラス3のほうが高い教育を期待しやすいといえる（差は10％水準で有意）．クラス2は，学校教育の価値や勉強の重要性は認めるが，学歴が地位達成に与える影響については否定的であり，クラス3は学校教育や勉強の価値については否定的で，日本が学歴社会であると考えていた．したがって，学校教育や勉強の意義よりもこの世の中が学歴社会であると認め，学歴のリターンを高く考えているほうが，子どもへの教育期待が高い傾向があることが示唆された．

　なお，この教育意識の類型の影響が男女で異なるかどうかを検討するために，性別と教育意識の類型の交互作用項を加えた分析を行ったが，どの交互作用も有意ではなかった（結果は省略）．したがって，教育意識の類型の影響が男女で異なるとはいえない．

表 8-4　子どもに対する期待教育年数と社会経済的背景および教育意識の影響

	モデル 1 係数	モデル 1 標準誤差	モデル 2 係数	モデル 2 標準誤差	説明された割合
子どもレベル変数					
子どもの性別	-.394 **	.060	-.390 **	.060	—
子ども出生順位（基準：第 1 子）					
第 2 子	-.045	.043	-.048	.042	—
第 3 子	-.080	.073	-.078	.073	—
家族・親レベル変数					
対象者性別（女性ダミー）	.025	.096	-.059	.093	
対象者年齢（基準：30-39 歳）					
40-49 歳	.287 **	.101	.227 *	.097	20.9%
50-65 歳	.630 **	.201	.524 **	.196	16.8%
父親学歴（基準：中学・高校）					
短大・専門・高専	.284 †	.163	.291 †	.156	-2.5%
大　学	.790 **	.132	.728 **	.129	7.8%
その他・無回答	-.244	.355	-.259	.330	—
母親学歴（基準：中学・高校）					
短大・専門・高専	.307 *	.128	.323 **	.121	-5.2%
大　学	.496 **	.142	.501 **	.136	-1.0%
その他・無回答	-.675 †	.410	-.663 †	.387	
父親職業（基準：専門・管理）		.000			
ノンマニュアル	-.301 *	.142	-.137	.138	54.5%
自　営	-.277	.197	-.157	.191	43.3%
熟　練	-.136	.145	-.076	.139	44.4%
半熟練・非熟練・農業	-.205	.183	-.137	.170	33.2%
その他・無回答	.055	.255	.004	.239	—
母親職業（基準：専門・管理）					
ノンマニュアル	-.055	.141	.007	.136	
自　営	-.087	.261	-.070	.259	19.6%
熟　練	-.523	.328	-.404	.349	22.8%
半熟練・非熟練・農業	-.538 **	.193	-.448 *	.186	16.7%
その他・無回答	.180	.134	.137	.128	
世帯収入（450 万円未満）					
650 万円未満	.330 *	.152	.229	.146	30.6%
1,000 万円未満	.534 **	.157	.425 **	.146	20.4%
1,000 万以上	.739 **	.163	.557 **	.155	24.6%
不明・無回答	.255	.172	.130	.162	—
ひとりっ子	.044	.176	.082	.174	—
子どもの数	-.178 †	.107	-.151	.109	15.2%
対象者の出身階層スコア	.150 *	.068	.133 *	.065	11.3%
教育意識の類型（基準：クラス 2）					
クラス 1			.716 **	.116	
クラス 3			.273 †	.143	
クラス 4			-.746 **	.198	
教育意識項目無回答			.538 *	.216	
切　片	14.570 **	.349	14.330 **	.355	
n（観察数，クラスタ数）	1,498	902	1,498	902	
R^2（Within, Between）	.098	.291	.098	.348	
R^2（Overall）	.282		.350		

注：クラスタ標準誤差．† $p<.10$，* $p<.05$，** $p<.01$．
　　モデル 1 において係数の値が 0.1 未満のものや，カテゴリがその他・無回答のものについては割合は省略した．

教育意識変数を投入することでどの程度係数の値が減少したのか，その割合をみたのが表の最後の列（説明された割合）である（Clogg et al., 1995）．モデル1における期待教育年数に対する社会経済的変数の効果を総効果としたとき，教育意識変数を媒介した間接効果の程度を割合で示している．モデル1で有意な効果のみられた変数について間接効果を検討すると，父大卒効果の約8%を教育意識が媒介しているが，父学歴が短大・専門・高専や母学歴についてはむしろ影響が強くなっている．父親ノンマニュアルの約55%，母親半熟練・非熟練・農業の約16.7%を，教育意識が媒介している．世帯収入については約20-31%を教育意識が説明している．出身階層の効果については，約11%を教育意識が媒介している．変数によってその媒介の程度は異なるものの，社会経済的地位や背景によって学校教育や勉強することの意義および学歴と社会との関係に対する考え方が異なり，それが子どもへの期待へと結びついているといえる．もちろん，教育意識をコントロールしても，社会経済的背景は有意な効果を持ち続けているため（特に学歴），その直接効果がどのようにして生じるのかを検討する必要があるが，教育意識を媒介とした間接効果の存在が示された．

5　教育意識を通してみた教育達成の社会経済的地位

　本章は，子どもを持つ親の学歴や教育に対する考え方がどのような類型に分類されるのかを検討し，それが子どもに対する教育期待にどのように影響しているのか，またそれが教育期待に対する社会経済的背景の影響をどの程度媒介しているのかを示した．

　2013年に実施された「教育と仕事に関する全国調査」のデータの分析の結果，以下のことが明らかになった．まず，11の教育意識について潜在クラスモデルによる分析を行ったところ，4つの類型が抽出された．その類型は，①学校教育の価値や勉強の重要性を認め，そして日本が学歴社会だと考えており，また，他人の学歴についても気にする傾向があるクラス（クラス1，41.0%），②学校教育の価値や勉強の重要性を認めながらも，学歴が地位達成に与える影響については否定的な考え方を持ちやすい傾向があるクラス（クラス2，24.8%），

③学校教育や勉強の価値については否定的だが，日本が学歴社会であると考える傾向にあるクラス（クラス3，25.1%），④教育の価値や勉強の重要性についても学歴がその後の地位達成に与える影響についても否定的であり，他人の学歴も気にしない傾向があるクラス（クラス4，9.1%）である．教育意識が高い―低いという一元的な見方だけではなく，様々なパターンに分ける方法によって，教育に関する考え方の実態を読み解くことも可能であることを，この結果は示唆している．

次に，教育意識の類型が社会経済的背景によってどのように異なるのかを分析した．その結果，クラス1が最も社会経済的に有利であり，クラス4が最も不利であった．これらクラスの中間にクラス2とクラス3は位置しており，クラス2は経済的に不利であり，クラス3は学歴面で不利なクラスであるといえる．

そして，これらの教育意識の類型によって子どもに対する教育期待がどのように異なるのかをランダム効果モデルから検討したところ，クラス1，クラス3，クラス2，クラス4の順で子どもに期待する教育の水準が高いことが明らかになった．なお，この傾向に性別による違いはみられなかった．クラス2とクラス3の比較からは，学歴が地位達成に与える影響を強く認めている層のほうが，学校教育の価値や勉強の重要性を認めている層よりも子どもに対する教育期待が高い傾向が示唆された．**表8-2**にみられるようにクラス2は階層帰属意識や生活満足度は低く，また**表8-3**にみられるように階層的地位が低いとクラス2になりやすいが，学歴メリトクラシー構造の存在を認知しているため，子どもへの教育期待が高くなっている．上昇移動の手段として子どもに高い学歴を獲得させようとする層が明らかになったといえる．

そしてこれら教育意識の類型は，社会経済的地位が子どもに対する教育期待に与える影響をいくらか媒介していた．父親についても母親についても，学歴の効果を教育意識はあまり媒介していないが，父職や世帯収入の効果は比較的大きく媒介していた．これは，**表8-3**で検討したように，教育意識の類型が父職や世帯収入の影響を強く受けているためである．

以上の結果から，社会経済的地位が子どもに対する教育期待に与える影響を説明する上で，本章が用いた教育意識の類型を抽出し，それを媒介とした因果

関係を考えることが有効であったといえる．ただし，教育意識の類型が社会経済的地位によって異なることやそれによって子どもへの期待が異なることは分かったが，それがどのようなメカニズム（プロセス）によるものなのかについてはさらなる理論的・実証的な検討が必要である．また，子どもの教育期待ではなく実際の教育達成についての分析から再度検討する必要があるだろう．

　社会の変化をみる上では，進学率や社会階層構造といった客観的な変化をみるだけではなく，個々人の意識といった主観の変化を明らかにすることが重要である．社会階層研究には，客観的属性の関連分析（属性→属性）や，主観的特徴を客観的属性によって明らかにする（属性→意識）ものが多いが，財・資源・機会だけではなく，社会経済的状況によって偏って分布する意識や価値観，そしてそれにもとづく選択・行為を通じて格差・不平等が生じるプロセス（属性→意識→属性）を明らかにする必要がある．例えば，現在の社会経済的地位によって，教育意識や子どもへの教育期待が異なり，それによって，子どもを持つか持たないか，あるいは子どもを何人持つかが異なっている可能性を考えることができる[11]．このような少子高齢化の問題と関連付けた分析枠組みも有効だろう．しかし，このようなプロセスを明らかにするためには長期的な観察とその効果的な分析手法の開発を行う必要があり，またどのような意識や価値観が属性と属性の媒介となっているのかについての理論化・仮説化，そして操作化・尺度化を行う必要がある．

　また，長期的な課題として，本章が示したような教育意識やその類型が今後どのように変化していくのかを明らかにすることを通じて，社会の変化を観察していくことをあげておきたい．

1) 他にも学校を媒介とした説明（トラッキング，ラベリングなど）を考えることができる．メカニズムの整理については，鹿又（2014），平沢（2010），古田（2011）などを参照．
2) 教育観とも呼ばれ，「人々が教育に対して持っている意識・信念・態度などの全体をさし，それは，社会生活の中で人々の行動を実際に方向づける『社会意識』」（園田，1975: 53）として位置づけられることもある．
3) 同じデータを用いて教育意識の潜在クラスモデルを適用した研究としては中澤（2015）がある．
4) 教育期待を順序変数とし，順序ロジットモデルを用いることも可能であるが，

教育意識の類型の媒介効果を推定することが困難であること，少なくとも有意か否かについて結果はほぼ変わらないこと，解釈が容易であることから連続変数として用いた．
5) なお，家族内変数の平均値 $\bar{x}_k \cdot_j$ を親レベルの変数に含める場合もあるが，用いる子どもレベルの変数が性別と出生順位であり，性別構成の影響については本章の趣旨とは異なること，また出生順位の家族内平均はきょうだい数にほぼ反映されるので，家族内変数の平均値はモデルに含めない．
6) 通常のランダム切片モデルは u_j は β_{0j} と表記され，右辺の左側に置かれる．$\beta_{0j} = \beta_0 + u_j$ と考えればよい．
7) 親は自分の子どもたちに対して同様の期待をする傾向があるともいえる．
8) ランダム効果モデルの枠組みで，潜在クラスの測定とその影響を同時に推定することは困難であるため，ここでは最終的な潜在クラスモデルの結果から，個人が最も所属しやすいクラスを予測し，それを観察された変数（顕在変数）として用いている．
9) クラス 3，クラス 4，クラス 5 の BIC はそれぞれ 25096.1，25046.1，25069.3 となる．
10) 分析から除外したケースと分析に用いたケースのクラス構成割合に大きな違いはなく，5％水準で統計的に有意な違いはない（$\chi^2 = 7.031$, d.f. $= 3$, $p = 0.071$, Cramer's $V = 0.060$）．
11) 高学歴化と少子化が進む今日では，きょうだい数が教育達成に与える負の影響は，資源の希釈だけではなく，このような因果プロセスを考慮したほうがよい．

【文献】

阿部彩，2008，『子どもの貧困——日本の不公平を考える』岩波書店．
Boudon, Raymond, 1974, *Education Opportunity, and Social Inequality: Changing Prospects in Western Society*, John Wiley & Sons.
Clogg, Clifford C., Eva Petkova and Adamantios Haritou, 1995, "Statistical Methods for Comparing Regression Coefficients between Models," *American Journal of Sociology*, Vol. 100: 1261-1293.
藤原翔，2015，「教育意識の個人間の差異と個人内の変化——『働き方とライフスタイルの変化に関する全国調査（JLPS）データを用いた分析』」『社会と調査』15: 40-47.
藤原翔・伊藤理史・谷岡謙，2012，「潜在クラス分析を用いた計量社会学的アプローチ——地位の非一貫性，格差意識，権威主義的伝統主義を例に」『年報人間科学』第 33 号: 43-68.
古田和久，2011，「教育機会の階層差に関する理論的説明の検討」『大阪大学大学院人間科学研究科紀要』第 37 巻: 193-213.
原純輔・盛山和夫，1999，『社会階層——豊かさの中の不平等』東京大学出版会．
平沢和司，2010，「教育と社会階層」岩井八郎・近藤博之編『現代教育社会学』有斐閣，pp. 41-60.

本田（沖津）由紀，1998，「教育意識の規定要因と効果」苅谷剛彦編『教育と職業――構造と意識の分析』1995年SSM調査研究会，pp. 179-197.

Hyman, H. H., 1967, "The Value Systems of Different Classes," R. Bendix and S. M. Lipset, eds., *Class, Status & Power: Social Stratification in Comparative Perspective 2nd edition*, London: Routledge & Kegan Paul, pp. 488-499.

鹿又伸夫，2014，『何が進学格差を作るのか――社会階層研究の立場から』慶應義塾大学出版会．

苅谷剛彦・志水宏吉編，2004，『学力の社会学――調査が示す学力の変化と学習の課題』岩波書店．

Keller, S. and M. Zavalloni, 1964, "Ambition and Social Class: A Respecification," *Social Forces*, Vol. 43: 58-70.

吉川徹，2006，『学歴と格差・不平等――成熟する日本型学歴社会』東京大学出版会．

小林雅之，2008，『進学格差――深刻化する教育費負担』筑摩書房．

近藤博之・古田和久，2009，「教育達成の社会経済的格差――趨勢とメカニズムの分析」『社会学評論』第59巻第4号: 682-698.

Matsuoka, Ryoji and Tadahiko Maeda, 2015, "Attitude toward Education as Influenced by Neighborhood Socioeconomic Characteristics: An Application of Multilevel Structural Equation Modeling," *Behaviormetrica*, Vol. 42, No. 1: 19-25.

Mayer, Susan E., 1997, *What Money Can't Buy: Family Income and Children's Life Chances*, Harvard University Press.

中村高康，2000，「高学歴志向の趨勢――世代の変化に注目して」近藤博之編『日本の階層システム3 戦後日本の教育社会』東京大学出版会，pp. 151-173.

中澤渉，2015，「教育をめぐる日本人の意識構造――潜在クラス多項ロジットモデルによる推定」中村高康編『全国無作為抽出調査による「教育体験と社会階層の関連性」に関する実証的研究（平成23～26年度科学研究費補助金基盤研究A研究成果報告書）』pp. 69-85.

Nylund, Karen L., Tihomir Asparouhov and Bengt O. Muthén, 2007, "Deciding on the Number of Classes in Latent Class Analysis and Growth Mixture Modeling: A Monte Carlo Simulation Study," *Structural Equation Modeling*, Vol. 14, No. 4: 535-569.

園田英弘，1975，「日本人の教育観」清水義弘監修，大橋薫・山村健編『現代教育社会学講座1 現代教育の診断』東京大学出版会，pp. 53-79.

9章
高学歴社会における「学校教育の意義」
学校経験に対する人々の認識をもとに

古田　和久

1　学校教育の意義を問う風潮

　近年，学校教育の意義が厳しく問われている．本田（2009）は「教育の職業的意義」が低かった日本社会の歴史的経緯を示したうえで，1990年代以降の雇用環境の悪化を踏まえ，「職業的意義」を高めるべきだと訴える．また，濱中（2013）は大卒学歴の経済的効用は増大しているにもかかわらず，世間では大学生の資質低下が叫ばれるように学歴の効用を疑う風潮も強く，実態と認識の乖離が存在することを強調している．さらに，OECD（経済協力開発機構）「国際成人力調査（PIAAC）」の結果によれば，就業者の学歴と現在の仕事に必要だと思う学歴とを比較すると，日本は実際の学歴のほうが高い「オーバー・クオリフィケーション」の割合が高い国の1つだとされている（国立教育政策研究所編，2013）．このように，学校教育と職業領域との間の齟齬が大きな議論となっている．

　この状況は，「過剰教育」が大卒者の供給が増える一方で経済不況が到来した時期に問題化されたこと（Freeman, 1976）を思い起こせば，新卒就職者数において大卒者が高卒者を上回るなかで，就職難が顕在化した近年の社会状況を反映したものと考えることもできる．しかし，「学校で得られた知識は役に立たない」といった認識が根強く存在してきたことも事実である．そしてそうしたイメージが浸透してきた理由を問うことは，これまでの日本社会における学校教育と職業の接続の特徴，あるいは今後のあり方を考えるうえで，基礎的な作業として位置づけることができるだろう．本章は学歴や在学時の学校経験と

学校教育の意義に関する意識との関連を分析し,「学校で得られた知識は役に立たない」といった社会意識の背景を探る.

2 先行研究と本章の課題

　職業的地位や所得に対する学歴の効果に関する複数の研究は，その効果が弱まっていないことを確認している（原・盛山，1999）．最近では平沢（2011）が初職，現職と現在の所得に対する学歴・学校歴の影響を分析した結果，学歴や学校歴の効果が安定していること，一部の大学では専門学校卒や短大・高専卒と職業や所得の違いがないことなどを指摘している．職業経歴に目を向ければ，初職からの転職先である「セカンドジョブ」への就職においても，学歴と学校歴が影響を及ぼすとされるが（濱中・苅谷，2000），同一企業内での昇進に対する大学ランクの効果はどの職位への昇進にも一律ではなく，高ランクの大学を卒業したことは，より上位の職位への昇進を有利にするとの分析もある（Ishida et al., 1997）．さらに，専門学校卒の職業的地位は大卒と高卒の中間に位置すること（濱中・米澤，2011），大学院卒は大卒に比べて職業的地位を高めるが収入は高くならないこと（村澤，2011）が報告されている．

　学校歴に関しては，大学の入学難易度による就職機会の差異が古くからの関心事であったが（苅谷・本田編，2010），最近では在学時の学生生活がその後の職業にどのように関係するかという視点を持つ研究も増えている．例えば，平沢（2010）は就職活動の結果を複数の観点から捉え，学校歴をコントロールしても，大学の成績やクラブへの参加が企業規模や職種などに影響することを確認している．また，松繁編（2004）は，同一大学の卒業者を対象とした調査をもとに，大学での高い成績が志望順位や初任給の高い企業に就職する可能性を高めること，役員への昇進にもプラスの効果を持つこと，などを明らかにした．さらに，矢野らの研究は，大学時代の学習経験が卒業時の知識能力および現在の知識能力の向上を介し，現在の所得の上昇につながっていることを示したうえで，「学び習慣仮説」として，大学での学習経験の効用を強調する（矢野，2009，濱中，2013）．これらの研究は，大学教育が就職活動や初職のような短期的側面だけでなく，その後の昇進や所得などの長期的側面に対しても影響する

ことを明らかにするものである．したがって，入学難易度による大企業就職機会の差異を「訓練可能性」として解釈すること（天野，1984）にとどまらない，大学教育の意義を示しているといえる．

他方，日本の大卒者は在学中に獲得した知識・技能が職業生活で活用される度合いが低いとする報告もあるように（吉本，2001），以前から「大学教育は仕事に役に立たない」という社会通念が存在した．学校が仕事現場と異なる以上，学校と仕事の間には何らかの齟齬が生じるはずだが，そうした齟齬が強調されるのは，日本の企業が企業外での専門教育よりも，OJT などの社内教育あるいは組織内での幅広い経験を重視するために，大学教育や専門教育機関としての大学の機能低下がもたらされるといった認識（岩田，1988）もあったと考えられる．加えて，国際比較研究において，教育の職業特殊性の弱いタイプに分類される（Müller and Shavit, 1998）日本の制度的特徴も重要である．

ただし，職業生活との関連で学校教育にどのような意義を見出すのかについては個人の特徴が反映される．事実，最終学歴（学科・専攻分野を含む）や職種によって評価が異なり，大学では社会科学，人文科学，理工系の順に「職業的レリバンス」が低く，逆に保健や教育で高いこと，初職が専門技術職の者で評価が高いことなどが報告されている（本田，2008）．橘木・松浦（2009）によれば，学歴や現職の効果に加えて，銘柄大学の卒業者は仕事での大学教育の有用感を低く評価する傾向にあるという．教育効果の持続性の観点からは，教育効果の減耗，不適合，陳腐化によって（塚原，1987），学校教育の意義が失われていく可能性もある．その反面，卒業後の経過年数が長いほど大学で得た知識の有用性が高まるとする結果も示されている（吉本，2004）．

さらには，学校教育が「仕事に役立たない」という認識と実態との間に不一致が生じる余地も考えなくてはならない．例えば，アメリカの大卒者は大学在学中の批判的思考力や複雑な推論に関する客観的能力の伸びは小さいものの，在学中に多くのことを学びそれが仕事に役立っていると認識しているという（Arum and Roksa, 2014）．また，学校の知識が仕事に「有効であるかどうか」（機能の次元）と「有効だと認識しているか」（認識の次元）を区別すれば，これまで有効であったがゆえに「役立たない」といった発言が放置されてきた，とする逆説的な見方もある（矢野，2001）[1]．

このように個人間の評価のばらつきや実態と意識の間に不一致が生じる可能性を考えるなら，学校教育が「仕事に役立たない」という認識を制度的理由のみに帰すことはできない．学校教育の意義がみえにくい反面で，高学歴化が進行し学歴による地位達成格差も維持されてきた事実を考えれば，「役立つ・役立たない」という認識自体が人びとの間でどのように形作られているかを探究することは，高学歴社会における学校教育と職業の関係を考えることにつながるだろう．

　そこで，本章は学校教育の意義に関する幅広い世代の意識を，学歴や職業間の比較を通して吟味するが，とりわけ次の2つに焦点をあてる．第1に，学歴間の評価の違いである．一般に「役立つ」と認識されやすい専門学校も高校卒業後の学生に「しつけ」機能を果たしており（吉本，2003），「即戦力」養成よりもむしろ人間形成的側面を重視しているとの指摘もある（植上，2011）．よって専門学校卒者における学校教育の評価も自明ではないが，上述の本田（2008）や橘木・松浦（2009）でもその特徴は明らかにされていない．加えて専門学校教育が「役立つ」と認識されやすいとすれば，その背後にどのような要因があるのかを探ることは，「役に立たない」大学教育との対比を明確にするうえでも有益である．

　第2は在学中の学生生活構造である．学生生活と職業や所得との関係は近年の研究でも注目されているが（松繁編，2004，矢野，2009，平沢，2010，濱中，2013など），本章ではこれを2つの観点から捉える．1つは，学生生活が学歴間で異なっていることである．先行研究は大学生調査や卒業生調査によって，学校間を比較したり同じ学校の卒業生を比較することが多かったのだが，学校経験の全体像をつかむためには，例えば専門学校進学者と大学進学者の比較など，学歴間比較も有用である．もう1つは，学生生活の変化のパターンである．同じく大学卒と専門学校卒とを比較する場合，最終学歴にあたるそれらの学校での経験だけでなく，それぞれの学歴を持つ者の中学や高校生活にまで遡ることができれば，学校経験に対する意味づけをより深く考察することができる．これらの点において，「教育・社会階層・社会移動全国調査（ESSM2013）」は成人世代から過去に在学した学校での詳細な経験を捉えており，これまでのデータにはない利点がある．

以上のような視点を念頭において，「学校で学んだことは仕事で役に立たない」といった認識が強調される背景を分析する．これにより教育と職業の関係を中心に，高学歴社会において学校教育が持つ意義について考える．

3　データと変数

　分析に使用するデータは，「教育・社会階層・社会移動全国調査（ESSM2013）」である．本調査は全国の30-64歳の男女のサンプルからなるが，分析では職業に関する変数が含まれることから，2013年時点で59歳以下の対象者に限定した[2]．

　従属変数は，最終学歴にあたる学校に対する主観的評価である．具体的には，「仕事をしていくうえで，学校で学んだことが役に立った」，「専門的な知識が身についた」，「幅広いものの見方や考え方ができるようになった」に対する回答（「はい」，「どちらともいえない」，「いいえ」の3段階で評価）である．

　一方の独立変数には，性別，出生コーホート，学歴，職業といった基本的な変数に加え，各学校段階での学生生活経験を用いる．出生コーホートは1954-63年，1964-73年，1974-83年生まれの3つに区分しており，2013年時点での年齢は順に50歳代，40歳代，30歳代である．最終学歴は，中学，高校，専門学校，短大，大学，銘柄大学に区分した[3]．職業は，現在の職業を専門職，管理職，事務販売職，ブルーカラー職，農業，無職に区分した．各学校段階での学生生活は，勉強については熱心に取り組んでいたかどうかを「あてはまる」，「どちらかといえばあてはまる」，「どちらかといえばあてはまらない」，「あてはまらない」の4段階の自己評価で，部活動・サークル[4]とアルバイトは「やってない」を加えた5段階の尺度で質問している[5]．

4　学校教育に対する評価構造の分析

4.1　最終学歴と学校教育の意義

　各項目には全体では4割から5割が肯定的回答を示しているが，まずは学歴

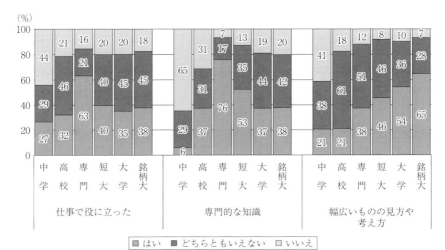

図 9-1 最終学歴と学校教育に対する評価

間の比較から学校教育の意義を検討する（図9-1）.「仕事をしていくうえで，学校で学んだことが役に立った」については，専門学校卒の6割強が肯定している．これに対し，他の学歴を持つ者の肯定的回答は3割から4割程度であり，専門学校との間に認識の差がある．また，「専門的な知識が身についた」でも専門学校で肯定的意見が顕著に多い．最終学歴が大学の場合，この質問を肯定する者が40%弱であり，専門学校とは35%ポイント以上の差がみられる．これらとは対照的に，「幅広いものの見方や考え方ができるようになった」は大学で肯定する者が多く（54.4%），専門学校を16%ポイント程度上回っている．なお「幅広いものの見方や考え方」では銘柄大学でそれ以外の大学の者よりも自己評価がやや高いが，この項目以外では両者の間に違いはみられない．

このように，「仕事で役に立った」，「専門的な知識」といった仕事に関係する項目については，大学よりも専門学校卒の者で肯定的に評価をする割合が高かった．したがって，専門学校において職業との直接的つながりを見出しやすくなっているといえる．一方で「幅広いものの見方や考え方」は大学で評価が高く，大学進学者は柔軟な思考について，高い自己評価をしていることも心に留めておくべきであろう．さらに，大卒者のなかでは，銘柄大学の卒業生ほど

教育の有用性を低く見積もっているとする指摘があるが（橘木・松浦 2009），そうした傾向は確認されなかった．

4.2 学生生活歴に対する認識

次に，最終学歴による学校教育への評価の違いの背景を探るべく，各最終学歴を持つ者のこれまでの学生生活を調べる．近年の研究は，大学在学中の学生生活が就職活動の結果や所得などにも影響することを明らかにしているが（松繁編，2004，矢野，2009，平沢，2010，濱中，2013），学生生活の経験は学校教育への評価とも密接に関係していると予想されるからである．なおここで示される学生生活は回顧データにもとづくものであり，現在的な視点から学生生活経験をどのように解釈しているのかということを意味する．したがって，もちろん無関係ではないにしても，例えば学習時間のような客観的側面を捉えていると想定しているわけでないことをあらかじめ断っておく．

まず，学習行動の自己評価である「勉強熱心」についてみよう．図 9-2 にはそれぞれの最終学歴を持つ者が各学校段階で勉強熱心だったかどうかを表している（肯定的回答とその内訳を表示）．中学時の勉強熱心度をみれば，大学卒（銘柄大）と中学卒を両極として，学歴が高いほど肯定的回答が多い．実際，大学卒では「勉強熱心」に「あてはまる」あるいは「どちらかといえばあてはまる」と回答した者は合わせて 58.8%（銘柄大は 80.8%）であるのに対し，中学卒では 14.7% に過ぎない．高学歴層ほど勉強熱心度が高い傾向は，高校時への評価にも引き継がれている．ただし，高校での勉強に対する評価は高校・専門卒と短大・大学卒で評価が二分されており，後者がおよそ 50%（銘柄大は 68.5%）であるのに対して，前者では約 35% となっている．

これらを踏まえたうえで注目すべきは，大学・専門学校段階に対する自己評価の学歴差がそれまでと全く異なっていることである．すなわち中学・高校段階までと正反対のパターンが示されており，専門学校で「勉強熱心だった」と認識する傾向が最も強く，その割合は 7 割にも上る．これに対し，大学ではその割合が 4 割に過ぎず，短大卒よりも低い．そのうえ，各最終学歴を持つ者の中学・高校時代から最終学歴にあたる学校までの勉強熱心度の変化をたどれば，大学進学者は中学や高校時代に勉強に熱心に取り組んだと認識しているのだが，

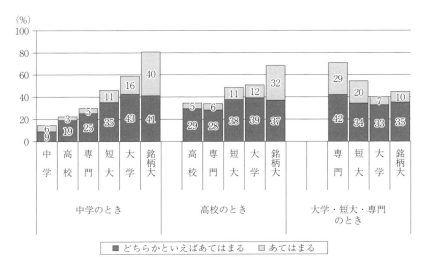

図 9-2 学校段階別「勉強熱心」に対する評価

その熱心度は大学時代には低下する．対照的に，専門学校進学者は中学・高校時代の勉強熱心度は高卒者とほとんど違いがないものの，専門学校においては勉強熱心度が中学・高校時代と比べ急激に高くなっている．勉強への取り組みに対する自己評価は専門学校段階で一変するのである．

各学校段階での勉強への取り組みは他の活動とも連動していると推測されるので，続いて，部活動・サークルやアルバイトへの評価も確認する．図 9-3 と図 9-4 には加入・従事率を棒の高さで示したうえで，加入・従事者の「熱心度」の内訳を表している．部活は，中学時は中学卒者で熱心でなかった者（「あてはまらない」）が多いことを除いて，最終学歴差は明確ではない．高校段階においても最終学歴による加入率の違いは観察されないが，高校卒業後の進学先では学歴差がはっきりと表れている．すなわち，大学生とくに銘柄大は，部活動やサークルに加入し活動に打ち込む傾向が強いのだが，専門学校生でそうした者はごくわずかである．また，アルバイトの従事状況も最終学歴と密接に関係している[6]．具体的には，高卒者では高校時のアルバイト従事率および熱心に行っていた割合が高い．換言すれば，高校時代のアルバイト従事は高卒後の進学と負の相関関係にある．さらに大学進学者は大学在学中にアルバイトに

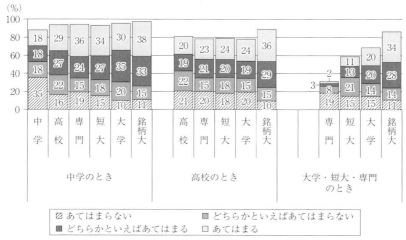

図 9-3 学校段階別「部活・サークル」に対する「熱心度」の評価

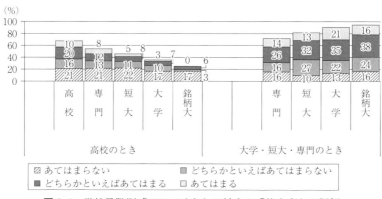

図 9-4 学校段階別「アルバイト」に対する「熱心度」の評価

力を入れることが多いのだが，その割合は専門学校進学者で相対的に少ない．

このように，勉強，部活動・サークルとアルバイトから学生生活歴を捉えた結果，各最終学歴を持つ者の特徴が明らかである．学生生活パターンの違いを要約すると，学校段階が進むにつれて，大学進学者は学生生活の場が物理的にも学校外へと広がっていくのとは対照的に，専門学校進学者は学校中心あるいは勉強中心の学生生活となっていくのである．この結果は，専門学校生の生活

が授業や課題に多くの時間を費やし，サークルやアルバイトを活発に行うことができないとする知見や（植上，2011），専門学校では「教員が熱心」で学生の出欠管理などトータルな指導で「しつけ」を行っているとする見立て（吉本，2003）とも整合的である[7].

最終学歴による対照的な学生生活歴の中心には，高校あるいは大学入試に向けた受験勉強やその結果があると推察されるが，ここで扱っているのは回顧によるものであるため，各学校での経験を現時点から振り返ることで，学生生活歴への認識が形成される側面もあるだろう．例えば，大学（専門学校）で「熱心に勉強しなかった（した）」と認識するのは，中学や高校で「熱心に勉強した（しなかった）」という認識と表裏一体の関係にあるということである．そして，そうした過去の学校経験に対する認識のうえに現在までの生活が加わることで，学校教育の意義も更新されていくと考えられる．続いて，最終学歴，職業，学生生活経験など複数の変数の影響を同時に分析することによって，「学校で得られた知識は役に立たない」といった社会意識の形成過程の検討を進める．

4.3 学校教育の意義に関する意識の形成

学校教育の意義に関して，専門学校進学者で「仕事で役に立った」と「専門的知識」の評価が高く，大学進学者で「幅広い見方・考え方」の評価が高いことはすでに確認した．このことを踏まえ，学校教育の意義に関する意識形成の過程を探るために，順序ロジット・モデルによって，学校教育の意義に関するそれぞれの項目を従属変数（肯定的評価ほど高い値を設定）とした分析を行った．なお学校教育の意義は最終学歴にあたる学校への評価なので，学生生活の変数も最後の学校での経験を用いている．また，中卒者は34人と少数でありアルバイト経験は質問されていないので，ここでは除外した．

まず，「仕事をしていくうえで，学校で学んだことが役に立った」を従属変数とした結果からみよう（**表9-1**）．モデル1から男性よりも女性で，中3時の成績が高かった者ほど肯定的評価をしていることが分かる．年齢層による明確な違いはなく，年齢とともに仕事における有用性が消失したり，高まったりする傾向は認められない．また，最終学歴については大学に比べて専門学校の評

表 9-1 「仕事で役に立った」を従属変数とした分析 (n=1,779)

	model 1		model 2		model 3		model 4		model 5	
	coef	se	coef	se	coef	se	coef	se	coef	se
(Intercept) : 1	-1.144 ***	(.258)	.165	(.279)	-1.035 ***	(.267)	-1.265 ***	(.280)	.280	(.309)
(Intercept) : 2	.792 **	(.257)	2.277 ***	(.286)	.918 ***	(.268)	.672 *	(.279)	2.402 ***	(.315)
性別（0＝男性，1＝女性）	.406 ***	(.106)	.174	(.109)	.414 ***	(.106)	.401 ***	(.106)	.185 +	(.110)
出生年 (ref. 1954-63 年)										
1964-73 年	-.131	(.107)	-.072	(.109)	-.121	(.107)	-.119	(.108)	-.061	(.110)
1974-83 年	-.010	(.118)	.051	(.120)	.013	(.118)	.010	(.119)	.075	(.122)
中 3 時成績	.185 ***	(.049)	.111 *	(.050)	.176 ***	(.049)	.183 ***	(.049)	.104 *	(.050)
最終学歴 (ref. 大学)										
高　校	.154	(.136)	.160	(.139)	.149	(.137)	.124	(.139)	.125	(.143)
短　大	.064	(.171)	-.120	(.175)	.121	(.172)	.057	(.171)	-.081	(.177)
専門学校	1.054 ***	(.159)	.608 ***	(.166)	1.168 ***	(.164)	1.029 ***	(.160)	.719 ***	(.172)
銘柄大学	-.003	(.240)	-.078	(.245)	-.063	(.242)	.001	(.240)	-.137	(.246)
現職 (ref. 専門職)										
管理職	-.704 ***	(.211)	-.613 **	(.215)	-.683 **	(.211)	-.696 ***	(.211)	-.605 **	(.216)
事務販売職	-.825 ***	(.153)	-.748 ***	(.156)	-.813 ***	(.153)	-.830 ***	(.153)	-.744 ***	(.157)
ブルーカラー職	-.725 ***	(.166)	-.620 ***	(.170)	-.671 ***	(.167)	-.729 ***	(.166)	-.590 ***	(.171)
無　職	-.793 ***	(.171)	-.807 ***	(.176)	-.761 ***	(.172)	-.802 ***	(.172)	-.789 ***	(.176)
勉強熱心			.766 ***	(.056)					.757 ***	(.057)
部活活動 (ref. やってない)										
熱心でない					-.081	(.115)			.094	(.122)
熱心だった					.376 **	(.122)			.361 **	(.126)
アルバイト (ref. やってない)										
熱心でない							-.115	(.123)	-.008	(.131)
熱心だった							-.138	(.124)	-.040	(.130)
Log-likelihood	-1803.209		-1705.944		-1794.188		-1802.552		-1701.114	
McFadden's R^2	.037		.089		.042		.038		.092	

+ $p < .10$，* $p < .05$，** $p < .01$，*** $p < .001$．

価が高く，大学と高校，短大および大学ランク間の違いは観察されない．つまり，高校よりも4年間の，短大・専門学校よりも約2年間の追加年数は，職業的な意義の認識には反映されていない．現職については専門職で仕事とのつながりを実感しやすく，逆に事務販売職で最も実感しにくくなっている．

モデル2は勉強熱心度を追加したが，勉強熱心だった者ほど学校教育の有用性を認識している．ここで注目すべきは勉強熱心度を考慮すれば，専門学校と大学の意識差が大幅に縮小することである．KHB法によって間接効果の大きさ推定すれば（Karlson et al., 2012），46.7%であった．つまり，専門学校進学者で学校教育の有用性を実感しやすいのは，専門学校で「勉強に熱心だった」という認識に大きく支えられていることを意味する．学生生活に関して，モデル3では部活動・サークルの，モデル4ではアルバイトの影響を調べた．アルバイトは学校教育の有用性に対しプラスの効果もマイナスの効果も持っていないが，部活は非加入者に比べて熱心だった者が「仕事で役に立った」と認識しやすくなっている．よって，最終学歴の学校で部活動・サークルに打ち込むことは，学校での経験と仕事とのつながりの実感を高めることを示唆している．

次は「専門的な知識が身についた」を従属変数とした結果を確認する（**表9-2**）．モデル1によると性別，中3時成績，現職については先と同様の結果が観察され，女性，成績が高かった者，また専門職従事者が肯定的に評価している．最終学歴は大学に比べ専門学校に進学した者で肯定する度合いが高いのは「仕事で役に立った」と同じであるが，大学より短大進学者のほうが肯定的傾向がみられる．

ここでも，モデル2で勉強熱心度を独立変数に加えると，この変数が正の効果を持つと同時に，大学と短大の差は統計的に有意ではなくなり，専門学校との差は大きく縮小することが注目される．上と同様に間接効果を推計すれば41.6%となり，専門学校卒者において「専門的知識」獲得の実感を高めているのは，専門学校で「勉強熱心だった」ことである．部活動・サークルあるいはアルバイトの単独の効果については，部活動に加入していたが熱心でなかった場合に専門的知識の獲得に否定的評価をする傾向にある（モデル3）．ただし，学生生活に関する変数を同時に投入したモデル5では部活動は統計的に有意な効果を示していない．これは，勉強に熱心でない者と部活に熱心でない者との

表 9-2 「専門的な知識」を従属変数とした分析 (n=1,779)

	model 1		model 2		model 3		model 4		model 5	
	coef	se	coef	se	coef	se	coef	se	coef	se
(Intercept)：1	-1.466***	(.266)	.174	(.294)	-1.517***	(.277)	-1.620***	(.290)	.223	(.325)
(Intercept)：2	.156	(.264)	2.053***	(.299)	.117	(.274)	.004	(.287)	2.106***	(.330)
性別 (0＝男性，1＝女性)	.408***	(.108)	.121	(.114)	.416***	(.108)	.403***	(.108)	.133	(.115)
出生年 (ref. 1954-63年)										
1964-73年	-.211+	(.109)	-.105	(.114)	-.206+	(.110)	-.200+	(.110)	-.097	(.115)
1974-83年	-.191	(.120)	-.118	(.126)	-.182	(.121)	-.171	(.122)	-.108	(.128)
中3時成績	.146**	(.050)	.026	(.052)	.139**	(.050)	.142**	(.050)	.025	(.053)
最終学歴 (ref. 大学)										
高　校	-.104	(.137)	-.166	(.142)	-.081	(.138)	-.141	(.140)	-.159	(.147)
短　大	.463**	(.175)	.234	(.185)	.497**	(.176)	.450*	(.176)	.252	(.186)
専門学校	1.537***	(.174)	1.018***	(.181)	1.566***	(.178)	1.506***	(.175)	1.056***	(.190)
銘柄大学	-.087	(.240)	-.211	(.219)	-.122	(.242)	-.081	(.240)	-.241	(.250)
現職 (ref. 専門職)										
管理職	-1.052***	(.218)	-.978***	(.227)	-1.016***	(.218)	-1.045***	(.218)	-.957***	(.227)
事務販売職	-1.064***	(.164)	-1.004***	(.172)	-1.056***	(.165)	-1.068***	(.164)	-.998***	(.172)
ブルーカラー職	-.771***	(.178)	-.643***	(.186)	-.724***	(.179)	-.776***	(.178)	-.616***	(.187)
無　職	-1.023***	(.183)	-1.102***	(.193)	-1.009***	(.184)	-1.034***	(.183)	-1.089***	(.193)
勉強熱心			1.044***	(.061)					1.036***	(.061)
部活動 (ref. やってない)										
熱心でない					-.304**	(.118)			-.096	(.127)
熱心だった					.129	(.124)			.101	(.130)
アルバイト (ref. やってない)										
熱心でない							-.150	(.127)	.096	(.137)
熱心だった							-.161	(.127)	.013	(.137)
Log-likelihood	-1744.977		-1583.929		-1737.064		-1744.086		-1582.290	
McFadden's R^2	.068		.154		.072		.068		.155	

+ $p<.10$, * $p<.05$, ** $p<.01$, *** $p<.001$.

最後に，表 9-3 は「幅広いものの見方や考え方ができるようになった」を分析した結果である．性別と中 3 時成績の効果については，上の 2 つと同様の傾向がみられる．他方，大学進学者でこの項目への自己評価が高く，また専門職でそれ以外の職業よりも肯定しているのだが，管理職との有意差は観察されないので管理職においても評価が高いことはこれまでと異なる．管理職では「幅広い見方・考え方」が必要とされ，学校時代の経験を改めて評価するということかもしれない．

　続くモデル 2 によれば，勉強熱心だった者ほど「幅広い見方・考え方」の獲得を実感しているが，この変数を考慮すれば学歴差はむしろ強調されている．したがって，先の 2 つの意識項目とは異なり，最終学歴差が勉強熱心度の違いによって説明されるわけではない．この反面，モデル 3 で部活・サークルの変数を投入すれば，モデル 1 に比べ大学と専門学校あるいは短大との差がやや縮小している（間接効果を計算すると順に専門学校との差の 29.5%，短大との差の 26.7% を部活熱心度が説明している）．すなわち，大卒者でこの項目への評価が高いのは，勉強以外の幅広い活動にその原因の一部を求めることができる．なお，アルバイトの効果は観察されないので，在学中の学外での雇用は学校での「幅広い見方・考え方」の獲得と直接関係していないといえる．

　以上の結果から，「仕事で役に立った」と「専門的知識」の 2 つは類似した傾向が観察された．具体的には，最終学歴が専門学校の者において，これらに肯定的評価を表明する傾向が強かった．加えて，勉強熱心度を考慮すれば大学との差は明らかに縮小したので，専門学校の者が職業的な観点から学校教育の意義を見出しやすいのは，専門学校で「勉強に熱心だった」という認識に支えられていると解釈できる．逆にいえば，大卒者で職業的な意義を見出しにくいのは，大学で「勉強熱心だった」という認識が弱いことも関係している．他方，「幅広い見方・考え方」は「仕事で役に立った」，「専門的知識」とは異なっていた．最終学歴が大学の者で「幅広い見方・考え方」を獲得したという実感が強く，専門職と管理職の間に認識差は観察されなかった．また，この項目に対する大卒者の肯定的評価は，部活動・サークルの効果によって部分的に説明されるので，「幅広い見方・考え方」は学校に限定されない学生生活の広がりに

表 9-3 「幅広いものの見方・考え方」を従属変数とした分析 ($n=1,779$)

	model 1		model 2		model 3		model 4		model 5	
	coef	se	coef	se	coef	se	coef	se	coef	se
(Intercept) : 1	-2.586 ***	(.270)	-1.457 ***	(.288)	-2.489 ***	(.281)	-2.706 ***	(.293)	-1.288 ***	(.318)
(Intercept) : 2	.037	(.262)	1.349 ***	(.289)	.189	(.274)	-.080	(.284)	1.564 ***	(.319)
性別 (0 = 男性, 1 = 女性)	.330 **	(.109)	.106	(.112)	.341 **	(.110)	.324 **	(.109)	.130	(.113)
出生年 (ref. 1954-63 年)										
1964-73 年	-.194	(.110)	-.128	(.112)	-.180	(.111)	-.188 +	(.111)	-.124	(.114)
1974-83 年	-.205 +	(.121)	-.162	(.123)	-.182	(.122)	-.192	(.123)	-.152	(.126)
中 3 時成績	.112 *	(.050)	.038	(.051)	.092 +	(.050)	.109 *	(.050)	.022	(.052)
最終学歴 (ref. 大学)										
高 校	-1.147 ***	(.143)	-1.228 ***	(.147)	-1.173 ***	(.145)	-1.172 ***	(.146)	-1.256 ***	(.152)
短 大	-.332 +	(.177)	-.544 **	(.183)	-.245	(.179)	-.338 +	(.177)	-.455 *	(.185)
専門学校	-.585 ***	(.157)	-1.118 ***	(.167)	-.417 *	(.163)	-.607 ***	(.159)	-.915 ***	(.174)
銘柄大学	.361	(.261)	.305	(.268)	.253	(.265)	.367	(.261)	.194	(.271)
現職 (ref. 専門職)										
管理職	-.197	(.218)	-.093	(.223)	-.172	(.220)	-.192	(.218)	-.079	(.225)
事務販売職	-.345 *	(.152)	-.251	(.156)	-.334 *	(.153)	-.350 *	(.152)	-.244	(.157)
ブルーカラー職	-.484 **	(.166)	-.366 *	(.169)	-.411 *	(.167)	-.490 **	(.166)	-.305 +	(.171)
無 職	-.467 **	(.171)	-.446 *	(.175)	-.422 *	(.173)	-.475 **	(.171)	-.404 *	(.176)
勉強熱心			.700 ***	(.057)					.679 ***	(.058)
部活動 (ref. やってない)										
熱心でない					-.198 +	(.118)			-.053	(.125)
熱心だった					.611 ***	(.127)			.630 ***	(.131)
アルバイト (ref. やってない)										
熱心でない							-.133	(.126)	.052	(.134)
熱心だった							-.110	(.127)	.069	(.132)
Log-likelihood	-1649.728		-1573.055		-1624.706		-1649.134		-1554.691	
McFadden's R^2	.055		.099		.069		.055		.109	

+ $p < .10$, * $p < .05$, ** $p < .01$, *** $p < .001$.

よって養われる部分も大きいと推察される．

4.4 専攻分野間の差異

ここまで学校教育の意義の学歴差に着目して検討を進めてきたが，教育内容面からの理解も重要なので，最後に専攻分野による意識と行動の違いを確認しておく．これまでの分析を専攻分野別にさらに細分化するのは煩雑なので，専攻分野を含む最終学歴と最終学校在学時の学生生活，学校教育への認識との関係を対応分析によって調べた（図 9-5）．なおこの図は最終学歴と学生生活および学校教育の意義との 2 者関係を表現したものであり，学生生活変数と意識変数との関連，学生生活および意識変数同士の関連を示すものではない．

まず各軸によって，意識と行動の違いを対比的に捉えることができる．第 1 軸に沿って「専門的知識」と「仕事で役に立った」の各回答が配置され，マイナス方向に否定的意見が，プラス方向に肯定的意見が示されている．これに対し「幅広い見方・考え方」は第 2 軸によって区別され，プラス方向に肯定的意見が表れている．また，最後の学校での勉強熱心度も第 1 軸に従っており，プラス側に勉強熱心だった者が位置づけられている．

次に，これらの変数と最終学歴の関係を検討しよう．第 1 軸のプラス側には専門学校の各分野が集中しているので，専門学校進学者において「専門的知識」と「仕事で役に立った」に対する評価が高いこと，大学の各分野は第 2 軸のプラス方向に配置され「幅広い見方・考え方」への評価が高いことを改めて確認できる．さらに，分野間の違いも明白である．第 1 軸上の位置から判断すれば，「専門的知識」と「仕事で役に立った」の評価がとりわけ高いのは，専門学校では医療系，大学では保健系である．逆に専門学校の文化系，大学の社会科学系では仕事と直接的に関係するこれらの項目への評価が低い．また高卒者では職業科のほうが学校教育に肯定的意見を持っており，普通科卒業後に進学しなかった者で学校教育の意義を最も実感しにくくなっている．

ただし，同じ学歴を持つ者が近接していることも同時に確認できる．実際，専門学校は第 1 軸のプラス方向に，大学は第 2 軸のプラス方向に集中している．すなわち，専攻分野による意識の違いも確かにあるのだが，専門学校に通った者は分野にかかわらず「勉強熱心」で「専門的知識」を獲得し，「仕事で役に

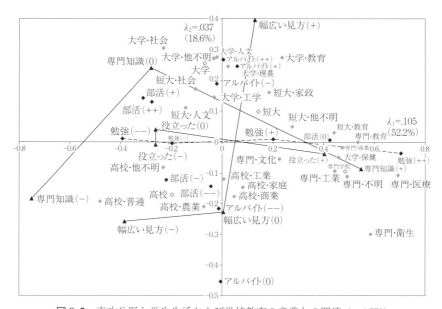

図 9-5 専攻分野と学生生活および学校教育の意義との関連 (n=1,779)

注：(− −) は強い否定，(−) は否定，(＋) は肯定，(＋＋) は強い肯定，(0) は中間的回答を示す．

立った」と認識しやすいということである．他方，大学進学者は勉強熱心度については専門学校よりも低いが，どの分野でも「幅広い見方・考え方」に意義を見出す傾向にあるといえるだろう．このように専攻分野による差異が見出されるが，前項までの結果は同じ学歴であればどの専攻分野でもおおむね類似していることも確認できるのである．

5　まとめと課題

本章は学校教育が「仕事で役立たない」という認識を手掛かりに，学校教育と職業との関係を30歳から50歳代の中長期的な視点から検討した．とりわけ最終学歴間での学生生活歴の違いに着目して分析を進めた結果，次のことが明らかとなった．

第1に学歴による学校教育の意義に対する評価の違いが認められた．具体的

には，最終学歴が専門学校の者で「仕事で役に立った」と「専門的知識」への評価が高い一方，大学進学者で「幅広い見方・考え方」を獲得したと認識する者が多かった．特定の学歴を持つ者の評価が一律に高いあるいは低いというよりも，獲得を実感できる知識・技能内容の領域が学歴によって異なっているのである．

第2に，調査対象者の各学校段階での経験を振り返れば，最終学歴によって対照的な学生生活歴を有し，学び方のパターンが明確に異なっていた．大学と専門学校を比較すれば，前者は中学・高校段階では勉強に熱心なのだが，大学進学によって学生生活が勉強以外の領域にも広がるのに対し，後者は高校段階までの学校生活は高卒者と違いがないのだが，専門学校入学後に急激に勉強中心の生活となっていった．また高卒者は高校在学中のアルバイト従事率が高く，高校段階で学校外における生活の比重が高かったと考えられる．

第3に，最終学歴による学校教育の意義の認識差には，学生生活歴の違いが鍵となっていた．具体的には，学校教育に職業的有用性を見出す背景には「勉強熱心だった」という認識があり，専門学校進学者において在学中は「勉強熱心だった」という認識が職業とのつながりを実感しやすくしていた．反対に，大卒者が職業的な意義を実感できない背後には，大学在学中に「勉強熱心でなかった」という認識があった．また，「幅広い見方・考え方」の獲得については大学で評価が高かったが，部活動・サークルへの熱心さがプラスに作用していた．柔軟な思考に対する自己評価の高さは，学校内での勉強に限定されない幅広い経験を通して養われると解釈できる．

学歴間比較の視点からは，大学と比べて専門学校卒は最後の学校である専門学校で専門的知識を獲得し，それが仕事において有用だと認識する傾向が強い．学校および仕事場面での知識・技能の内容がより具体的で可視化されやすいといえるが，可視化されやすいがゆえにその獲得に向けた勉強への実感がわきやすいということかもしれない．他方，大学進学者は中学と高校では勉強に集中しているのだが，大学入学後は学生生活において幅広い経験をすることによって，「幅広い見方・考え方」を獲得したと考えていた．中等教育段階までの学習経験と大学でのそれは異なること，そして汎用的な知識・技能はみえにくいために，「仕事で役に立った」とは認識されにくいのかもしれない．

また同じ学歴内でも各専攻分野の特徴が観察された．保健・医療系で「仕事で役に立った」と「専門的知識」に対する評価が高く，反対に大学の社会科学系や専門学校の文化系，高校普通科では否定的意見が相対的に多いなど，教育内容との関連が示唆された．加えて学歴にかかわらず，在学中に勉強熱心であった者ほど，いずれの項目にも肯定的評価をすることが確認された点も重要である．在学時の学習内容を理解していなければ，仕事との関連も見出すことが難しいはずなので妥当な結果だといえるが，どの学歴でも熱心に勉強に取り組んだ経験は学校教育の意義を高めることにつながっているのである．

　最後に，学歴の効用に対する疑問・不信が近年広がっているとされるが（濱中，2013），本章の分析結果からは，そこには大学在学中に「あまり勉強しなかった」という認識もあると考えられる．それによって，学歴の価値を低く見積もり「学歴がなくとも」といった意識を強める一方で，学歴以外の要因を重視するという可能性である．もっともこれは推測の域を出ないものであるが，いずれにしても在学中の経験は学校教育の意義の認識にとって，重要な意味を持つことに間違いはない．ただし，本データに含まれるのは30歳代以上の経験であるので，直近の大学教育改革が学生生活歴，あるいは学校教育の意義に関する認識にどのようなインパクトを持つかは分からない．これに関しては直ちに明らかになるものではないが，今後の検討課題となるだろう．

1）　ただし，機能と認識の両方の次元で有効でないとする見解もある（本田，2005）．もっとも，両者の間に齟齬が生じているかどうかに関して，ここでその判断を下す術はない．
2）　大学から大学院への進学など，複数の高等教育機関に通った者は，残念ながら分析から除外した．これは以下で説明する学生生活変数との関係による（注5）も参照）．
3）　卒業と中退は区別していない．銘柄大学は荒牧（2011）を参考に分類し，大学名が不明の場合は「大学」に含めた．また高専など人数が少ないカテゴリーは分析から除外した．
4）　調査票では中学・高校段階に関しては「部活動」，高等教育段階では「部活動・サークル」として質問している．
5）　複数の高等教育機関に通った者に関しては，本調査では「1番目」の学校に限定して，高等教育在学時の学生生活経験を質問している．
6）　中学時のアルバイト従事状況は質問項目を設定していないので表示していない．

7) 専門学校を専攻分野別にみても,「勉強熱心」への評価は全体と同様の傾向であった. すなわち, 分野によって多少のばらつきはあるものの, いずれの分野でも, 高校までの勉強熱心度は高卒者と同程度であったのが, 専門学校段階で急激に向上していた.

【文献】

天野郁夫, 1984,「就職と大学」慶伊富長編『大学評価の研究』東京大学出版会, pp. 162-178.

荒牧草平, 2011,「教育達成過程における階層差の生成——『社会化効果』と『直接効果』に着目して」佐藤嘉倫・尾嶋史章編『現代の階層社会1 格差と多様性』東京大学出版会, pp. 253-266.

Arum, Richard and Josipa Roksa, 2014, *Aspiring Adult Adrift: Tentative Transitions of College Graduates*, The University of Chicago Press.

Freeman, Richard B., 1976, *The Overeducated American*, Academic Press（小黒昌一訳, 1977,『大学出の価値——教育過剰時代』竹内書店新社）.

濱中淳子, 2013,『検証・学歴の効用』勁草書房.

濱中義隆・苅谷剛彦, 2000,「教育と職業のリンケージ——労働市場の分節化と学歴の効用」近藤博之編『日本の階層システム3 戦後日本の教育社会』東京大学出版会, pp. 79-103.

濱中義隆・米澤彰純, 2011,「高等教育の大衆化は何をもたらしたのか？——グレーゾーンとしての『専門学校』」佐藤嘉倫・尾嶋史章編『現代の階層社会1 格差と多様性』東京大学出版会, pp. 281-295.

原純輔・盛山和夫, 1999,『社会階層——豊かさの中の不平等』東京大学出版会.

平沢和司, 2010,「大卒就職機会に関する諸仮説の検討」苅谷剛彦・本田由紀編『大卒就職の社会学——データからみる変化』東京大学出版会, pp. 61-85.

平沢和司, 2011,「大学の学校歴を加味した教育・職業達成分析」石田浩・近藤博之・中尾啓子編『現代の階層社会2 階層と移動の構造』東京大学出版会, pp. 155-170.

本田由紀, 2005,『若者と仕事——「学校経由の就職」を超えて』東京大学出版会.

本田由紀, 2008,「高校教育・大学教育のレリバンス」谷岡一郎・仁田道夫・岩井紀子編『日本人の意識と行動——日本版総合的社会調査JGSSによる分析』東京大学出版会, pp. 211-223.

本田由紀, 2009,『教育の職業的意義——若者, 学校, 社会をつなぐ』筑摩書房.

Ishida, Hiroshi, Seymour Spilerman and Kuo-Hsien Su, 1997, "Educational Credentials and Promotion Chances in Japanese and American Organizations," *American Sociological Review*, Vol. 62, No. 6: 866-882.

岩田龍子, 1988,『学歴主義の発展構造（改訂増補版）』日本評論社.

苅谷剛彦・本田由紀編, 2010,『大卒就職の社会学——データからみる変化』東京大学出版会.

Karlson, Kristian Bernt, Anders Holm and Richard Breen, 2012, "Comparing Regres-

sion Coefficients between Same-sample Nested Models Using Logit and Probit: A New Method," *Sociological Methodology*, Vol. 42, No. 1: 286-313.
国立教育政策研究所編，2013，『成人スキルの国際比較——OECD 国際成人力調査（PIAAC）報告書』明石書店．
松繁寿和編，2004，『大学教育効果の実証分析——ある国立大学卒業生たちのその後』日本評論社．
Müller, Walter and Yossi Shavit, 1998, "The Institutional Embeddedness of the Stratification Process: A Comparative Study of Qualifications and Occupations in Thirteen Countries," Yossi Shavit and Walter Müller, eds., *From School to Work: A Comparative Study of Educational Qualifications and Occupational Destinations*, Clarendon Press, pp. 1-48.
村澤昌崇，2011，「大学院をめぐる格差と階層——大学院進学の規定要因と地位達成における大学院の効果」佐藤嘉倫・尾嶋史章編『現代の階層社会 1　格差と多様性』東京大学出版会，pp. 297-311.
橘木俊詔・松浦司，2009，『学歴格差の経済学』勁草書房．
塚原修一，1987，「教育効果の持続性」市川昭午編『教育の効果』東信堂，pp. 62-74.
植上一希，2011，『専門学校の教育とキャリア形成——進学・学び・卒業後』大月書店．
矢野眞和，2001，『教育社会の設計』東京大学出版会．
矢野眞和，2009，「教育と労働と社会——教育効果の視点から」『日本労働研究雑誌』No. 588: 5-15.
吉本圭一，2001，「大学教育と職業への移行——日欧比較調査結果より」『高等教育研究』第 4 集: 113-134.
吉本圭一，2003，「専門学校の発展と高等教育の多様化」『高等教育研究』第 6 集: 83-103.
吉本圭一，2004，「高等教育と人材育成——『30 歳社会的成人』と『大学教育の遅効性』」『高等教育研究紀要』第 19 号: 245-261.

終章
教育と社会階層をめぐる諸問題
ESSM2013 から見えるもの

中村　高康

1　各章の内容とその研究上の意義

　これまでの各章では，本調査研究に参加した研究者メンバーのそれぞれの関心に基づき，詳細な分析が行われた．各章は独立した研究論文でもあるので，全体として大きな図柄を描こうと強く意識してきたわけではないが，各章の内容を通読してみると，ESSM2013 のデータ分析の結果から，複数の章に通底するいくつかの論点が抽出可能なように思われる．そこでこの終章では，まず各章の研究上の意義を整理する．その上で，章を超えて共通する論点を 2 つに絞って提示したい．そうすることで，今後の「教育と社会階層」をめぐる議論に対して一石を投じることができればと思う．

　では章の順序にしたがって，まずは各章の内容と研究上の意義を筆者なりに整理してみたい．

　第 1 章の小川論文では，就学前教育の選択——とりわけ幼稚園か保育所かという選択——が，出身階層や教育達成といかなる関連を持っているのかを検討している．これによれば，幼稚園を選択していたのは，恵まれた社会層出身者であり，具体的には 15 歳時の父親の職業が専門管理職であり，父学歴が大卒であり，暮らし向きが良好であり，家庭の蔵書数も多い文化的に恵まれた家庭に偏る傾向が明らかとなった．幼稚園という選択は，かなりの程度母親の専業主婦割合とも対応しており，こうした結果はある程度予測可能なものではある．しかし，幅広い世代にわたって，そうした平均的傾向を実証的に描き出したことには価値がある．若い世代では，小川が指摘するように，保育所利用者がマ

ジョリティとなっており，今後は出身階層と就学前教育との関連は違った局面を迎えることも十分予想できるところである．

その点では，本人の大学進学に対して，年代別に就学前教育の独自効果を取り出そうとする小川の分析は，そうした時代変化を一部表現したものとみなすことができる．すなわち，幼稚園という選択が大学進学に対して，社会経済的背景要因とは独立して効果を持っていたのは，40-49歳層という最も幼稚園が普及し，専業主婦割合も高かった世代だったのである．逆にいえば，それより若い世代では，幼稚園であるか保育所であるかの違いは，のちの教育達成にはさほど影響力を持たない，ということなのである．年長世代はしばしば昔のイメージから幼稚園と保育所の違いを色づけて語りがちである．しかし，幼稚園か保育園かの違いが，若い世代で将来的な差異に連動しなくなっているのであれば，近年の保護者，とりわけ女性の多様なライフスタイルに柔軟に対応できる多様な就学前教育を用意することになんら不都合はないだろう．

続く第2章の中村論文では，「いじめ」を受けた体験が社会階層とどのように関連しているのかを分析している．この章の議論の前提には，従来の「いじめ」に関する研究が学校の中の発生メカニズムなどの議論に重点を置いており，社会構造との関連をほとんど検討してこなかったという認識がある．しかし，国際的には，いじめと社会階層との関連は相当に研究されてきているのである．全国調査データを用いた今回の分析結果からは，出身階層といじめの関連は弱く，また到達階層といじめの関連は見出されなかった．一方で，主観的な階層帰属に関しては，15歳時の暮らし向きも，また現在の階層帰属意識も，被いじめ体験と関連があった．総じて，子ども時代の被いじめ体験は，現実の社会階層よりも，主観的な社会階層に関わっているといえる．

たとえ中学生の時にいじめられる経験を持っていたとしても，客観的な将来の社会的地位や階層にはあまり関係がないともいえる可能性がある．長い人生をトータルに見た場合，少なくとも社会移動の観点から見る限り，若年時の被いじめ体験に悲観的になりすぎてはいけないことを示唆しているともいえるのである．

第3章の胡中論文では，通常の社会階層調査では測定されていない様々な教育体験・経験と，出身階層および現在の教育達成・教育意識との関係を明らか

にすることを試みている．胡中が用いた手法は，多くの教育体験変数の情報を使って集約的な教育体験類型を取り出す潜在クラス分析である．分析の結果，トータルで学校適応的なグループ，さほど学校にはコミットしないが大きな逸脱傾向もみられないグループ，部活などを中心として学校に適応的だが，学習には不適応的で逸脱傾向も持つグループ，トータルで学校不適応的なグループという4つの類型が析出された．また，この類型は世代によってその構成比が異なることも同時に明らかとなった．これらの類型と出身階層および現在の教育達成・教育意識の関係を分析した結果，これらの学校体験パターンの違いが階層再生産を媒介するような明確な役割はもっていなかったことが示された．

　トータルに集約した類型を用いた分析では，社会階層と教育体験の関係は明確ではない．このことは，序章では教育体験がストレートに社会階層の影響を媒介して本人の将来に影響するかのように問いを立てているが，そのような関係を安易に想定すべきではないということであり，私たちは教育体験と社会階層の関係をより丁寧に腑分けして検討すべきだということである．その意味で，第3章の分析は研究のフロンティアを一歩前進させたといえるだろう．

　第4章で多喜が扱うのは専門学校（専修学校専門課程）という学歴の意味である．専門学校制度については，1976年の制度化以降，教育研究においてしばしば取り上げられてきた．しかしながら，社会階層論の文脈では必ずしも十分には扱われてこなかった．それは1つには，学校教育法の規定上，短大や大学と同じ意味での法的地位を与えられていなかったことが調査データのとり方にも反映されていたこともあったし，その社会的位置づけについて，高校と大学の間にあるものと単純には考えられない現実もあったと思われる．また日常感覚的に区別がつきにくい類似制度があり（各種学校，専修学校高等課程，高等専門学校など），その取扱いが難しかったという面もある．そのため，教育選択上はすでに大きな比重をもつ制度でありながら，十分な解明が進んでいない現状があった．多喜論文では，男女によってその社会階層論的意味が異なるという仮説のもとで，高等教育システム拡大という大きな時代変化が専門学校の意味をどのように変えたのか（または変えなかったのか）を丁寧に実証している．その結果，男性ではもともと専門学校が大学進学の「受け皿」として機能していたがゆえに若い世代ではその位置づけが変容したのに対して，女性の場合は

資格を目指す「独自層」に支えられていたため，時代の変化にもかかわらずその社会的意味は変化を受けずに済んでいることが示された．

　専門学校学歴を積極的に位置づけ，また中学3年次の職業アスピレーションや教育アスピレーションと結びつけた分析が可能となったのは，まさに教育関連変数の充実を目指したESSM2013のメリットゆえであり，通常の階層調査ではなしえない知見を提示できたものといえるだろう．

　第5章で中澤は，少子化と大学入学競争の緩和がもたらす大学進学率の上昇が進学機会に与える影響を検討している．単純に考えれば，大学進学率の上昇は大学進学機会の拡大であり，社会的不平等についても解消の方向に作用することが期待できる．しかし，日本の現状では，入学の容易な大学が増えた一方で受験競争が依然として厳しい大学もあり，むしろ二極化した可能性もある．国際的な研究の文脈でも，教育の拡大は教育機会の平等化に連動すると指摘するものもあれば，階層格差は温存されると指摘する研究もある．いずれにしても，急激な教育拡大を経験している我々の調査対象者のデータは，まさに日本というケースにおいてこの問題を検証するのに適している．

　中澤が工夫したのは，質的にも量的にも異なる多様な教育機関——学校段階間の違いもあれば同一学校段階内の質的差異もある——を大まかに順序付け，その順序段階ごとに現れる教育機会の格差を世代別に丁寧に分離してとらえる方法である．

　その結果，どの世代においても，出身階層の影響は安定的に観察されており，それはどのレベルの進学機会にもみられるものであった．また，中澤が注目したのは成績の効果であるが，これも世代や進学レベルを超えてほぼ安定的にみられており，巷間言われるように，若い世代では成績が低くても大学に入れる，といったような言説に対応する結果は得られなかった．むしろ，若い世代の進学率の上昇は，これまで上位にいながら進学していなかった女性に機会を開くものだった．これは男女別進学率の実際の動きとも整合的であり，進学拡大の女性への効果が社会階層諸変数を統制したうえでも見出されたことは重要な知見といえるだろう．

　子どもの大学進学をめぐって，第6章で平沢が注目するのは，世帯所得である．昨今では子どもの貧困問題や奨学金問題に典型的にみられるように，家庭

の経済的条件が進学を規定する要因として再び社会的にも注目されるようになっている．しかし，実感としてはよく理解されてきた問題でありながら，いざ実証的裏付けを得ようとすると，意外にも「大学進学を控えた時期の親の所得を正確に把握することが難しい」という方法論上の問題に直面する．そこで平沢が採用した1つの方法は，調査対象者本人の大学進学の有無に親の経済状況がいかに影響するのかを把握しようとする従来の視点を転換し，調査対象者の子どもの大学進学の有無に本人の経済状況がいかに影響するのかを把握するという，いわば世代を1つずらした方法である．この方法でも限界があるのは確かだが，従来の分析視角とは異なる角度からこの古くて新しい問題にチャレンジしているということができるだろう．また，子どもの学歴情報と本人の社会階層的な地位情報を積極的に調査に取り入れたESSM2013のデータの特性が生かされた分析である．

　分析の結果，親の学歴が子どもの大学進学に与える影響はもちろんあるが，その影響をコントロールしたうえでなお，親の世帯収入が子どもの大学進学に明確に影響していることが示された．しかし一方で，父母がいずれも大卒でなく世帯所得が375万円以下の家庭出身者の大学進学率が際立って低い点も指摘している．高等教育無償化の議論も行われている状況のなかで，語られるのは常に家庭の経済状態ばかりであるが，平沢は家庭の文化的背景の1つである学歴についても注意を喚起している．学歴もまた世帯所得とは独立に，大学進学に影響を与えているからである．

　教育達成の問題に対して，第7章で荒牧が注目しているのは，オジ・オバ学歴の影響である．一見すると，オジ・オバの学歴が子どもの大学進学に対してそこまで影響しているとは思えないのだが，荒牧が提示するデータは，そうした考えが思い込みであることを示してくれる．オジ・オバの学歴は，子どもの大学進学に対して明瞭な関連がある．そしてそれは，親の学歴の影響を反映した疑似効果ではない．なぜなら，親の学歴をコントロールした上でもなお，オジ・オバの学歴の効果は統計的に有意な数値を示しているからである．しかもこの結果は，他の調査データの分析においても見られた傾向であり，頑健な知見である可能性が高い．

　ここから荒牧は，なぜこうした結果が生じるのか，そのメカニズムにメスを

入れている．ESSM2013は教育に関連した意識や行動の項目が，従来の階層調査よりも多いため，そのメカニズムの検討まで可能なのだ．荒牧が提示した複数の仮説のうち，今回の調査データから支持されたのは，準拠集団仮説である．オジ・オバが直接子どもに働きかけたりするためではなく，親が子どもの教育期待を形成する際に，自分の学歴だけではなく自分のきょうだい（すなわち子どもから見てオジ・オバ）の学歴を参照点としている，とする仮説である．こうした分析結果から，荒牧は最終的に，「〈家族〉のメンバーが結果的に達成した学歴が醸し出す『磁場』」の影響，という独自の知見に到達している．

　第8章で藤原は，多数の教育意識項目の回答パターンから人々をシンプルなカテゴリーに分類できる潜在クラス分析という手法を用いている．これにより，学歴に関わる様々な意識項目への回答パターンは4つの類型に集約され，学歴や勉強にそのまま価値を認めるクラス1，勉強の意義は認めるが学歴の影響力を認めない傾向のあるクラス2，逆に学歴の影響は認めがちだが勉強や学校の価値は認めないクラス3，いずれも否定的で学歴も気にしないクラス4があることが示された．そして，クラス1には相対的に恵まれた階層の者が，クラス4には相対的に恵まれない階層の者が多いことも明らかとなった．なお，こうした意識類型が，社会経済的地位と子どもへの教育期待を媒介する効果を持っていることも，分析から明らかにされている．

　藤原の分析結果は，従来の分析のように個別の教育意識をバラバラに取り出して議論するのではなく，相互に絡み合った意識の構造を潜在的なカテゴリーとして集約的に表現することで，むしろ多様な意識の結びつき方についてのパターンを持つ具体的な人間イメージを持ちやすくなっており，従来の教育意識と社会階層の研究に一石を投じているといえる．

　第9章の古田論文は，高学歴化が進行した現代社会において，自ら獲得した学歴をどのように評価するのかということを，学歴の違い（とりわけ専門学校と大学の違い）に焦点をあてて読み解こうとするものである．近年では，高学歴化が学歴に対する再帰性を高めている可能性も提起されている．しかし，この章ではこうした大まかな学歴批判言説と一定の距離をとり，学歴に対するまなざしを，仕事への有用性・専門的知識の学習・幅広いものの見方の獲得の3つに腑分けして考察した．その結果，「仕事で役に立った」，「専門的な知識」

といった仕事に関係する項目については，大学よりも専門学校卒の者で肯定的に評価をする割合が高かったのに対し，「幅広いものの見方や考え方」については大学のほうが評価が高くなるという明瞭な傾向が見出された．そして，その背後には，専門学校卒と大学卒では，在学時の生活――具体的には勉強中心の生活か否か――が事後的な有効感に影響を与えている可能性が示唆される．この章の分析からは，学歴に対する評価のまなざしを，一次元的にとらえてはならないことが示されているといえるだろう．これは，従来の学歴社会や地位達成の議論に対しても，有効なメッセージを含んでいるといえる．

2　ESSM2013の分析結果から見えてきた共通論点

　序章でも指摘したように，「教育と社会階層」をめぐる問題は，研究上は教育社会学の歴史とともにかなり古くから扱われてきた問題であった．しかしながら，その取り扱いは，大きく見て2系統に分かれており，社会階層の側から学校や教育を見るか，あるいは学校や教育の側から社会階層を見るか，という点に実質的な分岐点があったように思われる．

　SSM調査に代表されるような計量的社会階層・社会移動研究においては，教育は社会移動上の重要な位置を占めるものとされてきた．事情は海外でも同様で，名だたる社会階層研究のビッグネームたちが教育を重要変数として位置づけ，分析してきた．たとえば，社会階層・社会移動研究で著名なゴールドソープは，「メリトクラシーの諸問題」において過去の社会階層・社会移動研究の知見を整理している．そこでは，O-E-D連関（OはOrigin: 出身階層，EはEducation: 教育，DはDestination: 到達階層を表す）と呼ばれるトライアングルが研究の一大焦点であったことをわかりやすく示してくれている（図10-1）．この系統の議論の場合，教育は地位達成ないし社会移動を媒介する要因として注目されているのが通例であり，その多くは到達した学歴段階であったり，受けた教育の年数であったり，というのが「教育」の中身の中核になる．

　しかしながら，教育に関する社会学的研究の中には，学歴や受けた教育年数に限定されない様々な教育現象そのものの現状こそが説明されるべき対象となっている研究もたくさんある．学校に適応的でない子どもにはどのような社会

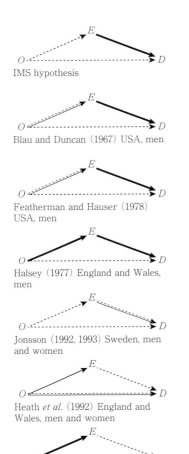

図 10-1 IMS 仮説と主要な経験的調査による出自 (O),教育 (E),到達階層 (D) の関連を示す地位達成経路の概念図

出典:Goldthorpe (1996).

的背景があるのか,保護者の間の教育意識の差異にはどのような要因が作用しているのか,学校外教育に子どもを通わせるのはどういった家庭か,現在の教育制度によって不利を被っているのはどのような人々か,といった関心である.この場合,「教育」の中身は,その問題設定次第で教育に関するあらゆるものが含まれうる.

従来はこうした2系統の研究の流れがなかなか交わることがない状況が見受けられたが,私たちは,このどちらの系統も,教育と社会階層の現実を示す視角として重要なものとして考えている.ESSM2013 は,従来の社会階層調査の枠組みを借用しつつ,後者の教育社会学的関心を強く反映させた調査であり,まさにこうした2つの系統の視点を効果的に取り込むために行われたものなのである.

実際,本書において明らかにされた知見群を整理してみると,両系統の思考を往復することで得られる視点があることが示唆されている.以下では論点をしぼって2点だけ指摘しておきたい.

2.1 様々な教育体験と社会階層の関連を精査することの重要性

昨今では,社会階層論ではなく教育に関する様々な議論の中でも,社会階層や社会的格差が注目されるようになっている.それはたとえば,「子どもの貧困」であったり,「奨学金」であったり,「高校中退」であったりす

る．政府でも議論されているような「教育無償化」もそうした議論につながりやすい系統の議論の1つである．これらを総称して「教育における社会的格差」の議論とすることもできるだろう．社会階層が教育に及ぼす影響の大きさを知る教育社会学者からすれば，教育を理解する上で不可欠とも思われるこの視点が，今日においてようやく社会的にも頻繁に議論されるようになってきているという事実自体が，社会学的に興味深い現象であるともいえる．

　しかしながら，こうした社会的議論において取り上げられる「教育における社会的格差」は，いくつかの偏りと問題を持っている．1つは，圧倒的に見えやすくわかりやすい格差ばかりが取り上げられがちであるということ，そしてもう1つは，教育と社会階層の単純な関連のみに注目しがちであるということである．

　前者についていえば，確かに生活保護受給世帯の子どもの事情などを聞けば，この社会には厳然たる社会階層間格差があると実感できるし，それに向けての対策・政策の必要性もよく理解できる．しかし一方で，社会階層が及ぼす影響範囲の大きさは，これまでの社会階層研究の膨大な蓄積が示すように，我々の生活の広い範囲に及んでいる．貧困層の教育機会をアドホックに手当てしておくだけでは，なぜそのような機会の不平等が容易に生み出されてしまうのかという構造的問題にメスが入っていかない．そして，そのためには教育の世界に広く及んでいる社会階層の影響を丁寧に掬い出していく実証研究の蓄積がきわめて重要となってくるのである．本書で取り上げた具体的な教育現象は，網羅的なものではまったくないが，幼児教育機関（1章）にしても，いじめ（2章）にしても，教育体験（3章）にしても，専門学校制度（4章）にしても，学校教育観（9章）にしても，これまで全国レベルのデータでは社会階層との関連が十分に検討されてこなかったものばかりである．さらに，本書の各章の知見を踏まえれば，社会階層が教育に及ぼす影響は広範でありながら，実に様々な影響パターンがあることが理解できる．長期的にはこうした理解が社会に資するものと考えられるのである．

　そのためには，単純に教育と社会階層の対応関係を追いかけるだけでは不十分である．これが2つめの問題点と重なるのだが，分析にあたっては年齢や性別，場合によっては地域などを考慮に入れていく必要があるし，教育といって

もその中身に分け入って詳細にとらえていく必要がある．またそのメカニズムを特定するためには，様々な要因を同時に考慮した多変量解析や詳細な質的調査も必要となる．ESSM2013 は量的なデータ解析にある程度限定されたデータしか収集していないが，それでもできるだけこうした課題に応えるべく，様々な調査項目を組み込んでいる．まだ分析結果を公表するには至っていないが，様々な社会的変数のほかに，入学者選抜の方法や奨学金受給の有無，学童保育の利用経験といった，通常の社会階層関連の調査では直接的には扱われないような情報も多数集めている．こうした情報をさらに活用することで「教育における社会的格差」の議論を精緻化していく可能性を示したことに，本書の第1の意義があるといえるだろう．

なお，本書の分析においては教育の潜在構造をとらえようとする章がいくつかある．たとえば，第3章で胡中がとらえたのは，様々な教育体験の潜在的パターンであったし，第8章で藤原が取り出したのは，様々な教育意識の潜在的パターンであった．こうした分析を行うにあたっては多くの教育変数がないとキレが悪くなる．逆に言えば，このような豊富な教育変数があればこそ，教育の潜在構造をさぐる道が開け，教育の潜在構造と階層との関連が問えるようになる．教育と社会階層との関連のあり方は一枚岩ではない．ときには潜在的に存在する大きな要因の一特殊ケースとして，具体的な教育現象と社会階層の単純な相関が現れる場合もある．こうした立体的な理解も，「教育と社会的格差」論議では本来必要なものだと思われる．ここにも本書から得られる示唆があるだろう．

2.2 社会階層研究の中の教育分析の拡張可能性

一方で，教育と社会階層に関する研究は，単に社会問題としての「教育の社会的格差」への貢献のみで行われてきたわけではない．やはり社会階層研究というアカデミックかつグローバルなフィールドへの貢献も同時に視野に入れねばならないし，また視野に入れることが比較的容易な数少ない社会学的テーマの1つなのである．しかしながら，欧米中心に展開してきたこの領域の作法を輸入して分析するだけでは，欧米へのキャッチアップは可能でも，そこに一石を投じる，あるいは乗り越えるような議論は望めない．

こうした状況において，特定の領域にこだわりをもって社会階層研究をとらえなおすことが，学問的発見につながることがあるのではないか．その特定の領域というのが，私たちにとっては「教育」だったのである．

　「教育」に焦点化して社会階層研究を進めてきた本書でも，そうした可能性を感じさせてくれる章がいくつかある．たとえば，第5章では欧米スタンダードによるオーソドックスな教育機会分析の手法である部分比例オッズモデルが用いられている．しかし，ここにとどまらず，中澤が試みているのは，学校時代の主観的成績ごとに教育達成予測確率を世代間で比較するという視点である．「成績」を軸にデータを深く読み込もうとする視点は，「教育」へのこだわりがなければなしえない試みといえる．

　同様に，第6章の世帯所得の分析も，従来の階層研究では十分に検討されてこなかった視点が用いられている．それは，家庭の所得階層が子どもの教育達成に及ぼす影響を検討するのに，調査対象者本人の学歴を教育達成として使わず，調査対象者の子どもの学歴を教育達成として扱っているという点である．こうした視点の転換により，これまで把握困難だった「親の所得」は，調査対象者本人の所得ということになり，格段にアクセスが容易な情報となる可能性が提示されている．平沢のこうした試みは，通常の社会階層研究者よりも，教育に強く関心を持つ研究者によってこそ，獲得されやすい視点だといえる．なぜなら，到達階層の測定が不可能な子どもの学歴を詳細に聞くことは，さきほど提示したOEDトライアングルに関心を寄せる階層研究者の場合，通常はあまりその必要性を感じにくいためである．それは，これまでの大規模社会調査で子どもの学歴を詳細に尋ねる試み自体が少なかったということからも明らかであろう．

　第7章の荒牧の分析は，上述したような視点の転換がさらにわかりやすい事例だろう．従来の階層研究では，学歴といえば，本人学歴，親学歴が中心であり，そこに子どもの学歴が今後追加されていく可能性があるが，オジ・オバ学歴までカバーしようとする調査は，通常の社会調査ではスペース的にも，関心のうえでも難しかったはずである．しかし，荒牧が提示したオジ・オバ学歴が子どもの教育達成に直接効果を持つとする知見は，多くの人たちにとって驚きであると同時に，「そうかもしれない」という気持ちをかき立てるものだった

であろう．ここに到達するためには，「学歴」に関して強い探究心を持つ研究者の視点が必要である．なぜなら，その関心がない限り，そもそもオジ・オバの学歴まで調査をしようとは思わないからである．

　これらの諸章に見られるように，「教育」という特定の領域への深い関心は，社会階層研究の大きな流れからすればちょっとした「ズレ」を引き起こしがちである．しかし，この「ズレ」こそ社会階層研究にとっても意外なインパクトをもたらす可能性を秘めている．オーソドックスな階層論的視点からの「ズレ」は，場合によっては個別トピックへの階層研究の矮小化につながる可能性があり注意が必要ではある．しかし，これをうまく扱えば，社会階層研究にとって豊かな展開を生み出す源泉にもなりうるのであり，こうした教育分析の拡張の重要性を最後にぜひ強調しておきたい．

3　ESSM2013の今後の課題

　以上のように本書では，ESSM2013のデータ分析を通じて，様々な角度から現状分析を行い，その可能性を提示してきた．しかしながら，本研究には，一時点での調査データのみを用いているという弱みもある．

　私たちは社会階層研究に刺激を受けて本調査研究を進めてきた．とりわけ，SSM調査（社会階層・社会移動全国調査）の研究は，私たちの土台にもなっている．調査名称がESSM2013となっているのもそれを意識してのことである．したがって，もし将来的に可能性が広がるのであれば，SSM調査と同様に，時点間の比較が可能な調査データの構築を，また何年か後に試みることは，重要な課題と思われる．我々の研究グループでなくても，同様の調査項目を用いつつ改善を試みていただき，類似の設計で実施されるのであれば，私たちは大いに歓迎したい．

　そしてもし可能なら，より大きな予算を獲得してサンプル数を拡張することが重要である．ESSM2013では計画サンプル4,800，年齢層は30-64歳までしかカバーされていない．これはひとえに予算的な制約のためである．この点も弱みといえば弱みである．幸いにして，回収率が高かったためにサンプル数が大きく目減りすることは避けられたが，年齢層については変化しないため依然

として限界を持っている．

　また，私たち自身の課題でもあるのだが，ESSM2013のデータ分析はこれで終わりではなく，まだ未使用の調査項目も含めて分析課題は山ほどある．これを行っていくと同時に，できるだけ早くデータを公開して，多くの研究者に再分析を試みていただくことも重要である．

　このように，ESSM2013はこれからも様々な研究成果につながりうるポテンシャルを持っている．それを学術的に出していくことは当然だが，それ以上に一般社会への知見の還元を行っていくことも求められるだろう．なぜなら，教育と社会的格差の問題は，さきほども述べたように社会的に議論されることが多くなってきたからこそ，粗雑な議論の温床にもなりかねない状況があるからである．この調査研究は，直接的にも間接的にも，そうした社会的議論を学問的見地から適切に修正していくためにも役立ちうるものであり，そうした点にもこの調査研究が貢献できることを私たちも願い，また目指していきたいと考えている．

【文献】

Goldthorpe, J. H., 1996, "Problems of "Meritocracy," R. Ericson and O. Jonsson, eds., *Can Education be Equalized? The Swedish Case in Comparative Perspective*, Westview Press, pp. 255-287.

付録:「教育と仕事に関する全国調査」調査票

教育と仕事に関する全国調査

2013年11月
(調査企画)東京大学大学院教育学研究科・中村高康研究室
http://www.p.u-tokyo.ac.jp/~tknaka/survey
(研究助成)独立行政法人　日本学術振興会
(調査実施)日本リサーチセンター

◎ 記入にあたってのお願い ◎

このアンケートにご協力いただくのは、**封筒のあて名となっているご本人様**です。

～ご回答いただく前に、以下の注意事項をお読みください～

・回答は黒鉛筆または黒や青のボールペンで記入してください。
・ほとんどの質問は、次の【回答例】のように、あてはまる番号を1つ選び、
　○印をつけて回答します。

【回答例1:「はい」のとき】　　　　　　【回答例2:「ない」とき】

・あてはまるものすべての番号に○印をつける場合もあります。
　質問文の指示にしたがってください。
・ □ や ( ) の中には、具体的な内容を記入してください。
・どうしても答えたくない質問、わからない質問は、無理に回答しなくてもかまいません。
・どのように回答すべきかわからない場合は、余白に具体的に記入していただいても結構です。

ご回答いただきましたアンケートは、11月上旬に(株)日本リサーチセンターの調査員が
お受け取りにうかがいます。それまでにご回答くださいますようお願いします。

◎さっそくですが、あなたご自身のことをお聞きします。

問1　あなたの性別をお答えください。

1	2
男性	女性

問2　あなたのお生まれは、西暦で何年何月ですか。
　　　〔別紙の年号早見表(ピンク色)を、ご参照ください〕

西暦 1 9 ☐ ☐ 年 ☐ ☐ 月生まれ　満 ☐ ☐ 歳

◎お仕事の経歴についてお聞きします。

同じ時期に複数のお仕事をしていた場合には、その時期の主なお仕事1つについてお答えください。

問3 学校を出てからこれまでに収入を伴うお仕事（学生アルバイトは除く）についたことはありますか。 〔〇は1つ〕

※定時制や夜間部に通いながら働いていた場合には、「**2**」に〇をつけてください。

1 これまでに仕事についたことがない ──→ 6ページの問12-1へお進みください

2 これまでに仕事についたことがある ──┐

　　最初のお仕事についた時期をお答えください。

　　西暦 □□□□ 年 □□ 月

問4 最初のお勤め先でのお仕事についてお聞きします。以下のa〜eの質問にお答えください。

a	あなたの最初のお仕事は大きく分けてこの中のどれにあたりますか。〔〇は1つ〕	1 正社員・正職員 2 臨時雇用・パート・アルバイト 3 派遣社員 4 契約社員、嘱託 5 経営者、役員		6 自営業主・自由業者 7 家族従業者 8 内職 → 〔cへお進みください〕 9 わからない	
b	従業員（働いている人）は、会社全体で何人ぐらいでしたか。〔**家族従業者、パート・アルバイトも含む**〕〔〇は1つ〕	1 1〜4人 2 5〜29人 3 30〜299人 4 300〜999人	5 1000人以上 6 官公庁 7 わからない	※派遣社員は派遣元について回答してください。	
c	最初のお仕事の内容をお教えください。〔〇は1つ〕	1 事務（企業・官公庁における一般事務、経理、内勤の営業など） 2 販売（小売・卸売店主、店員、不動産売買、保険外交、外勤のセールスなど） 3 サービス（理・美容師、料理人、ウェイトレス・ウェイター、ホームヘルパーなど） 4 生産現場・技能（製品製造・組立、自動車整備、建設作業員、大工、電気工事、農水産物加工など） 5 運輸（トラック・タクシー運転手、船員、郵便配達、通信士など） 6 保安（警察官、消防官、自衛官、警備員など） 7 農林漁業（農業、植木職、林業、漁業、畜産など） 8 専門・技術（医師、看護師、弁護士、教師、技術者、デザイナーなど専門的知識・技術を要するもの） 9 管理（企業・官公庁における課長職以上、議員、経営者など） 10 その他			
d	最初のお仕事の内容を具体的にお教えください。〔「〇〇（勤め先）で××の仕事（資格）」のようにご記入ください〕	〔公立小学校で教員、工場でプラスチック製品（おもちゃ）の製造、スーパーでレジ、銀行で経理、高齢者家庭で身の回りの世話・介護（介護福祉士）など〕			
e	学校を卒業（もしくは中退）してから、すぐにお仕事につきましたか。〔〇は1つ〕	1 卒業前から仕事についていた 2 すぐに（1か月未満で）仕事についた 3 少ししてから（1〜3か月以内に）仕事についた 4 だいぶしてから（4か月以上たってから）仕事についた			

問5　最初のお勤め先には、どのようにして就職しましたか。次の中で**あてはまる番号すべて**に○をつけてください。

1	家族・親戚の紹介	7	求人広告や雑誌などを見て直接応募した
2	友人・知人の紹介	8	家業を継いだ（家業に入った）
3	卒業した学校の先輩の紹介	9	自分ではじめた
4	卒業した学校や先生の紹介（学校推薦も含む）	10	現在の従業先から誘われた
		11	学生時代のアルバイト先に就職
5	職業安定所（ハローワーク）の紹介	12	その他（具体的に　　　　　　）
6	民間の職業紹介機関の紹介	13	わからない

問6　あなたは、現在も**最初の**お勤め先で、お仕事を続けていますか。（○は1つ）
　　お仕事を中断した期間が1年未満であるか、産休・育休・病休などを取った場合は「1」を選んでください。

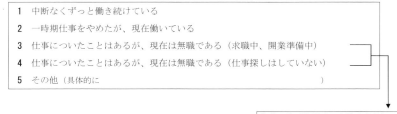

1　続けている　───→　4ページの問9へお進みください

2　やめた　───┐

最初のお勤め先をやめた時期をお答えください。
西暦　□□□□　年　□□　月にやめた

問7　最初のお仕事についてから現在まで、あなたの働き方は次のどれに近いですか。（○は1つ）
　　お仕事を中断した期間が1年未満であるか、産休・育休・病休などを取った場合は「1」を選んでください。

1　中断なくずっと働き続けている
2　一時期仕事をやめたが、現在働いている
3　仕事についたことはあるが、現在は無職である（求職中、開業準備中）
4　仕事についたことはあるが、現在は無職である（仕事探しはしていない）
5　その他（具体的に　　　　　　　　　　　　　　　　　　　　）

　　　　　　　　　　　　　　　　　　　　　　6ページの問12-1へお進みください

◎**現在のお勤め先についてお聞きします。**

問8　現在のお勤め先で働きはじめた時期を教えてください。

　　　　西暦　□□□□　年　□□　月から

問9　あなたの**現在のお仕事**についてお聞きします。以下のa～fの質問にお答えください。現在も最初のお勤め先におられる場合でも、以下のa～fの質問すべてにお答えください。

a	あなたのお仕事は大きく分けてこの中のどれにあたりますか。〔○は1つ〕	1　正社員・正職員 2　臨時雇用・パート・アルバイト 3　派遣社員 4　契約社員、嘱託 5　経営者、役員		6　自営業主・自由業者 7　家族従業者 8　内職　→〔cへお進みください〕 9　わからない	
b	従業員（働いている人）は、会社全体で何人ぐらいですか。〔家族従業者、パート・アルバイトも含む〕〔○は1つ〕	1　1～4人 2　5～29人 3　30～299人 4　300～999人	5　1000人以上 6　官公庁 7　わからない	※　派遣社員は派遣元について回答してください。	
c	現在のお仕事の内容をお教えください。〔○は1つ〕	1　事務（企業・官公庁における一般事務、経理、内勤の営業など） 2　販売（小売・卸売店主、店員、不動産売買、保険外交、外勤のセールスなど） 3　サービス（理・美容師、料理人、ウェイトレス・ウェイター、ホームヘルパーなど） 4　生産現場・技能（製品製造・組立、自動車整備、建設作業員、大工、電気工事、農水産物加工など） 5　運輸（トラック・タクシー運転手、船員、郵便配達、通信士など） 6　保安（警察官、消防官、自衛官、警備員など） 7　農林漁業（農業、植木職、林業、漁業、畜産など） 8　専門・技術（医師、看護師、弁護士、教師、技術者、デザイナーなど専門的知識・技術を要するもの） 9　管理（企業・官公庁における課長職以上、議員、経営者など） 10　その他			
d	現在のお仕事の内容を具体的にお教えください。〔「○○（勤め先）で××の仕事（資格）」のようにご記入ください〕	〔公立小学校で教員、工場でプラスチック製品（おもちゃ）の製造、スーパーでレジ、銀行で経理、高齢者家庭で身の回りの世話・介護（介護福祉士）など〕			
e	何かの役職についていますか。〔○は1つ〕	1　役職なし 2　監督、職長、班長、組長 3　係長、係長相当職 4　課長、課長相当職 5　部長、部長相当職		6　社長、重役、役員、理事 7　その他　　（具体的に　　　　　　　　） 8　わからない	
f	このお仕事を普段1日何時間、1週間合計で何時間しますか（残業も含めます）。	1日　□□　時間　　1週間合計　□□　時間			

問10　**今の職場で**、次のア）〜オ）のことがらは、あなたの場合どのくらいあてはまりますか。
（○はそれぞれにつき1つ）

	かなりあてはまる	ある程度あてはまる	あまりあてはまらない	あてはまらない
ア）自分の仕事の内容やペースを自分で決めることができる →	1	2	3	4
イ）職場全体の仕事のやり方に自分の意見を反映させることができる →	1	2	3	4
ウ）自分の能力を発揮できる →	1	2	3	4
エ）仕事を通じて職業能力を高める機会がある →	1	2	3	4
オ）教育訓練を受ける機会がある →	1	2	3	4

問11　**今の職場で**、あなたは、どのような人が「能力のある人」だと思いますか。次の中から**あてはまる番号すべて**に○をつけてください。

1　専門的な知識がある	8　芸術的感性が豊かだ
2　専門的な技能がある	9　うまくコミュニケーションできる
3　幅広い知識がある	10　努力することができる
4　基礎学力が高い	11　リーダーシップがある
5　頭が良い	12　その他（具体的に　　　　　　）
6　体力・運動神経がある	13　どれもあてはまらない
7　手先が器用だ	

★★★ここからはすべての方がお答えください★★★

◎ **あなたのご両親についてお聞きします。**

養父母・継父母などがいらっしゃる方も、実父母についてお答えください。

問 12-1　a〜c の質問にお答えください。

a	お父さんの出生年（または年齢）をご記入ください。〔別紙の年号早見表（ピンク色）をご参照ください〕	西暦 □□□□ 年生まれ　（または　満 □□ 歳） ※注　はっきりわからない場合は、だいたいの年をお答えください。 ※注　亡くなられている場合は、出生年のみご記入ください。
b	お父さんが最後に行かれた（または在学中の）学校は次のどれにあたりますか。〔○は1つ〕	1　中学校（戦前の小学校〔尋常科・高等科〕・国民学校・青年学校も含む） 2　高校（戦前の中学校・実業学校・師範学校も含む） 3　短大・高専（戦前の高校・専門学校・高等師範学校も含む） 4　専門学校（高校卒業以降に入学） 5　大学・大学院 6　わからない
c	お父さんはご健在ですか。〔あてはまる番号1つに○をつけ、亡くなられている場合には数字も記入してください。〕	1　健在 2　亡くなった　→　西暦 □□□□ 年 （または　お父さんが □□ 歳の時） ※注　はっきりわからない場合は、だいたいの年をお答えください。

問 12-2　a〜c の質問にお答えください。

a	お母さんの出生年（または年齢）をご記入ください。〔別紙の年号早見表（ピンク色）をご参照ください〕	西暦 □□□□ 年生まれ　（または　満 □□ 歳） ※注　はっきりわからない場合は、だいたいの年をお答えください。 ※注　亡くなられている場合は、出生年のみご記入ください。
b	お母さんが最後に行かれた（または在学中の）学校は次のどれにあたりますか。〔○は1つ〕	1　中学校（戦前の小学校〔尋常科・高等科〕・国民学校・青年学校も含む） 2　高校（戦前の中学校・実業学校・師範学校も含む） 3　短大・高専（戦前の高校・専門学校・高等師範学校も含む） 4　専門学校（高校卒業以降に入学） 5　大学・大学院 6　わからない
c	お母さんはご健在ですか。〔あてはまる番号1つに○をつけ、亡くなられている場合には数字も記入してください。〕	1　健在 2　亡くなった　→　西暦 □□□□ 年 （または　お母さんが □□ 歳の時） ※注　はっきりわからない場合は、だいたいの年をお答えください。

問 13-1　あなたが 15 歳の頃のお父さんのお仕事について a～f の質問にお答えください。

a あなたが 15 歳の頃、お父さんはお仕事をしていましたか。〔○は 1 つ〕	1　（実父が）仕事をしていた 2　実父は亡くなっていて、継父・養父が仕事をしていた 3　実親が離婚して、継父・養父が仕事をしていた 4　実父は亡くなっていて、当時父はいなかった 5　実親が離婚して、父はいなかった 6　無職だった（学生を含む） 7　その他（具体的に　　　　　　　　　　　　） 8　わからない　　　　　　　　　　　　　　　　　　　　　　　　　　　8 ページの問 13-2 へお進みください	
b そのお仕事は、この中のどれにあたりますか。〔○は 1 つ〕	1　正社員・正職員 2　臨時雇用・パート・アルバイト 3　派遣社員 4　契約社員、嘱託 5　経営者、役員	6　自営業主、自由業者 7　家族従業者 8　内職→〔d へお進みください〕 9　わからない
c 従業員（働いている人）は、会社全体で何人ぐらいでしたか。〔家族従業者、パート・アルバイトも含む〕〔○は 1 つ〕	1　1～4 人 2　5～29 人 3　30～299 人 4　300～999 人	5　1000 人以上 6　官公庁 7　わからない ※ 派遣社員は派遣元について回答してください。
d 職場でどのようなお仕事をしていましたか。〔○は 1 つ〕※具体的な職業の例については 2 ページの問 4 の c を参照してください。	1　事務 2　販売 3　サービス 4　生産現場・技能 5　運輸 6　保安	7　農林漁業 8　専門・技術 9　管理 10　その他 11　わからない
e お仕事の内容を具体的にお教えください。〔「○○（勤め先）で××の仕事（資格）」のようにご記入ください〕	〔公立小学校で教員、工場でプラスチック製品（おもちゃ）の製造、スーパーでレジ、銀行で経理、高齢者家庭で身の回りの世話・介護（介護福祉士）など〕	
f 何かの役職についていましたか。〔○は 1 つ〕	1　役職なし 2　監督、職長、班長、組長 3　係長、係長相当職 4　課長、課長相当職 5　部長、部長相当職	6　社長、重役、役員、理事 7　その他 　（具体的に　　　　　　　　　　） 8　わからない

問13-2 あなたが15歳の頃のお母さんのお仕事についてa〜fの質問にお答えください。

a	あなたが15歳の頃、お母さんはお仕事をしていましたか。〔〇は1つ〕	1	（実母が）仕事をしていた		
		2	実母は亡くなっていて、継母・養母が仕事をしていた		
		3	実親が離婚して、継母・養母が仕事をしていた		
		4	実母は亡くなっていて、当時母はいなかった		9ページの問14へお進みください
		5	実親が離婚して、母はいなかった		
		6	無職だった（学生を含む）		
		7	その他（具体的に　　　　　　　　）		
		8	わからない		
b	そのお仕事は、この中のどれにあたりますか。〔〇は1つ〕	1	正社員・正職員	6	自営業主、自由業者
		2	臨時雇用・パート・アルバイト	7	家族従業者
		3	派遣社員	8	内職→〔dへお進みください〕
		4	契約社員、嘱託	9	わからない
		5	経営者、役員		
c	従業員（働いている人）は、会社全体で何人ぐらいでしたか。〔家族従業者、パート・アルバイトも含む〕〔〇は1つ〕	1	1〜4人	5	1000人以上
		2	5〜29人	6	官公庁
		3	30〜299人	7	わからない
		4	300〜999人		※派遣社員は派遣元について回答してください。
d	職場でどのようなお仕事をしていましたか。〔〇は1つ〕※具体的な職業の例については2ページの問4のcを参照してください。	1	事務	7	農林漁業
		2	販売	8	専門・技術
		3	サービス	9	管理
		4	生産現場・技能	10	その他
		5	運輸	11	わからない
		6	保安		
e	お仕事の内容を具体的にお教えください。〔「〇〇（勤め先）で××の仕事（資格）」のようにご記入ください〕	〔公立小学校で教員、工場でプラスチック製品（おもちゃ）の製造、スーパーでレジ、銀行で経理、高齢者家庭で身の回りの世話・介護（介護福祉士）など〕			
f	何かの役職についていましたか。〔〇は1つ〕	1	役職なし	6	社長、重役、役員、理事
		2	監督、職長、班長、組長	7	その他
		3	係長、係長相当職		（具体的に　　　　　　　）
		4	課長、課長相当職	8	わからない
		5	部長、部長相当職		

◎あなたの通った学校のことについてお聞きします。

問14　あなたは次のア）～ケ）の学校等に通ったことがありますか。また、大検（大学入学資格検定）の受験をしたことがありますか。
　　　　　　　　（○はそれぞれにつき1つ。在学中や中退も「1」に○をつけてください。）

ア）保育園	→	1 ある	2 ない
イ）幼稚園	→	1 ある	2 ない
ウ）高校	→	1 ある	2 ない
エ）専修学校高等課程（専門学校高等課程、主に中学卒業後に入学）	→	1 ある	2 ない
オ）専門学校（高校卒業以降に入学）	→	1 ある	2 ない
カ）短大（短期大学）	→	1 ある	2 ない
キ）高専（高等専門学校）	→	1 ある	2 ない
ク）大学	→	1 ある	2 ない
ケ）大学院	→	1 ある	2 ない
コ）大検の受験	→	1 した	2 していない

問15　あなたは、小中学生のときに転校を経験したことがありますか。（○は1つ）

1	2	3	4
したことがない	1回した	2回した	3回以上した

◎あなたが小学生の頃のことについてお聞きします。

問16　小学生のとき、放課後や休日に学童保育に行ったことがありますか。（○は1つ）
　　　学童保育とは、親（保護者）が働いている小学生が、放課後などを過ごすための場所のことです。

1	2	3
ひんぱんに行っていた	ときどき行っていた	行ったことがない

問17　あなたが小学生のときの健康状態はどうでしたか。（○は1つ）

1	2	3	4	5
とても良かった	まあ良かった	普通	あまり良くなかった	良くなかった

問18　小学生のとき、次のア）～エ）のことをどれくらいの頻度で経験しましたか。
（〇はそれぞれにつき1つ）

	ひんぱんにあった	ときどきあった	あまりなかった	なかった
ア）親（保護者）と一緒に運動をした →	1	2	3	4
イ）親（保護者）と一緒に美術館や博物館に行った →	1	2	3	4
ウ）親（保護者）に勉強するように言われた →	1	2	3	4
エ）親（保護者）は家の中で、暴力をふるうことがあった →	1	2	3	4

問19　あなたは、小学6年生のとき、塾や予備校に通ったり、家庭教師についたりしたことがありますか。次のうち、**半年以上の経験があるもの**すべてに〇をつけてください。どれも経験がない場合は、「4　経験なし」に〇をつけてください。

1	2	3	4
塾・予備校	家庭教師	通信添削	経験なし

問20　小学6年生のとき、あなたの成績はクラスの中でどれくらいでしたか。（〇は1つ）

1	2	3	4	5
上の方	やや上の方	真ん中のあたり	やや下の方	下の方

問21　あなたは国立や私立の中学校を受験しましたか。（〇は1つ）

1	2
受験した	受験しなかった

◎あなたが中学生の頃のことについてお聞きします。

問22　あなたが通った中学校は、次のどれですか。（〇は1つ）

1	2	3	4
公立	私立	国立	その他（具体的に　　　　）

問23 あなたが中学生のとき、次のような経験がありましたか。**あてはまる**番号すべてに○をつけてください。

1	2	3	4
学級委員 （級長・クラス長）	生徒会役員	部活動の部長 ・副部長	どれも経験していない

問24 あなたが中学生のとき、次の（ア）〜（ク）のことがどれくらいあてはまりましたか。
（○はそれぞれにつき1つ）

	あてはまる	どちらかといえばあてはまる	どちらかといえばあてはまらない	あてはまらない	やっていない
ア）学校の勉強に熱心に取り組んでいた	1	2	3	4	✗
イ）実技科目（音楽・美術・技術・家庭・保健体育など）の成績はよいものが多かった	1	2	3	4	✗
ウ）部活動に熱心に取り組んでいた	1	2	3	4	5
エ）学校生活全般に満足していた	1	2	3	4	✗
オ）テレビをよく見ていた	1	2	3	4	✗
カ）本（マンガや雑誌を除く）をよく読んでいた	1	2	3	4	✗
キ）親（保護者）にできるだけ高い学歴を得るように言われた	1	2	3	4	✗
ク）学校に行くのがいやだと思うことがよくあった	1	2	3	4	✗

問25 あなたは、中学生のときに次の（ア）〜（エ）のことをしたことがありましたか。
（○はそれぞれにつき1つ）

	ときどきあった	1〜2度あった	なかった
ア）親の金を、だまって持ち出したことがある	1	2	3
イ）学校の授業をさぼったことがある	1	2	3
ウ）友達と深夜まで遊び回ったことがある	1	2	3
エ）タバコを吸ったことがある	1	2	3

問26 あなたが中学生のとき、あなたのまわりで以下のようないじめがありましたか。**あてはまる番号すべてに〇をつけてください。**

1	同じクラスの生徒に対するいじめ
2	同じクラスではないが同じ学校の生徒に対するいじめ
3	あなた自身に対するいじめ
4	その他のいじめ（具体的に　　　　　　　）
5	まわりにいじめはなかった
6	わからない

問27 あなたが中学生のとき、平均して学校をどれくらい休みましたか。（〇は1つ）

1	2	3	4
まったく休まなかった	年に数回ぐらい	月に1回ぐらい	月に数回以上

◎**あなたが中学3年生のとき（15歳の頃）のことについてお聞きします。**

問28 あなたは、中学3年生のとき、塾や予備校に通ったり、家庭教師についたりしたことがありますか。次のうち、**半年以上の経験があるもの**すべてに〇をつけてください。

1	2	3	4
塾・予備校	家庭教師	通信添削	経験なし

問29 中学3年生のとき、あなたの成績は学年の中でどれくらいでしたか。（〇は1つ）

1	2	3	4	5
上の方	やや上の方	真ん中のあたり	やや下の方	下の方

問30 中学3年生のとき、あなたは将来どこまで進学したいと思っていましたか。（〇は1つ）

1	中学まで	5	大学まで
2	高校まで	6	大学院まで
3	専門学校まで	7	その他（具体的に　　　　）
4	短大・高専まで	8	何も考えていなかった

問31-1　中学3年生のとき、あなたは将来どのような職業につきたいと思っていましたか。具体的に仕事の内容を記入してください。

〔小学校教員、おもちゃの製造、スーパーのレジ、銀行の経理の仕事、高齢者家庭で身の回りの世話・介護など〕

問31-2　あなたは、その職業につくことをどの程度強く希望していましたか。（○は1つ）

1	2	3
強く希望していた	何となく希望していた	希望している職業はなかった

問32　中学3年生のとき、あなたのお宅の暮らし向きは、この中のどれにあたるでしょうか。当時のふつうの暮らし向きとくらべてお答えください。（○は1つ）

1	2	3	4	5
豊か	やや豊か	ふつう	やや貧しい	貧しい

問33　中学3年生のとき、あなたのお宅には次にあげるもののうち、どれがありましたか。**あてはまる番号すべてに○をつけてください。**どれもなかった場合には、「**15　どれもない**」に○をつけてください。

1	持ち家	6	ビデオデッキ	11	パソコン・ワープロ
2	子供部屋	7	電子レンジ	12	クーラー・エアコン
3	学習机	8	電話	13	乗用車
4	応接セット	9	カメラ	14	美術品・骨董品
5	ピアノ	10	文学全集・図鑑	15	どれもない

問34　中学3年生のとき、あなたのお宅には本がどのくらいありましたか。雑誌、マンガ、教科書は含めないでお答えください。（○は1つ）

1	0冊～10冊	4	101冊～200冊
2	11冊～25冊	5	201冊～500冊
3	26冊～100冊	6	501冊以上

問35　中学3年生のとき、あなたはどこにお住まいでしたか。都道府県名と市区町村名を具体的にお答えください（外国にお住まいだった方は都道府県欄に国名をお答えください）。

	都道府県		市区町村

◎ **あなたが高校生の頃（在学中・中退含む）のことについてお聞きします。**

中学卒業後に学校に入学したことがない場合は 17 ページの問 47 へお進みください。高校に入学せずに、別の学校に通ったことがある場合は 16 ページの問 44 へお進みください。

問 36 あなたが通った高校についてお答えください（複数通われたことのある方は最初の高校についてお答えください）。

a	その学校は次のどれにあたりますか。〔○は 1 つ〕	1 公立	2 私立	3 国立	4 その他
b	その学校の課程をお答えください。〔○は 1 つ〕	1 全日制	2 定時制	3 通信制（サポート校含む）	
c	学校名をご記入ください。	[　　　　　　　　　　　　　　] 例：××県立○○高校、私立△△学園高等部、××市立□□商業高校			
d	学科はどれにあたりますか。〔○は 1 つ〕	1 普通科・理数科・英数科・英語科・国際科 2 工業に関する学科 3 商業に関する学科 4 農業・水産に関する学科 5 看護・介護・福祉・保育に関する学科 6 家庭・家政・衛生に関する学科 7 芸術・体育に関する学科 8 総合学科 9 その他（具体的に　　　　　　　） 10 わからない			
e	留年したことがありますか。〔○は 1 つ〕	1 留年したことはない	2 留年したことがある		
f	その高校では大学・短大進学者の割合はどのくらいでしたか。〔○は 1 つ〕	1 ほぼ全員	2 7〜8 割	3 半数くらい	4 2〜3 割　　5 ほとんどいない
g	その高校を卒業しましたか。〔○は 1 つ〕	1 卒業した	2 中退して別の高校を卒業した 3 中退した（どの高校も卒業せず） 4 その他（具体的に　　　　　　　）→ 16 ページの問 44 へお進みください			

問 37 あなたが高校生のとき、次のア）〜エ）のことがどれくらいあてはまりましたか。
（○はそれぞれにつき 1 つ）

	あてはまる	どちらかといえばあてはまる	どちらかといえばあてはまらない	あてはまらない	やっていない
ア）学校の勉強に熱心に取り組んでいた →	1	2	3	4	✕
イ）学校生活全般に満足していた →	1	2	3	4	✕
ウ）部活動に熱心に取り組んでいた →	1	2	3	4	5
エ）アルバイトに熱心に取り組んでいた →	1	2	3	4	5

問38　あなたが高校生のとき、平均して学校をどれくらい休みましたか。（○は1つ）

1	2	3	4
まったく休まなかった	年に数回ぐらい	月に1回ぐらい	月に数回以上

問39-1　高校3年生のとき、あなたは将来どのような職業につきたいと思っていましたか。具体的に仕事の内容を記入してください。

〔小学校教員、おもちゃの製造、スーパーのレジ、銀行の経理の仕事、高齢者家庭で身の回りの世話・介護など〕

問39-2　あなたは、その職業につくことをどの程度強く希望していましたか。（○は1つ）

1	2	3
強く希望していた	何となく希望していた	希望している職業はなかった

問40　あなたは、高校3年生のとき、塾や予備校に通ったり、家庭教師についたりしたことがありますか。次のうち、**半年以上の経験があるものすべて**に○をつけてください。

1	2	3	4
塾・予備校	家庭教師	通信添削	経験なし

問41　高校3年生のとき、あなたの成績は学年の中でどれくらいでしたか。（○は1つ）

1	2	3	4	5
上の方	やや上の方	真ん中のあたり	やや下の方	下の方

問42　高校3年生のとき、あなたは短大や大学を何回受験しましたか。推薦入試なども含めてお答えください。（○は1つ）

1	2	3	4	5	6
短大や大学を受験していない	1回	2回	3回	4回	5回以上

問43　あなたは短大や大学受験のために浪人したことがありますか。（○は1つ）

1	2	3	4	5
短大や大学を受験していない	浪人していない	1浪した	2浪した	3浪以上した

◎ **あなたが中学・高校以外に通った学校（在学中・中退含む）についてお聞きします。**
中学・高校以外に通った学校がない場合は17ページの問47へお進みください。

問44　中学・高校以外に通ったことのある専門学校・短大・高専・大学・大学院などの学校すべてについて、以下のa～hの項目にお答えください。

		1番目の学校	2番目の学校	3番目の学校
a	学校の種類はどれにあたりますか。〔○は1つ〕	1 専門学校 2 短大 3 高専 4 大学 5 大学院 6 その他（具体的に　　　）	1 専門学校 2 短大 3 高専 4 大学 5 大学院 6 その他（具体的に　　　）	1 専門学校 2 短大 3 高専 4 大学 5 大学院 6 その他（具体的に　　　）
b	その学校はどれにあたりますか。〔○は1つ〕	1 国立 2 公立 3 私立	1 国立 2 公立 3 私立	1 国立 2 公立 3 私立
c	入試形態はどれにあたりますか。〔○は1つ〕	1 一般入試 2 公募推薦 3 AO入試 4 指定校推薦 5 附属高校からの進学 6 その他（具体的に　　　） 7 入試はなかった	1 一般入試 2 公募推薦 3 AO入試 4 指定校推薦 5 附属高校からの進学 6 その他（具体的に　　　） 7 入試はなかった	1 一般入試 2 公募推薦 3 AO入試 4 指定校推薦 5 附属高校からの進学 6 その他（具体的に　　　） 7 入試はなかった
d	学部・学科・コース・課程名を記入してください。	学部・学科・コース・課程など	学部・学科・コース・課程など	学部・学科・コース・課程など
e	学校名を記入してください。	学校名	学校名	学校名
f	入学年は何年でしたか。	西暦　　　　年	西暦　　　　年	西暦　　　　年
g	いつ卒業・修了・中退しましたか。〔卒業・修了・中退の年を記入し、下の番号1つに○をつけてください。〕	西暦　　　　年 1 卒業・修了 2 卒業・修了見込み 3 中退	西暦　　　　年 1 卒業・修了 2 卒業・修了見込み 3 中退	西暦　　　　年 1 卒業・修了 2 卒業・修了見込み 3 中退
h	奨学金・学費免除についてあてはまるもののすべてに○をつけてください。〔教員または研究者に対する奨学金の返還免除の場合は「1」に○をつけてください。〕	1 貸与の奨学金（返済の必要あり） 2 給付の奨学金（返済の必要なし） 3 学費の減額・免除 4 どれもない	1 貸与の奨学金（返済の必要あり） 2 給付の奨学金（返済の必要なし） 3 学費の減額・免除 4 どれもない	1 貸与の奨学金（返済の必要あり） 2 給付の奨学金（返済の必要なし） 3 学費の減額・免除 4 どれもない

問45 問44の「1番目の学校」についておたずねします。1年間以上参加していた部活動・サークル活動などは次のうちどれですか。**あてはまる番号すべて**に○をつけてください。

1	体育会系部活動	4	文化系サークル
2	文化系部活動	5	部・サークル以外の学生団体
3	運動系サークル	6	どれにも参加していない

問46 その学校に通っているとき、次のア）～オ）のことがどれくらいあてはまりましたか。
(○はそれぞれにつき1つ)

	あてはまる	どちらかといえばあてはまる	どちらかといえばあてはまらない	あてはまらない	やっていない
ア）学校の勉強に熱心に取り組んでいた →	1	2	3	4	✕
イ）学校生活全般に満足していた →	1	2	3	4	✕
ウ）部活動・サークルに熱心に取り組んでいた →	1	2	3	4	5
エ）アルバイトに熱心に取り組んでいた →	1	2	3	4	5
オ）就職活動に熱心に取り組んでいた →	1	2	3	4	5

★★★ここからはすべての方がお答えください★★★

問47 あなたが**最後**に通われた学校について、次のア）～エ）のことをどのようにお考えですか。
(○はそれぞれにつき1つ)

	はい	どちらともいえない	いいえ
ア）専門的な知識が身についた →	1	2	3
イ）幅広いものの見方や考え方ができるようになった →	1	2	3
ウ）気軽に相談できる友人や先輩を得た →	1	2	3
エ）仕事をしていくうえで、学校で学んだことが役に立った →	1	2	3

問48 かりに現在の日本の社会全体を5つの層に分けるとすれば、あなた自身はこのどれに入ると思いますか。あなたの気持ちにいちばん近い**番号**を1つ選び、○をつけてください。

1	2	3	4	5
上	中の上	中の下	下の上	下の下

問49 あなたは、次のア)～カ)のような意見についてどう思いますか。

(○はそれぞれにつき1つ)

	そう思う	どちらかといえばそう思う	どちらかといえばそう思わない	そう思わない
ア) 学校で勉強する内容は人生で重要なものだ →	1	2	3	4
イ) やりたいことがないのに、大学に進学するべきではない →	1	2	3	4
ウ) 安定した生活を送っていくためには、高校卒業後も学校に行った方がよい →	1	2	3	4
エ) 一般に、学校の授業で得た知識は、仕事をするうえで役立つ →	1	2	3	4
オ) 日本は学歴がものをいう社会だ →	1	2	3	4
カ) 受験競争の経験は人生にとってプラスになる →	1	2	3	4

問50 あなたは生活全般に満足していますか、それとも不満ですか。(○は1つ)

1	2	3	4	5
満足している	どちらかといえば満足している	どちらともいえない	どちらかといえば不満である	不満である

問51 あなたは、自分には能力がないのではないかと不安に思うことがありますか。(○は1つ)

1	2	3	4	5
いつもある	よくある	ときどきある	たまにしかない	まったくない

問52-1　あなたが15歳の頃、あなたには兄弟姉妹がいましたか。（○は1つ）

　　　1　いなかった（ひとりっ子だった）　──→　20ページの問54へ
　　　2　いた　──┐

問52-2　あなたが15歳の頃、あなたの兄弟姉妹はあなたを含めて何人でしたか。
　　　　当時すでに亡くなっていた方を除き、それぞれ人数を教えてください。

兄	姉	あなた本人	弟	妹	あなたを含めた兄弟姉妹は
☐人	☐人	1人	☐人	☐人	計☐☐人

問53　現在、ご健在の兄弟姉妹のうち、年上の方から順に、a～dのそれぞれについてお答えください。ご健在の兄弟姉妹が4人以上いる場合は、上の3人についてお答えください。また、あなた自身のことは除いてください。

		1番年上の兄弟姉妹（ご自身は除く）	2番目の兄弟姉妹（ご自身は除く）	3番目の兄弟姉妹（ご自身は除く）
a	それぞれの兄弟姉妹の性別をお答えください。〔○は1つ〕	1　男性　　2　女性	1　男性　　2　女性	1　男性　　2　女性
b	この方の年齢をお答えください。	満☐☐歳	満☐☐歳	満☐☐歳
c	この方が現在在学中、または最後に行かれた学校はどれですか。中退も卒業と見なします。〔○は1つ〕	1　中学校　　5　大学 2　高校　　　6　大学院 3　専門学校　7　その他 4　短大・高専　8　わからない	1　中学校　　5　大学 2　高校　　　6　大学院 3　専門学校　7　その他 4　短大・高専　8　わからない	1　中学校　　5　大学 2　高校　　　6　大学院 3　専門学校　7　その他 4　短大・高専　8　わからない
d	この方の**現在の**お仕事の内容を教えてください。〔○は1つ〕 ※具体的な職業の例については2ページの問4のcを参照してください。	1　事務 2　販売 3　サービス 4　生産現場・技能 5　運輸 6　保安 7　農林漁業 8　専門・技術 9　管理 10　その他 （具体的に　　　　） 11　無職 12　学生 13　わからない	1　事務 2　販売 3　サービス 4　生産現場・技能 5　運輸 6　保安 7　農林漁業 8　専門・技術 9　管理 10　その他 （具体的に　　　　） 11　無職 12　学生 13　わからない	1　事務 2　販売 3　サービス 4　生産現場・技能 5　運輸 6　保安 7　農林漁業 8　専門・技術 9　管理 10　その他 （具体的に　　　　） 11　無職 12　学生 13　わからない

★★★ここからはすべての方がお答えください★★★

◎**結婚**についてお聞きします。

問54　あなたには、現在、配偶者（夫または妻、内縁の関係を含む）がいますか。（○は1つ）

1　現在、配偶者がいる　→あなたが何歳の時に結婚しましたか　□□歳　→ 問55へ

2　いない（離別した）　→あなたが何歳の時に離別しましたか　□□歳

3　いない（死別した）　→あなたが何歳の時に死別しましたか　□□歳　→ 22ページの問59へ

4　いない（結婚したことはない）

問55　あなたの配偶者の方の年齢は現在、おいくつですか。

満 □□ 歳

問56　あなたの配偶者が最後に行かれた（または在学中の）学校は次のどちらにあたりますか。
　　　なお、中退も卒業と同じ扱いでお答えください。（○は1つ）

1 中学校	4 短大	7 大学院
2 高校	5 高専	8 その他（具体的に　　　　　　）
3 専門学校	6 大学	9 わからない

問57-1　あなたの**配偶者**の兄弟姉妹は何人ですか。亡くなった方を除き、それぞれ人数を教えてください。

配偶者の兄	配偶者の姉	配偶者本人	配偶者の弟	配偶者の妹	配偶者を含めた兄弟姉妹は
□人	□人	1人	□人	□人	計□□人

問57-2　問57-1で答えたあなたの**配偶者**の兄弟姉妹のうち、配偶者の方ご本人を除いて、大学（大学院を含む）や短大に通った方は何人いらっしゃいますか。（○は1つ）

1	2	3	4	5	6
1人	2人	3人以上	いない	わからない	配偶者に兄弟姉妹はいない

問58 あなたの**配偶者**の現在のお仕事についてお聞きします。以下のa～eの質問にお答えください。

a　お仕事はこの中のどれにあたりますか。〔○は1つ〕	1	正社員・正職員	9	学生 → 22ページの問59へ
	2	臨時雇用・パート・アルバイト	10	無職（仕事を探している）
	3	派遣社員	11	無職（仕事を探していない）
	4	契約社員、嘱託	12	わからない
	5	経営者、役員		
	6	自営業主・自由業者		
	7	家族従業者		
	8	内職 →〔cへお進みください〕		
b　従業員（働いている人）は、会社全体で何人ぐらいですか。〔家族従業者、パート・アルバイトも含む〕〔○は1つ〕	1	1～4人	5	1000人以上
	2	5～29人	6	官公庁
	3	30～299人	7	わからない
	4	300～999人		

※ 派遣社員は派遣元について回答してください。

c　職場でどのようなお仕事をしていましたか。〔○は1つ〕※具体的な職業の例については2ページの問4のcを参照してください。	1	事務	7	農林漁業
	2	販売	8	専門・技術
	3	サービス	9	管理
	4	生産現場・技能	10	その他
	5	運輸	11	わからない
	6	保安		
d　お仕事の内容を具体的にお教えください。〔「○○（勤め先）で××の仕事（資格）」のようにご記入ください〕	〔公立小学校で教員、工場でプラスチック製品（おもちゃ）の製造、スーパーでレジ、銀行で経理、高齢者家庭で身の回りの世話・介護（介護福祉士）など〕			
e　何かの役職についていましたか。〔○は1つ〕	1	役職なし	6	社長、重役、役員、理事
	2	監督、職長、班長、組長	7	その他
	3	係長、係長相当職		（具体的に　　　　　　）
	4	課長、課長相当職	8	わからない
	5	部長、部長相当職		

★★★ここからはすべての方がお答えください★★★

問59 あなたにはお子さんがいらっしゃいますか（養子・継子を含みますが、亡くなられたお子さんは除きます）。（○は1つ）

1 子どもはいない ────────→ 23ページの問62へ

2 子どもがいる ──────→ 子どもの数は ☐☐ 人

問60 ご健在のお子さんのうち、1番上のお子さんから3番目のお子さんについて、a～eのそれぞれにお答えください。

	1番上のお子さん	2番目のお子さん	3番目のお子さん
a それぞれのお子さんの性別をお答えください。〔○は1つ〕	1 男性　2 女性	1 男性　2 女性	1 男性　2 女性
b この方の年齢をお答えください。	満 ☐☐ 歳	満 ☐☐ 歳	満 ☐☐ 歳
c この方が現在在学中の学校、または最後に行かれた学校はどれですか。中退も卒業と見なします。〔○は1つ〕	1 現在、未就学 →eへ 2 小学校 3 中学校 4 高校 5 専門学校 6 短大・高専 7 大学 8 大学院 9 その他 　（具体的に　　　）	1 現在、未就学 →eへ 2 小学校 3 中学校 4 高校 5 専門学校 6 短大・高専 7 大学 8 大学院 9 その他 　（具体的に　　　）	1 現在、未就学 →eへ 2 小学校 3 中学校 4 高校 5 専門学校 6 短大・高専 7 大学 8 大学院 9 その他 　（具体的に　　　）
d この方は、小学生のとき、半年以上の期間にわたって、学習塾に通ったり、家庭教師に勉強をみてもらったことがありますか。〔あてはまる番号すべてに○〕	1 塾 2 家庭教師 3 通信添削 4 経験なし	1 塾 2 家庭教師 3 通信添削 4 経験なし	1 塾 2 家庭教師 3 通信添削 4 経験なし
e あなたはこの方に、最終的にどの段階まで進学して欲しいと思っていますか。〔○は1つ〕	1 15歳以上で学校にはもう行っていない 2 中学校まで 3 高校まで 4 専門学校まで 5 短大・高専まで 6 大学まで 7 大学院まで	1 15歳以上で学校にはもう行っていない 2 中学校まで 3 高校まで 4 専門学校まで 5 短大・高専まで 6 大学まで 7 大学院まで	1 15歳以上で学校にはもう行っていない 2 中学校まで 3 高校まで 4 専門学校まで 5 短大・高専まで 6 大学まで 7 大学院まで

問61　あなたのお子さんに関する次のア）〜エ）のことがらについて、あなたはどう思いますか（思っていましたか）。（〇はそれぞれにつき1つ）

	かなりあてはまる	ある程度あてはまる	あまりあてはまらない	あてはまらない
ア）できるだけ高い教育を受けさせたいと思う（思っていた）	1	2	3	4
イ）親よりも低い学歴になってほしくない（ほしくないと思っていた）	1	2	3	4
ウ）親の生活水準を下回ってもかまわない（かまわないと思っていた）	1	2	3	4
エ）親と同じような職業についてほしい（ほしいと思っていた）	1	2	3	4

★★★ここからはすべての方がお答えください★★★

問62　あなたは、次のア）〜ク）のことがらについてどう思いますか。

（〇はそれぞれにつき1つ）

	そう思う	どちらかといえばそう思う	どちらかといえばそう思わない	そう思わない	わからない
ア）日本の政府は信頼できる	1	2	3	4	5
イ）公立学校は信頼できる	1	2	3	4	5
ウ）税金を増やしてでも、今より政府の教育支出を増やすべきだ	1	2	3	4	5
エ）大学教育を受ける機会は、貧富の差に関係なく平等に与えられている	1	2	3	4	5
オ）子どもの塾や家庭教師などに、生活を切りつめても出費するのは当然である	1	2	3	4	5
カ）他人の学歴が気になる	1	2	3	4	✕
キ）男性は外で働き、女性は家庭を守るべきである	1	2	3	4	✕
ク）学歴による収入の差が大きい	1	2	3	4	✕

◎あなたのご家庭について教えてください。

問 63-1 あなたが現在いっしょに住んでいる方は、あなたを含めて何人ですか。下の枠に人数を記入してください。一時的に別居している方は除いてご記入ください。

あなたを含めて ☐☐ 人　（ひとり暮らしの場合には 1 人とご記入ください）

問 63-2 現在いっしょに住んでいる方を、あなたを含めて、次の中から**すべて**あげてください。

1. あなたご自身
2. あなたの配偶者（夫・妻）
3. あなたの子ども
4. あなたの子どもの配偶者（夫・妻）
5. あなたの孫
6. あなたの父親
7. あなたの母親
8. 配偶者の父親（義父）
9. 配偶者の母親（義母）
10. あなたの祖父母
11. 配偶者の祖父母
12. あなたの兄弟姉妹
13. 配偶者の兄弟姉妹
14. その他（具体的に　　　　）

※①に〇

問 64 過去 1 年間の収入についてお聞きします。あなた個人、配偶者（あなたの夫または妻）、あなたのお宅（生計を同一にする家族）全体の収入は税込みでそれぞれどれくらいでしょうか。臨時収入、副収入も含めてお答えください。（〇はそれぞれにつき 1 つ）

	あなた ↓	配偶者 ↓	お宅全体 ↓
年収なし	1	1	1
年収 50 万円未満	2	2	2
年収 50〜100 万円未満	3	3	3
年収 100〜150 万円未満	4	4	4
年収 200 万円くらい（150〜250 万円未満）	5	5	5
年収 300 万円くらい（250〜350 万円未満）	6	6	6
年収 400 万円くらい（350〜450 万円未満）	7	7	7
年収 500 万円くらい（450〜550 万円未満）	8	8	8
年収 600 万円くらい（550〜650 万円未満）	9	9	9
年収 700 万円くらい（650〜750 万円未満）	10	10	10
年収 800 万円くらい（750〜850 万円未満）	11	11	11
年収 850〜1000 万円未満	12	12	12
年収 1000〜1250 万円未満	13	13	13
年収 1250〜1500 万円未満	14	14	14
年収 1500〜2000 万円未満	15	15	15
年収 2000 万円以上	16	16	16
わからない	17	17	17
配偶者（あなたの夫または妻）はいない		18	

**以上で調査は終了です。もう一度、回答もれがないかどうかお確かめください。
ご協力ありがとうございました。**

索　引

ア

赤林英夫　16, 25-26
アスピレーション　194
阿部　彩　145
荒牧草平　144-145
アルバイト　176-177
アロン（Alon, S.）　89
池本美香　13-14
石田　浩　31
一億総中流　1-2
伊藤茂樹　30, 43
伊藤則博　42
稲葉昭英　126
岩井八郎　42
ウィスコンシン大学　130-131
ウォルケ（Wolke, D.）　32
後向き分析　111-112, 127
エスピン‐アンデルセン（Esping-Andersen, G.）　13
大石亜希子　14
大竹文雄　14
大多和直樹　63
小塩隆士　31
尾嶋史章　45, 64, 110
オーバー・クオリフィケーション　169

カ

回収率　6-9, 202
階層帰属意識　153, 158
核家族　129, 131-132
格差社会　1, 3
学力　123
学歴メリトクラシー　164
下向移動回避　153
過剰教育　169
片岡栄美　131
学校教育法　67
学校体験　30, 41-42, 45-47, 50, 52, 61
学校調査　3
鹿又伸夫　165
苅谷剛彦　47, 50, 100
機会の平等　125
教育・社会階層・社会移動全国調査（ESSM 2013）　5
教育の大衆化　48
久冨善之　48-49
久保田真功　30
訓練可能性　171
経済資本　132, 134, 138-139, 141, 143
計量的モノグラフ　64
高学歴志向　46
高校階層構造　47, 49
恒常所得　113
高等教育無償化　195
国際成人力調査（PIAAC）　169
国勢調査　10
国民生活に関する世論調査　9
小針　誠　26
ゴールドソープ（Goldthorpe, J. H.）　88, 197-198
近藤博之　48, 103, 110

サ

サークル　176-177, 187
佐藤俊樹　47
敷島千鶴　16, 25-26
シャヴィット（Shavit, Y.）　88, 102

229

社会化　47, 50, 63-64
就業構造基本調査　10-11
受験競争　48-49
受験文化　140-141, 143-144
準拠集団　140-142, 144, 196
職業的有用性　186
職業的レリバンス　83, 171
所得関数　110
白松　賢　30
須藤康介　31, 43
生活満足度　153, 158
生活保護　199
精神的遺産　133
生徒文化研究　47, 52
世代間継承　2
専業主婦　192
全国家族調査（NFRJ）　3, 9, 125, 130, 132-133
全数調査　10
相対的リスク回避説　88

タ

体罰　42
橘木俊詔　171-172
地位達成　2
調査員　6-7
賃金プロファイル　113
堤　孝晃　15-16
定位家族　134, 140-141, 143
ディスタンクシオン　139
ティペット（Tippet, N.）　32
テイラー（Taylor, K.）　32
東京大学社会科学研究所　109
東京大学大学経営・政策研究センター　109
トランジション・モデル　91-92

ナ

永井道雄　49
長尾由希子　68, 72-73, 75-76, 83-84
中村高康　5-6, 8, 46-47, 102, 151

日本人の国民性調査　6, 9
日本版総合的社会調査（JGSS）　3, 9, 68
ネオ＝ウェーバー学派　89
野沢慎司　145

ハ

ハウト（Hout, M.）　88
秦　政春　42
働き方とライフスタイルの変化に関する全国調査2007（JLPS2007）　31
ハビトゥス　132, 145
濱名陽子　14
濱中淳子　169
濱中義隆　68, 71, 83-84
韓　民　69
樋田大二郎　30, 45
非認知的能力　13, 16, 25
平沢和司　91, 126, 165, 170
比例オッズの仮定　93
貧困　143, 145, 149, 194, 198-199
部活動　176-177, 187
藤原　翔　151
藤村正司　110
ブラウン（Brown, S.）　32
ブラウン（Brown, P.）　90
ブリーン（Breen, R.）　88, 90-91, 102
古田和久　49, 103, 165
ブルデュー（Bourdieu, P.）　132, 139-140, 143, 145
ブロスフェルド（Blossfeld, H.-P.）　88, 102
文化階層　4
文化資本　4, 132-134, 139, 141, 143, 145
文化の再生産論　50
ヘックマン（Heckman, J.）　13
変動所得　113
保育所　14-16
訪問面接調査　6-8
堀　健志　50
本田由紀　151-152, 169, 171-172

マ

前田忠彦　151
前向き分析　111-112
松浦　司　171-172
松岡亮二　151
松繁寿和　170
学び習慣仮説　170
間山広朗　30
三輪　哲　31
ミンサー（Mincer, J.）　110
メア（Mare, R.）　91, 131-132, 138, 143

ヤ

安田三郎　131-133, 145
山下　絢　16, 25-26
郵送留置法　6
ゆとり教育　87
幼稚園　14-16
吉田　崇　110

余田翔平　126

ラ

ラフタリー（Raftery, A.）　88
ルーカス（Lucas, S. R.）　26, 88
レジリエンス　41

アルファベット

EMI仮説　26, 88
IIA　93
JLPS若年・壮年パネル調査　109
KHB法　57, 180
MMI仮説　88
O-E-D連関　197
OJT　171
SAT　89
SSM調査　2-3, 5-6, 8-9, 30, 46, 51, 83-84, 109, 125-126, 131, 151-152, 202
TIMSS（IEA国際数学・理科教育動向調査）　31, 43

編者・執筆者一覧

[編者]

中村　高康　（なかむら・たかやす）
東京大学大学院教育学研究科教授
[主要著作]『進路選択の過程と構造』（編著，ミネルヴァ書房，2010年），『大衆化とメリトクラシー』（東京大学出版会，2011年），『暴走する能力主義』（ちくま新書，2018年）．

平沢　和司　（ひらさわ・かずし）
北海道大学大学院文学研究科教授
[主要著作]『格差の社会学入門』（北海道大学出版会，2014年），「能力観は変化したか」（日本教育社会学会編『教育社会学のフロンティア2　変容する社会と教育のゆくえ』岩波書店，2018年）．

荒牧　草平　（あらまき・そうへい）
日本女子大学人間社会学部教授
[主要著作]『学歴の階層差はなぜ生まれるか』（勁草書房，2016年），『高校生たちのゆくえ』（共編著，世界思想社，2018年）．

中澤　渉　（なかざわ・わたる）
大阪大学大学院人間科学研究科教授
[主要著作]『なぜ日本の公教育費は少ないのか』（勁草書房，2014年），『日本の公教育』（中央公論新社，2018年）．

[執筆者]（執筆順）

小川　和孝　（おがわ・かつのり）
日本学術振興会特別研究員PD

胡中　孟徳　（こなか・たけのり）
東京大学大学院教育学研究科博士課程

多喜　弘文　（たき・ひろふみ）
法政大学社会学部准教授

藤原　翔　（ふじはら・しょう）
東京大学社会科学研究所准教授

古田　和久　（ふるた・かずひさ）
新潟大学人文社会科学系准教授

教育と社会階層
ESSM 全国調査からみた学歴・学校・格差

2018 年 7 月 31 日　初　版

［検印廃止］

編　者　中村高康・平沢和司
　　　　荒牧草平・中澤　渉

発行所　一般財団法人　東京大学出版会
　　　　代表者　吉見俊哉
　　　　153-0041　東京都目黒区駒場4-5-29
　　　　http://www.utp.or.jp/
　　　　電話 03-6407-1069　Fax 03-6407-1991
　　　　振替 00160-6-59964

組　版　有限会社プログレス
印刷所　株式会社ヒライ
製本所　誠製本株式会社

©2018 Takayasu Nakamura *et al.*
ISBN 978-4-13-050193-4　Printed in Japan

JCOPY〈(社)出版者著作権管理機構 委託出版物〉
本書の無断複写は著作権法上での例外を除き禁じられています．複写される場合は，そのつど事前に，(社)出版者著作権管理機構（電話 03-3513-6969，FAX 03-3513-6979, e-mail: info@jcopy.or.jp）の許諾を得てください．

大衆化とメリトクラシー　中村高康	A5・4400円
大学の条件　矢野眞和	A5・3800円
若者と仕事　本田由紀	A5・3800円
学校・職業・選抜の社会学　苅谷剛彦	A5・5000円
日本のメリトクラシー［増補版］　竹内　洋	A5・4500円
危機のなかの若者たち　乾　彰夫・本田由紀・中村高康　編	A5・5400円
大卒就職の社会学　苅谷剛彦・本田由紀　編	A5・3200円
学校・職安と労働市場　苅谷剛彦・菅山真次・石田　浩　編	A5・6200円
日本の家族 1999-2009　稲葉昭英・保田時男・田渕六郎・田中重人　編	A5・5400円

現代の階層社会（全3巻）　　　　　　　　　　　　　　A5 各4800円

　［1］　格差と多様性　佐藤嘉倫・尾嶋史章　編
　［2］　階層と移動の構造　石田　浩・近藤博之・中尾啓子　編
　［3］　流動化のなかの社会意識　斎藤友里子・三隅一人　編

グローバル化・社会変動と教育（全2巻）　ローダーほか編　A5 各4800円

　［1］　市場と労働の教育社会学　広田照幸・吉田　文・本田由紀　編訳
　［2］　文化と不平等の教育社会学　苅谷剛彦・志水宏吉・小玉重夫　編訳

ここに表示された価格は本体価格です．ご購入の
際には消費税が加算されますのでご了承下さい．